아이의 성장 스위치를 켜라

스스로 배우고 성장하고 싶게 만든다!

아이의 성장 스위치를 켜라

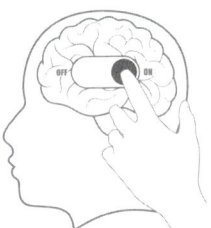

최윤희 김대권 지음

서문

자녀의 미래를 준비하는 공부가 필요하다

부모는 매일 흔들린다. 공부에만 집중하게 해야 할지, 공부만으론 안 된다는 말을 믿어야 할지. 이젠 인공지능이 인간만의 고유 영역이라 생각되던 예술까지 들어와 시도 쓰고 또 의사처럼 진단도 내린다. 인간보다 더 똑똑한 기계가 넘쳐나는 세상이다. 지금도 그리고 언젠가 마주할 세상에서도 사랑하는 아이가 자신답게 빛나고 웃으며 살아가려면 무엇을 준비해야 할까?

답은 경제협력개발기구OECD 교육 나침반에 있다. 경제협력개발기구는 미래 사회에 꼭 필요한 역량을 기르기 위해 '미래 준비Anticipation – 실행Action – 의식적 성찰Reflection'을 강조한다. 지금도 유효하고 앞으로는 더 강력하게 작동할 신뢰도 높은 교육 사이클이다. 자녀의 미래까지 준비하고 싶은 부모라면 반드시 이 사이클을 나침반 삼아야 한다. 이 책은 그 방향에 맞춰 아이를 어떻게 준비시킬지를 가장 현실적인 언어로 풀어낸다. 그 핵심이 바로 '강점 – 자기조절력 – 성장 마인드셋'이다.

강점은 '미래 준비'다. 남이 정해준 길이 아니라 아이가 좋아하고 잘하는 강점에서 출발해야 주도적인 방향 설정이 가능하다. 강점에서 시작할 때 아이는 효능감을 느끼고 도전하고 스스로 시작하는 힘을 키워간다.

자기조절력은 '실행'이다. 강점으로 세운 목표에 집중하고 그걸 계속해내는 힘이다. 앎과 행동 사이의 틈을 메워주는 다리가 바로 자기조절력이다. 계획하고 멈추고 다시 해내는 연습은 누구나 훈련할 수 있다. 끝까지 해내는 힘은 의지가 아니라 습관이고 반복이 만들어내는 기술이다.

성장 마인드셋은 '성찰'이다. 아이 스스로 '나는 자라고 있어.'라고 느끼는 힘. 그 감각은 실패 이후에 다시 일어서게 할 뿐 아니라 더 높이 뛰어 오르게 만드는 회복탄력성과 맞닿아 있다. 성장 흐름을 자각할 수 있을 때 아이는 한 번의 성장을 넘어서 또 다른 강점을 확장하게 된다. 성장 마인드셋은 거울이 아니라 창이다. 비춰보는 데서 멈추지 않고 앞으로 더 나아갈 방향을 보여준다.

이 사이클이 제대로 돌아가려면 바퀴 사이에 윤활유가 필요하다. 아이의 성장을 부드럽게 해주고 멀리 밀어주는 힘. 그 역할을 하는 것이 바로 인공지능, 독서, 습관이다. 인공지능은 속도를 더해준다. 정보를 빠르게 찾고 아이에게 맞는 질문과 피드백도 제시해준다. 하지만 속도가 전부는 아니다. 인공지능이 던져준 정보를 어떻게 연결하고 판단할지는 결국 아이의 몫이다. 그래서 독서가 중요하다. 책을 통해 아이는 생각하고 묻고 몰입하는 법을 익힌다. 인공지능이 흔들 수 있는 시대일수록 깊이 읽는 힘은 방향을 지켜주는 나침반이 된다. 이 모든 걸 일상에서 작동하게 하는 건 습관이다. 좋은 습관은 아이의 강점을 지속가능한 힘으로 바꿔준다. 반복을 통해 더 잘하게 되고 잘하게 되면 더 좋아진다. 그렇게 강점은 다시 확장되고 성장의 순환은 한 번 더 깊어진다.

이 책은 '강점 – 자기조절력 – 성장 마인드셋'이라는 사이클에 인공지능으로 속도를 더하고 독서로 깊이를 채우며 루틴으로 실행의 힘을 쌓아 부모가 일상에서 실천할 수 있도록 구성했다. 복잡한 이론보다 잘 작동하는 원리를 강조했다. 거창한 목표보다 아이 안에 이미 있는 가능성을 꺼내는 길을 제시했다. 그 길을 부모와 함께 걷고 싶었다.

이 책은 내가 경험한 세 가지 교육 현장에서의 고민에서 출발했다. 첫째, 나는 20년째 교육회사에 몸담고 있다. 교과서와 다양한 교육 콘텐츠가 만들어지는 과정을 가까이서 지켜보며 교육과정의 변화가 교실 안에서 어떻게 작동하는지를 배웠다. 교원 연수 프로그램에 강사로 참여하며 시대가 요구하는 교육의 흐름과 선생님들의 고민을 나누었고 그 시간은 교육의 방향과 아이들의 현실을 동시에 바라보는 시각을 길러주었다.

둘째, 인사, 채용, 교육을 총괄하는 책임자로 23년간 2,300명이 넘는 사람을 만나 평가하고 인터뷰했다. 수많은 리더의 성장 과정을 지켜보며 어떤 사람이 조직과 사회에서 신뢰받고 살아남는지

오랫동안 관찰해왔다. 그 경험으로 책을 쓰게 됐고 지금도 대학에서 강점과 취업 역량 강의를 이어가고 있다. 이 흐름 속에서 하나는 분명해졌다. 이제는 '시키는 대로 잘하는 사람'보다 '스스로 방향을 정하고 의미 있는 성과를 만들어내는 사람'이 더 필요한 시대이다. 아이들이 그런 사람으로 자라기 위해서는 부모의 질문과 관점도 달라져야 한다고 생각했다.

셋째, 나는 사춘기 아이들을 위한 학습코칭 사업을 기획하고 운영해 왔다. 긍정적 동기, 자기조절력, 공부 전략을 중심으로 한 프로그램을 통해 많은 아이가 스스로 계획하고 실천하며 변화를 경험했다. 이러한 변화 과정을 더 명확하게 확인하기 위해 한국심리학회 인증을 받은 메타META 학습 종합검사와 자기조절력 검사 개발 프로젝트를 총괄하며 현장에 맞는 진단 도구를 설계했다. 또한 코칭과 리더십을 전공하며 쌓은 이론적 토대 위에 아이들을 직접 만나 지도하는 코치들을 교육하고 지원하며 얻은 실전 경험을 더해 이 책의 중요한 기반을 마련했다.

나는 그동안의 경험 속에서 얻은 작은 해법들을 모아 부모와 아이가 함께 성장할 수 있는 길을 그려보고자 이 책을 썼다. 나 또한 초등학생과 중학생 자녀를 키우는 부모이기에 같은 부모의 마음으로 한 문장 한 문장 진심을 담았다.

함께 집필한 김대권 영훈초등학교 교장 선생님은 '더없이 적합한 저자'라 자신 있게 소개할 수 있다. 25년간 초등학교 현장에서 아이들과 함께 호흡하며 수업의 본질과 아이의 성장을 위한 교육

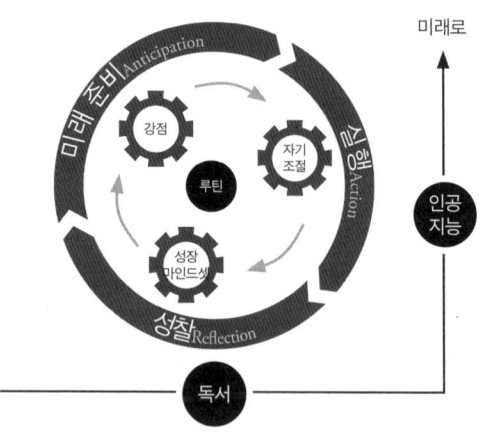

방법을 끊임없이 탐구해 온 교육자다. 또한 한국교육학술정보원 KERIS에서 인공지능 디지털교과서AIDT를 연구하는 교수로서 한국과학창의재단 등과 함께 인공지능과 메타버스를 활용한 교수학습 프로그램을 개발하기도 했다. 전국 시도교육청과 교원 연수기관에서 수업과 생활지도 분야 직무연수 강사로도 활발히 활동 중이다.

이번 책에서는 교사뿐 아니라 초등 자녀를 둔 부모님과 직접 눈을 맞추기 위해 펜을 들었다. 두 아이의 아버지이자 수천 명의 아이와 함께해온 교사로서의 경험과 고민이 녹아 있는 따뜻한 기록이다. '어떻게 해야 즐겁고 의미 있는 배움으로 이끌 수 있을까?'라는 질문에서 시작된 이 책은 자녀의 배움과 성장을 가정과 학교라는 두 공간에서 함께 이해하고 응원하고자 하는 부모의 시선으로 쓰였다. 교실 안에서 아이들이 겪는 어려움, 다시 일어서는 힘, 그리고 부모가 해줄 수 있는 응원과 다정한 개입에 대한 실질적인 이야기들이 담겨 있다.

김대권 교장 선생님과 나는 서로 다른 교육 현장에서 아이들과 양육자들을 관찰해왔고 결국 같은 결론에 도달했다. 아이의 성장 방향은 양육자의 교육관에 달려 있다. 아이를 믿고 기다려주며 방향을 함께 고민해주는 어른 한 사람이 스스로 시작하고 끝까지 해내며 다시 일어서는 아이로 이끌 수 있다. 이 책은 그런 양육자를 위한 가장 본질적인 안내서다.

부록에 수록된 '부모를 위한 코칭 질문'은 ICF PCC Professional Certified Coach 자격을 보유하고 다년간 부모 코칭 경험을 쌓은 이형수 코치의 전문 감수를 거쳐 현실성을 높임으로써 바로 활용할 수 있도록 하였다. 이 책이 혼란의 시대에 위로가 되고 끝내 멋지게 이길 구체적인 안내서가 되길 바란다.

저자들을 대표해서
최윤희

차례

서문 • 4
자녀의 미래를 준비하는 공부가 필요하다

성장 스위치 1 강점 • 15

1. 약점 보완보다 강점에 주목해보자   17
아이 안에 숨어 있는 가능성을 찾는다 • 17 | 아이 안의 강점을 관찰하고 끄집어낸다 • 20 | 아이가 좋아하고 잘하는 것을 적어보자 • 23 | 아이의 좋은 점을 먼저 보자 • 25

2. 'SKY=성공' 공식은 통하지 않는다   28
공부 잘하면 되는 시대는 끝났다 • 28 | 속도보다 방향이 정답보다 설계가 중요하다 • 31 | 진로는 아이를 움직이게 하는 시동 스위치다 • 36

3. 아이에게 맞는 공부법을 찾아 활용한다   38
아이마다 학습 속도와 선호 방식이 다르다 • 38 | 아이의 사고방식과 감정에 따라 공부한다 • 41 | 아이만의 학습 방법을 찾아내고 활용한다 • 46

4. 아이의 공부 시간표를 믿고 기다려주자   49
아이에겐 공부 잘하고 싶은 마음이 있다 • 49 | 포기하지 않고 끝까지 해내는 힘을 길러주자 • 51 | 현명한 부모는 사랑의 언어로 말한다 • 53

5. 답을 주는 대신 스스로 질문하게 돕는다   57

나는 누구이고 어떻게 남을 도울 것인가 • 57 | 먼저 자기 실력을 다지고 남을 도와야 한다 • 58 | 공부는 결국 좋은 태도와 능력을 기르는 일이다 • 60

성장 스위치 2 자기조절력 • 65

1. 자기조절력은 훈련으로 키울 수 있다   67

마음속에 브레이크를 설계해줘야 한다 • 67 | 자기조절력을 이루는 네 가지 축에 주목하자 • 68 | 일상의 경험에서 자기조절력을 키울 수 있다 • 70

2. 성적표를 바꾸는 것은 IQ가 아닌 EQ다   74

감정 표현을 구체적으로 하도록 기다려주자 • 74 | 마음의 힘인 정서지능은 훈련하면 길러진다 • 76 | 감정 억제가 아니라 감정 조절을 배워야 한다 • 76 | 감정을 정확하게 표현하고 다룰 줄 알아야 한다 • 78

3. 부모의 말과 태도로 공부하고 싶게 만든다   83

공부를 안 하는 것은 머리가 아닌 마음 문제다 • 83 | 아이의 감정을 밀어붙이지 말고 어루만지자 • 84 | 공부하라고 다그치면 뇌는 학습을 중단한다 • 85 | 화를 내는 대신 "그럴 수 있지."라고 말해보자 • 86

4. 부모의 한마디가 아이의 공부 스위치를 켠다   89

"유튜브 그만 봐!" 대신 "시간은 뭐 같아?"라고 물어보자 • 89 | 블록 시간표 기록으로 시간을 의미 있게 사용한다 • 91 | 시간을 늘리고 지배하는 3가지 방법을 활용한다 • 93 | 블록 시간표로 규칙적인 생활 습관을 만들자 • 96

5. 화가 날 때 스트레스 다루는 법을 안다   99

감정을 조절하라는 대신 흘려보내게 한다 • 99 | 부모의 '잠깐 멈춤'이 아이의 내면을 단단하게 한다 • 103 | 스트레스는 마음 챙김 호흡만으로도 다스릴 수 있다 • 105

성장 스위치 3 성장 마인드셋 • 109

1. 성장할 수 있다는 믿음이 아이의 인생을 바꾼다   111
뇌가 성장한다는 사실만 알아도 성적이 오른다 • 111 | 예측 불가 시대의 경쟁력은 성장 마인드셋이다 • 115 | 결과가 아닌 노력 중심의 피드백을 해야 한다 • 116

2. 단기 점수가 아닌 장기 성장에 적응하게 한다   119
원형 달리기가 일직선 달리기보다 더 빠르다 • 119 | 성장을 중요시하는 관점은 삶의 규칙을 바꾼다 • 121 | 성장 마인드셋은 두려움이 아닌 도전을 만든다 • 123

3. 결국 해내는 아이의 비밀무기는 '회복탄력성'이다   127
공부는 결국 삶을 버티는 힘을 기르는 것이다 • 127 | 한 번에 잘하는 것이 아니라 다시 시도하는 것이다 • 129 | 인생은 백 번 넘어져도 다시 일어나는 꾸준함이다 • 132

4. 성장 마인드셋을 깨우는 생각과 행동 훈련을 하자   135
'원래'라는 말은 아이 마음에 뚝 선을 긋는다 • 135 | 생각에서 행동 훈련으로의 전환 계획을 세우자 • 137 | 성장 마인드셋은 생활 속의 실천에서 자란다 • 140

5. '뇌' 사용 설명서를 활용한 '내' 공부 전략이다   143
뇌 작동 방식을 알면 빠르고 바른 공부를 할 수 있다 • 143 | 뇌가 장기 기억하게 만드는 데는 3가지 방법이 있다 • 146

[활동지 부록]
- 강점 키우기 • 153
- 자기조절력 높이기 • 167
- 성장 마인드셋 만들기 • 177

 **성장 스위치 4 독서 • 187**

1. 독서는 인간 '고유의 역량'을 길러주는 활동이다   189
정보가 범람하기 때문에 문해력이 더 중요해진다 • 189 | 인공지능 에이전트 시대에 독서가 더 중요해졌다 • 190 | 독서의 핵심 역할은 미래 역량을 길러주는 데 있다 • 192

2. 자기 주도적 독서 습관 형성 분위기를 만든다   196
자기 주도적 독서 습관의 중요성이 강조되고 있다 • 196 | 아이의 성장 단계별 독서 습관을 형성해야 한다 • 197

3. 독서 방식과 매체만 달리 해도 좋아하게 된다   201
읽기를 거부하는 아이들의 속내를 들여다봐야 한다 • 201 | 읽기를 거부하는 아이들의 특성과 환경을 고려한다 • 204 | 대안적 독서 방식이 읽기를 확장하는 경험을 만든다 • 207 | '책 더 읽기'보다 책과 더 연결되게 하자 • 208

4. 독서 질문 카드를 활용해서 체계를 세워주자   211
질문을 통해 생각하게 만들어 사고력을 키워준다 • 211 | 8단계 질문 체계로 고차원적 질문까지 연습한다 • 212

 성장 스위치 5 루틴 • 221

1. 작은 습관 하나를 함께 정하고 시작해보자   223
제대로 된 습관을 만들면 더 깊고 빨리 나아갈 수 있다 • 223 | 인공지능 시대에 습관은 더욱 중요한 교육의 뿌리가 된다 • 226

2. 결과보다 과정을 칭찬하는 하루를 실천해보자   229
지시된 목표가 아닌 스스로 동기부여하는 게 중요하다 • 229 | 긍정 피드백으로 내적 동기를 강화해 습관을 만든다 • 230 | 발달 단계별 전략을 활용해 습관 형성을 돕는다 • 234 | 아이가 마

음을 열고 스스로 행동하게 해야 한다 • 237

3. 좋은 습관을 길러주는 것이 가장 확실한 미래 투자다   242

어려운 상황을 극복할 수 있는 내면의 힘을 키운다 • 242 | 가정에서 활용할 수 있는 도구 5가지를 활용하자 • 250

4. 뇌의 자기 조절 체계와 습관 형성은 서로 연결돼 있다   255

습관이 잘 잡히지 않는 데는 특별한 이유가 있다 • 255 | 습관 형성의 어려움과 실패는 교실에서도 관찰된다 • 256 | 오늘날 아이들이 습관을 기르기 어려운 이유를 알자 • 258 | 발달 단계별 실천 전략을 통해 어려움을 극복한다 • 261

성장 스위치 6 AI 리터러시 • 267

1. 인공지능 에이전트 시대를 준비해야 한다   269

이제는 인공지능이 비서가 되고 동료가 됐다 • 269 | 인공지능 에이전트는 맞춤형 코칭이 가능하다 • 273 | 아이가 인공지능 에이전트 시대 역량을 갖춰야 한다 • 273

2. 아이의 성장에 인공지능의 도움을 받을 수 있다   277

인공지능을 똑똑한 조력자로 만드는 법이 있다 • 277 | 인공지능이 못 하는 일은 부모의 지혜로 메워줘야 한다 • 283

3. 인공지능을 활용해서 자기주도 학습 지원 전략을 짠다   285

생성형 인공지능을 활용해서 자기주도 학습을 하자 • 285 | 부모는 인공지능과 아이 사이를 연결하는 다리다 • 286 | 자기주도를 위한 학년별 실천법으로 함께 성장한다 • 286 | 인공지능 기반 자기주도학습을 할 때 주의할 점이 있다 • 288

4. 디지털 과몰입을 예방하고 자율성을 존중하자   293

인공지능에 대한 우려가 통제로 이어지지 않게 한다 • 293 | 얼마나 사용했는지보다 어떻게 사용했는지가 중요하다 • 294 | 아이가 열린 태도를 가질 수 있게 도와야 한다 • 296

성장 스위치 1

강점

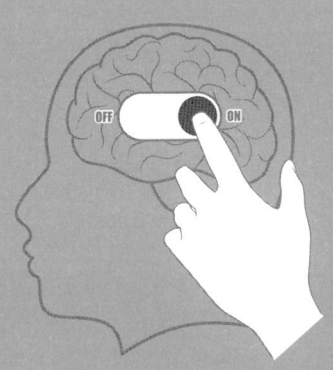

1
약점 보완보다 강점에 주목해보자

아이 안에 숨어 있는 가능성을 찾는다

아이의 미래를 위해 무엇부터 시작해야 할까? 누구나 아이를 잘 키우고 싶어 하지만 매일 변화하는 교육 현실 앞에선 자주 흔들린다. 공부는 기본, 코딩은 필수, 인공지능은 어떻게 적용할까? 감성 지능까지 챙겨야 하나? 부모 마음은 점점 바빠진다. 아이를 챙기다 보면 '내가 아이보다 더 바쁜 사람이 되어가는 건 아닐까?'라는 생각이 든다. 무엇부터 준비해야 할까? 막연하기만 하다.

우리는 이런 막연한 시대와 끝이 보이지 않는 변화무쌍한 날씨 앞에서 막막한 항해를 한다. 그 속에서도 무한의 에너지를 공급할 원천이 있다. 마블 시리즈의 아이언맨이 가슴에 품은 스타크 원자처럼! 그것이 바로 강점이다. 지금은 자신만의 에너지원이자 '스스로 시작하는 힘'이 더욱 중요해진 시대다. 그 힘은 어디서 나올까? 우리는 그 출발점을 강점에서 찾는다. 경제협력개발기구 교육 나침반도 말한다. 미래 준비Anticipation는 남이 정해준 길이 아니라 자기 이해와 잠재력에서 출발해야 한다. 강점은 지금도 그리고 미래에도 통하는 하나의 해결책이다. 강점은 아이가 몰입하고 즐거움을 느끼는 순간에 가슴 깊이 스며든다. 부모의 시선이 바뀌면 아이의 시작점도 달라진다.

보호자로서의 걱정은 잠시 멈춰도 괜찮다. 아이를 향한 마음만으로도 이미 충분하다. 완벽할 필요도 없고 모든 걸 미리 준비할 필요도 없다. 미래를 준비하는 첫 단추는 '무엇을 가르칠까?'보다 '무엇에서 시작할까?'를 정하는 일이다. 그 시작점이 분명할 때 아이는 방향을 잃지 않는다. 그래서 중요한 건 '무엇을 잘하게 만들 수 있을까?'라는 조급한 질문이 아니라 '아이 안에는 어떤 가능성이 숨어 있을까?'를 찾는 기대의 시선이다. 아이는 정의해놓은 존재가 아니라 '그 자체로 가능성을 품은 존재'다. 아이가 잘하길 바라기 전에 존재 그 자체를 온전히 바라볼 때 스스로 키워간다.

아이를 바라보는 질문이 바뀌는 순간에 교육의 방향도 달라진다. 강점은 '시작하고 싶은 마음'과 연결돼 있다. 아이가 무언가를 해보고 싶다는 감정 안에는 자기 이해의 씨앗이 숨어 있다. "어떤 순간에 눈이 반짝일까?" "무엇을 할 때 즐거워 보이지?"라는 두 질문이면 충분하다. 거창하지 않아도 된다. 지금처럼 아이를 궁금해하고 지켜보고 반응해주는 그 마음이면 된다. 스스로 시작하는 힘은 그렇게 아이를 믿고 기다리는 부모의 따뜻한 시선 속에서 자란다.

하지만 우린 늘 '부족한 것'부터 채우려 한다. 성적표를 받으면 낮은 점수의 과목을 먼저 본다. 아이의 단점이나 약점을 보완하는 데 더 많은 시간과 에너지를 쓴다. 마치 물이 새는 배를 계속 막으려 애쓰는 것처럼. 이런 습관이 우리를 지치게 한다. 생각해보자. 우리가 정말 잘하는 일이나 열정을 느끼는 일은 어디서 시작되었을까? 대부분은 좋아하는 마음이 먼저였다. 재미있어서 더 알고 싶었다. 그러다 보니 잘하게 된 경우가 많다. 아이 안에도 이미 이런 가능성이 숨겨져 있다. 부모는 아이가 어떤 일에 시간 가는 줄 모르고 빠져드는 모습을 놓치지 말아야 한다. 그림을 그리다 시간 가는 줄 모르거나 친구에게 책을 읽어주며 표정 연기까지 하는 모습을 보라. 그런 순간이 바로 지도 위에 찍히는 별이다. 이런 순간들이 모여 아이만의 특별한 항해지도가 만들어진다.

아이 스스로 변화하는 세상에 대비하려면 강점이라는 도구를 들어야 한다. 강점은 좋아하는 일과 잘하는 일의 교집합이다. 반복해도 지루하지 않은 것, 조금만 해도 빠르게 배우는 것, 자꾸 그 일에 마음이 가는 것. 그게 아이 안에 이미 있는 가능성이다. 그 강점을 알아야 아이는 자신의 길을 찾을 수 있다. 정답이 정해지지 않은 시대에 내가 나를 알아야 오래 달릴 수 있다. 그런데 많은 부모는 이렇게 말한다. "우리 애는 뭐 하나 특출한 게 없어 보여요." 실은 보이지 않는 게 아니라 아직 들여다본 적이 없는 것 아닐까?

아이 안의 강점을 관찰하고 끄집어낸다

"당신은 무엇을 좋아하고 무엇을 잘하나요?"

대학교 강의, 기업 연수, 퇴직자 교육, 교사 대상 연수에서 내가 자주 던지는 질문이다. 대부분 어른은 말문이 막힌다. "글쎄요. 생각해 본 적이 없네요." 이렇게 답한다. 오랫동안 외부의 기준에 자신을 맞추고 막연히 괜찮아 보이는 삶을 따라 사느라 정작 자기 자신은 잊고 살았다고 말하곤 한다. 아이들도 크게 다르지 않다. 초등학교 4학년부터 중학생까지 1,300명에게 물어보았다. "무엇을 좋아하니?" "잘하는 건 뭐야?" "공부 강점이나 성격 강점은 어떤 거니?" 이런 질문에 아이들도 답을 어려워한다. 이런 대답이 강점이 없다는 뜻은 아니다. 강점은 모든 아이 안에 이미 존재한다. 다만 그것을 찾아내고 의미 있게 연결해 본 경험이 부족할 뿐이다.

그래서 우리 어른들의 역할이 중요해진다. 아이의 강점을 발견하고 이야기해 주는 사람과 강점을 관찰하고 끄집어내 의미 있게 연결해 주는 사람이 필요하다. 부모가 그 역할을 할 수 있고 해야만 한다. 예전엔 어떤 대학을 나왔고 어떤 직업을 가졌는지가 질문의 시작이었다. 외부 기준에 내 삶을 끼워서 맞추는 게 당연했다. 성적에 따라 대학이 정해지고 전공이 곧 직업이 되었다. 왜 이 길을 가는지는 나중에 생각해도 괜찮았다. "남들 다 하니까."라는 말이 가장 안전한 계획이던 시절이었다. 하지만 지금은 다르다. 시대가 바뀌었고 조건이 달라졌다. 더 이상 '평균'을 잘 따라가는 아이가 유리하지 않다. 인공지능은 더 똑똑해졌고 세상은 더 빨리 바뀌

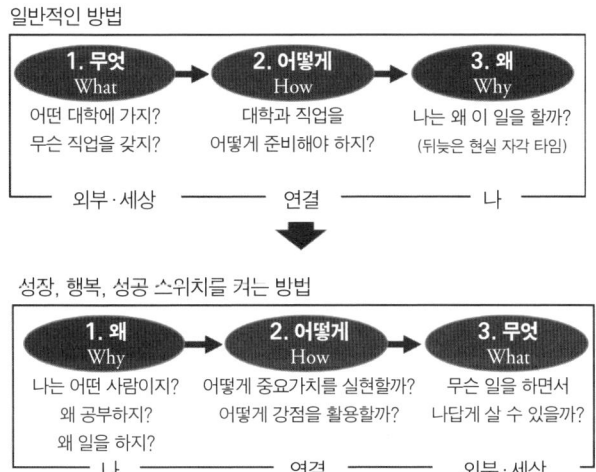

었고 선택은 더 복잡해졌다. 남을 따라가기만 하는 아이는 결국 누구에게도 필요 없는 어른이 된다.

이제 '나는 누구인가?'라는 질문이 출발점이 돼야 한다. 내가 좋아하는 건 무엇인지, 잘하는 건 무엇인지, 어떤 가치를 중요하게 여기는지 생각하자. 그 물음에서부터 인생 설계는 시작된다. 외부로부터 주어진 경로가 아니라 내 안의 단서에서 방향을 세워야 한다. 그래야 흔들리지 않는다. 남이 기준이 되면 자신을 잃고 남이 원하는 모습에 맞춰 살아가게 된다. 강점에서 출발할 때 아이는 자신만의 색으로 존재감을 드러내며 빛난다. 우리는 모두 각자의 고유한 곡선을 산다. 결국 나답게 살아가는 법을 아는 아이만이 세상과 연결되는 선을 만들 수 있다. 경쟁보다 고유성이 더 빛나는 시대다.

아이들이 살아갈 미래에 성공하고 경쟁력을 갖추려면 다르게 생각하는 법부터 배워야 한다. 문제를 빨리 푸는 능력보다 문제를 새롭게 보는 능력이 결국 살아남는다. 그 새로움은 '남과 다른 나'에서 시작된다. 강점에서 출발해야 돋보인다. 평균에 맞추는 교육이 아니라 뾰족한 강점을 키우는 교육이 필요하다. 예전엔 모난 돌이 정 맞았으나 지금은 모나야 눈에 띈다. 독특한 생각과 고유한 개성이 곧 브랜드가 되고 수익이 되고 직업이 된다. 강점 하나로 충분히 잘해낼 수 있다.

자신만의 춤과 메시지로 아이돌을 넘어 대중과 소통한 댄서 아이키, 왼발 하나로 세계를 사로잡은 축구 선수 이강인, 조용한 문장 하나로 세계 문학을 흔든 작가 한강, 게임은 질병이라는 인식을 깨고 교육 콘텐츠로 확장한 크리에이터 긱블, 손끝의 감각 하나로 메이크업 아티스트이자 뷰티 크리에이터로 성장한 이사배, 자신들만의 색깔로 음악에 진심을 담아낸 악동뮤지션 남매. 모두 자신만의 강점을 끝까지 밀어붙였던 사람들이다. 뚜렷한 강점은 반드시 연결된다. 10만 유튜버도, 소통 전문가도, 크리에이터도, 자기만의 시선으로 글을 쓰는 작가도 모두 자신 안의 가능성을 파고들었을 뿐이다.

아이의 열 살 이후를 상상해 보자. 강점이 없다면 불안하겠지만 강점을 안다면 두렵지 않다. 자신이 좋아하는 것과 잘하는 것을 바탕으로 살아가는 아이는 무엇이든 스스로 시작하고 완성할 수 있다.

아이가 좋아하고 잘하는 것을 적어보자

강점을 찾는 데 특별한 기술은 필요 없다. 좋아하는 활동을 찾는다. 그리기, 웹툰 보기, 뛰놀기, 퀴즈 맞히기, 친구랑 수다, 슬라임 만지기, 강아지랑 놀기, 춤추기, 마라탕 먹기, 수수께끼 풀기, 요리하기, 발표하기, 상상으로 다른 세계 만들어보기. 이건 실제로 아이들이 "좋아한다."라고 말한 것들이다. 그다음 "왜 그걸 좋아할까?"라고 물어본다. 집중해야 할 부분은 행동보다 이유다.

좋아하는 활동에서 발견하는 아이의 강점

좋아하는 것	왜 좋아할까?
그림 그리기	마음속 이야기를 말 대신 색이나 선으로 표현할 수 있어서
친구랑 수다 떨기	공감받고 연결돼 있다는 따뜻한 감정을 느낄 수 있어서
가수 따라 춤추기	몸으로 감정을 표현하고 나도 멋진 사람이 된 것 같아서
동물 돌보기	작은 존재를 돌보며 따뜻함과 책임감을 느낄 수 있어서
퀴즈나 수수께끼 풀기	머리로 퍼즐을 맞추는 즐거움과 스스로 똑똑하다고 느껴서
요리하기	손으로 직접 만들고 맛보는 성취감을 느끼고 먹는 사람들이 좋아해서
발표하기	사람들 앞에서 내 생각을 말하며 주목받고 인정받는 기쁨을 느껴서

다음은 잘하는 걸 적어본다. 빨리 배우는 것, 오래 해도 지치지 않는 것, 자주 칭찬받는 모습들. 신체, 성격, 공부, 관계 등 범주를 나누면 더 찾기 쉽다. 이제 좋아하는 것과 잘하는 것을 연결한다.

생각 확장에 도움이 되는 아이의 강점 힌트 카드

리더십	유머감각	운동신경	소통능력	정보탐색	공감능력	관찰력	대인관계	승부욕
정리력	집중력	열정적	수학적	명랑함	계획적	도전적	무대체질	조용함
인내심	적극적	발표력	침착함	배려심	신중함	상상력	예술감각	추진력
따뜻함	창의적	전문성	여유로움	컴퓨터활용	꼼꼼함	논리적	책임감	학습능력
호기심	문장력	분석력	사랑스러움	개방적	전략적	과학적	친절함	활동적

(출처: 비상교육)

춤을 좋아하고 발표를 잘한다면 표현력이라는 강점이 있는 것이다. 친구와 어울리는 걸 좋아하고 분위기를 잘 형성한다면 공감이라는 강점이 빛을 내는 것이다.

부모는 이때 아이의 마음을 말로 정리해주는 코치다. "그래서 슬라임 만질 때 기분이 좋구나." "그걸 하면 네가 편안했네." "그게 네 안에서 중요한 거였네."라고 말해줘야 한다. 강점을 찾는 과정은 결국 아이를 인정해주는 시간이다. 아이는 누군가가 자신을 있는 그대로 보고 있다고 느낄 때 마음의 문을 조금 연다. 그 문틈 사이로 "고마워." "말해줘서 기뻐." 같은 말이 들어가면 아이 마음 한쪽에 작아도 단단한 자존감이 자란다.

좋아하는 일과 잘하는 일을 말로 묶어줄 때 아이는 자기를 조금 더 알게 된다. 내가 좋아하는 게 그냥 '좋아하는 것'이 아니라 그 안에 뭔가 특별한 게 있다는 걸 눈치챌 때 아이의 표정은 달라진다. 부모의 역할은 아이 안에 숨어 있는 말들을 꺼내 그걸 의미 있는 언어로 연결해주는 일이다. 말로 정리해준 강점은 기억 속에 오래 남는다. 그 기억은 아이의 다음 행동을 바꾼다. 가끔은 단 하나의 문장이 아이 인생을 통째로 밝히는 손전등이 된다.

아이의 좋은 점을 먼저 보자

영준이의 이야기다. 모둠 코칭 수업 둘째 날에 영준이는 수업이 시작된 지 10분쯤 지나서 조심스럽게 교실 문을 열었다. 작게 고개를 숙이며 말했다. "늦어서 죄송합니다." 그 순간 선생님은 밝게 웃으며 이렇게 말했다. "괜찮아. 늦게라도 와줘서 고마워." 수업은 바로 이어졌다. 짧은 순간이었지만 영준이 마음에는 그 한마디가 깊게 남았다. 2주 후에 '최근 들은 말 중 가장 힘이 되었던 말'을 나누는 시간이 있었다. 영준이는 조용히 손을 들고 말했다. "늦게라도 와줘서 고맙다는 말이요." 이유를 물었더니 영준이는 조심스레 대답했다. "지각하면 항상 혼났거든요. 왜 늦었냐. 다음에 그러지 말라. 성실하지 않다. 그런 말만 들었는데 선생님은 괜찮다고 해서 기분이 좋았어요." 그때 선생님은 "늦었지만 늦었더라도 공부하고 싶어서 들어온 거잖아! 그 용기를 칭찬하고 싶은데!"라고 말해주었다. 이 말에 영준이 얼굴에 웃음꽃이 피어났다.

지각했다는 사실을 지적하는 대신 '늦더라도 들어오겠다는 용기'를 본 시선. 이건 단순한 배려가 아니라 존재를 인정하는 방식이다. 아이는 자기가 어떤 모습으로 받아들여지는지에 따라 달라진다. 영준인 지각쟁이에서 늦더라도 공부하고 싶은 아이가 되었다. 말 한마디가 아이의 마음속 무게중심을 옮길 수 있다면 그건 교육보다 더 깊은 변화가 아닐까? 자신이 어떤 모습으로 받아들여지는지를 통해 사람은 달라진다.

그리스 안티고노스 1세 설화를 바탕으로 한 '왕의 초상화' 이야기엔 관점이 주는 감동이 담겨 있다. 용맹하게 전쟁을 이끈 왕은 한쪽 눈을 잃었다. 그는 후대에 남길 자기 모습을 초상화로 남기고자 화가들을 불러 모았다. 첫 번째 화가는 양쪽 눈이 멀쩡하고 완벽한 왕의 얼굴을 그렸다. 그림은 근사했으나 진실은 빠져 있었다. 그림을 본 왕은 분노했다. "내 눈이 그렇게 보기 싫었는가?" 분노한 왕의 목소리에 궁전 안이 얼어붙었다. 두 번째 화가는 실명한 눈까지 사실대로 담았다. 이번엔 왕의 얼굴이 어두워졌다. 있는 그대로를 담았으나 그 속엔 존중도 의미도 없었다. 사실이지만 상처가 되었다. 상처는 분노가 되었고 분노는 다시 왕국을 덮었고 화가는 사라졌다.

그때 한 화가가 조심스럽게 말했다. "제가 한 번 그려보겠습니다." 모두의 시선이 쏠린 가운데 그는 실명하지 않은 눈이 보이는 옆모습을 그렸다. 감추지도 않았고 미화하지도 않았다. 다만 왕이 남기고 싶어 했던 '자신의 가장 빛나는 모습'을 찾았을 뿐이다. 그림을 본 왕의 얼굴에 잔잔한 미소가 번졌다. 용맹하고 품위 있고 자신이 기억되길 바란 바로 그 모습이었다. 강점을 찾는다는 건 감추거나 부풀리는 일이 아니다. 현실을 부정하는 것도 아니다. 그 안에서 가장 단단하고 빛나는 방향을 발견해내는 일이다. 한쪽 눈이 실명이라는 사실은 바뀌지 않지만 그게 전부는 아니다. 아이의 지금 모습도 마찬가지다. 부족한 점만을 볼 수도 있고 그 속에서 자라나는 단서를 볼 수도 있다. 결국 강점이란 '좋은 점을 보려는 시선'이다. 아이는 나무가 태양을 향해 잎을 펴듯 믿어주는 방향으로 자란다.

아이의 강점은 멀리 있지 않다. 좋아하고 잘하는 일 사이에서 찾을 수 있다. 중요한 건 아이의 가능성을 바라보는 시선이다. 부모가 어떤 말로 아이를 불러주느냐에 따라 아이는 자신의 존재를 새롭게 인식하게 된다. 부족한 부분이 아닌 이미 갖고 있는 가능성에서 출발해야 한다. 「케이팝 데몬 헌터스」의 삽입곡 「골든」의 가사처럼. "오, 아임 돈 하이딩Oh, I'm done hiding, 나우 아임 샤이닝 라이크 아임 본 투 비now I'm shining like I'm born to be(아, 이제 숨는 건 끝났어. 이제 타고난 것처럼 빛나고 있어)." 더 이상 숨지 않는다. 빛나기 위해 태어난 존재이기 때문이다. 그 사실을 깨닫는 게 곧 스스로 시작하는 힘이 된다.

• 오늘부터 한 걸음

아이가 좋아하는 일 5가지와 잘하는 일 5가지를 함께 적어보자. 이유를 묻고 이야기해보면 생각보다 많은 강점 단서를 발견하게 된다. 아이도 부모도 조금 더 자기를 알게 된다.

2
'SKY=성공' 공식은 통하지 않는다

공부 잘하면 되는 시대는 끝났다

"우리 아이는 나중에 커서 뭐 하면서 살면 좋을까요?" "미래를 위해 어떤 직업과 어떤 준비가 필요할까요?"

학부모 상담에서 빠지지 않는 질문이다. 적성 검사도 받고 진로 컨설팅도 받아본다. 그런데 알면 알수록 더 혼란스러워진다. 진로는 강점부터다. 세상은 너무 빠르게 변하고 직업은 예측할 수 없다. 2023년 세계경제포럼WEF은 현재 직업의 44%가 5년 안에 사라지거나 바뀔 것이라 발표했다. 기술은 질주하고 인공지능은 이미 우리보다 더 빠르고 정확하게 문제를 푼다. 대화형 인공지능이 코딩도 해주는 시대가 됐다. 더 이상 '공부 잘하면 되는 시대'는 아니다. 이제는 다른 질문이 필요하다. 내가 잘하는 것으로 어떤 문제를 해결하며 살아가고 싶은가. 이 질문이야말로 진로의 시작이자 전부다.

예전에는 고속열차에 태우기만 하면 됐다. 좋은 대학 → 좋은 직장 → 안정된 삶. 'SKY 고속열차'는 부모들에게 꿈 같은 공식이었다. 하지만 그 공식은 더 이상 작동하지 않는다. 이제 아이들은 각자 자기만의 자동차를 운전해야 한다. 이젠 어떤 차에 타는지가 아니라 내가 누구이며 어떤 방식으로 잘 달리는지 아는 것이 중요하다. 강점이 무엇이고 한계는 어디인지 이해하고 있어야 진짜 방향을 설정할 수 있다. 남들과 같은 속도로 가는 게 아니라 자신에게 맞는 길을 스스로 설계해야 한다. 진로란 그런 '자기만의 길 찾기'다.

진로는 단순히 '어떤 직업을 가질까?'라고 묻는 게 아니라 '나는 어떤 일을 하며 살아갈 때 의미를 느끼는가?'라고 묻는 것이다. 어떤 아이는 "생명을 살리는 일을 하고 싶어요."라고 말한다. 또 어떤 아이는 "억울함이 없는 세상을 만들고 싶어요."라고 말한다. 이처럼 가치와 방향이 분명할 때 진로는 여러 모습으로 펼쳐질 수 있다. 생명을 살리고 싶은 마음은 의사, 간호사, 수의사, 심리상담사, 사회복지사, 작가, 응급구조사, 건강 정보를 전하는 유튜버로 연결될 수 있다. 억울함이 없는 세상을 꿈꾸는 아이는 판사, 기자, 교사, 콘텐츠 제작자 등 다양한 방식으로 세상과 소통할 수 있다. 같은 마음 안에서도 아이의 강점과 성향에 따라 길은 다양하게 나뉜다.

아직도 많은 부모는 진로를 '직업'이라는 틀에 고정해 놓고 칸을 채우려 한다. 마치 답이 정해져 있기라도 한 것처럼 말이다. 지금 순간에도 사라지는 직업이 있고 이름조차 없는 직업이 계속 생겨나고 있다. 이건 이상적인 이야기가 아니라 눈앞에 닥친 현실이다. 지금 무엇을 준비할지가 아니라 어떤 방향으로 살아가고 싶은지를 스스로 묻는 게 먼저다. 내가 어떤 문제를 해결하고 싶은지나 어떤 가치를 실현하며 살아가고 싶은지 고민하지 않으면 결국 남이 설계한 삶을 따라가게 된다.

직업을 꿈의 목표로 삼으면 이루는 순간 꿈이 사라진다. "대기업에 입사해야지." "변호사가 돼야지." "건물주가 될 거야." 등의 목표로 달렸는데 막상 이루고 나면 허무하다. "이루긴 했는데 그다음은 뭐죠?"라는 질문 앞에서 멈춰 선다. 성장도 끝난다. 반대로 못 이루면 아예 자신을 부정한다. "나는 실패한 사람이구나." "앞으로 뭘 해야 할지 모르겠어요."라며 무너진다. 지금 청장년 세대가 겪는 혼란은 여기에서 시작된다. 목표를 이루든 못 이루든 방향이 없으면 결국 멈춘다. 평균 수명은 길어졌지만 여전히 '직업은 인생의 목표'라는 낡은 공식을 붙잡고 있으면 방황은 시간문제다. 진짜 진로는 멈추지 않는다. 정해두고 끝내는 게 아니라 살아가면서 계속 바꾸고 확장한다.

이미 도착한 미래는 더 이상 이론이 아니다. 미래학자 레이 커즈와일은 저서 『마침내 특이점이 시작된다』에서 "앞으로 가장 중요한 능력은 자신을 이해하고 변화에 맞게 스스로 업그레이드하는 힘"이라고 말한다. 외우고 따라 하는 능력이 아니라 내 삶을 어떻게 설계할지와 내가 누구인지 아는 감각과 강점이 경쟁력이 되는 시대다. 진로는 직업을 고르는 문제가 아니다. 어떤 삶을 살고 싶은지와 무엇을 느끼고 나누며 살아가고 싶은지를 스스로 묻고 답하는 힘이 필요하다. "나는 누구인가?" "무엇을 하고 싶은가?" "무엇을 잘할 수 있는가?"라는 질문에서 방향이 열린다.

속도보다 방향이 정답보다 설계가 중요하다

"정해진 사다리 대신 정글짐에 올라타라."

페이스북 COO였던 셰릴 샌드버그가 한 말이다. 사다리는 위로만 올라가야 하지만 정글짐은 옆으로 뒤로 때론 쉬어가며 자기만의 방향을 찾을 수 있다. 지금 시대의 진로는 바로 정글짐이다. 예전처럼 좋은 대학과 좋은 직장이라는 순서를 따라가던 공식은 이제 낡은 지도가 됐다. 속도보다 방향이 정답보다 설계가 더 중요해진 지금 시점에 아이에게 필요한 건 하나의 꿈이 아니라 유연하게 이동하게 돕는 다양한 가능성이다.

정글짐을 떠올려보자. 꼭대기에 오르는 게 목적이 아니다. 누구는 옆으로 건너가고 어떤 아이는 뒤로 갔다가 새로운 길을 찾고 친구와 손을 맞잡고 함께 오르기도 한다. 진로도 그렇다. 아이마다 걸음이 다르고 방향도 다르다. 중요한 건 내 아이가 어떤 속도로 가는지가 아니라 자기 길을 주도적으로 찾아가고 있다는 사실이다. 넘어질 수도 있고 잠시 멈출 수도 있다. 하지만 다양한 갈래를 본 아이는 다시 일어설 수 있다. 진로는 경쟁이 아니다. 자신답게

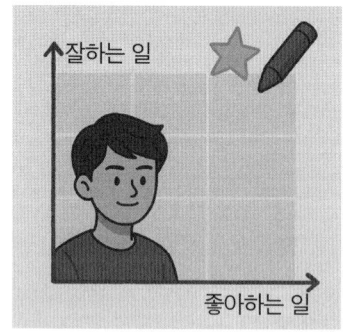

잘하는 일과 좋아하는 일

오래 유연하게 확장해가는 것이다. 그런 아이가 결국 더 풍요롭고 질 높은 삶에 가까워진다. 멋지게 살아남는 법이다. 경험이 쌓이면 선택이 넓어지고 다양한 길을 경험한 아이는 예상치 못한 기회와 자연스럽게 연결된다. 무조건 빠른 길보다 나에게 맞는 길을 찾는 아이가 더 오래 가고 더 멀리 간다. 삶의 안정감이나 만족감도 결국 이런 탐색의 시간에서 자라난다.

진로의 첫 시작점이자 아이 안의 강점을 함께 찾는 시간은 결국 아이가 좋아하고 잘하는 것이 만나는 지점에서 시작된다. 아이와 함께 강점을 찾는 쉬운 방법이 있다. 종이 한 장에 '좋아하는 것(X축)'과 '잘하는 것(Y축)'을 나열해보자. 좋아하는 건 마음이 끌리는 일이고 자주 찾는 활동들이다. 잘하는 건 칭찬받았던 일, 쉽게 배운 일, 지치지 않고 반복했던 활동이다. X축과 Y축이 만나는 지점을 따라가다 보면 어느새 아이 안에 숨겨진 가능성과 마주하게 된다. 이때 핵심은 '좋아하는 것'과 '잘하는 것'을 각각 따로 보는 게 아니라 두 요소가 교차하는 순간을 포착하는 것이다. 예를 들어 그림책을 좋아하고 친구 얘기를 잘 들어주는 아이라면? '보이는 그림으로 감정을 전달하는 사람' '마음을 읽고 표현하는 사람'이라는 진로로 연결된다. 동물을 좋아하고 설명을 잘하는 아이라면 '동물의 세상을 이야기로 쉽게 풀어주는 사람'이 될 수 있다. 요리를 좋아하고 꼼꼼한 아이라면 '건강한 식생활을 기획하는 사람'처럼 말이다. 이건 아이 스스로 '나 이런 일 해볼까?' 하는 상상을 시작하는 지점이 된다. 그게 바로 진로의 첫 시작점이다.

"강점은 어떻게 찾을 수 있을까요?"

많은 부모가 묻는다. 강점을 찾는 법은 아이 안의 에너지가 반짝이는 순간을 포착하는 것, 그리고 그 순간을 살짝 키워보는 것에 있다. 강점은 경험 속에서 발견된다. 진로 교육은 시험이 아니라 실험이어야 한다. 그 과정을 돕고 싶어서 실용적인 방법 하나를 만들었다. 이름하여 'F & M 강점 실행 가이드'다. 왜 'F & M'이냐고? 'Find(찾다)'와 'Make(만들다)'의 앞 글자를 따서 만들었다. 강점을 찾고 만들자는 뜻이다.

'F & M 강점 실행 가이드'의 핵심은 두 가지다. 하나는 아이 안의 가능성을 관찰로 찾아내는 발견Find이다. 아이가 몰입할 때의 표정을 관찰하고 그 순간을 기록한다. '유난히 집중하는 순간은 언제인가?' '표정이 살아나고 눈빛이 반짝이는가?' '시간 가는 줄 모르는가?'를 살핀다. 이러한 몰입은 강점이 발휘될 때 가장 잘 나타난다. 아이가 몰두하는 순간을 포착하는 것이 강점을 찾는 가장 직접적인 방법이다. 이상하거나 반복되는 행동을 눈여겨보고 그 안에 숨어 있는 강점 해석도 좋은 방법이다. 고집이 센 아이는 신념, 질문이 많은 아이는 비판적 사고력, 혼자 노는 아이는 깊은 집중력이 숨어 있을 수 있다. 아이가 실패했을 때의 반응도 귀하게 봐야 한다. 다시 도전하려고 하는가, 다른 방법을 찾아보려 하는가, 힘들어도 행동을 이어가는가를 관찰한다. 이런 모습에서는 회복탄력성Resilience과 자기 모니터링Self-monitoring, 자기 조절Self-regulation 능력 같은 미래 성장 기반 강점을 찾아낼 수 있다. 관찰하기 가장 좋은 시간은 아이가 뭔가에 몰입할 때, 자유 시간에 스스로 무엇인가를 선택했을 때, 실수나 실패를 경험한 직후다. 이때 부모는 질문하거나 간섭하지 않고 조용히 관찰자의 입장으로 바라본다.

다른 하나는 강점을 자극하고 새롭게 가능성을 키워가는 만들기Make다. 아이가 아직 해보지 않은 활동들에 주목하자. 예술, 스포츠, 실험, 리더십 등에 가볍게 발을 들일 기회를 열어주자. 강점은 경험을 통해 확장된다. 아이는 '경험, 반응, 학습'의 순환 속에서 '난 이걸 좋아하나 봐.' 하고 스스로 깨닫는다. 어렵게 생각 말고 하루 5분이나 자기 전에 오늘의 성공과 아쉬움을 나누는 것도 좋다. 오늘 잘한 일 하나와 아쉬운 일 하나를 이야기하며 배운 점을 자연스럽게 꺼내보게 한다. 이때 부모는 평가하지 말고 느낌을 있는 그대로 받아주자. 강점 인터뷰도 재미있다. "가장 신나게 몰입했던 순간은?"과 같은 질문을 주고받으며 자기 인식이 자란다. '올해 꼭 해보고 싶은 일'을 자유롭게 써보는 버킷리스트도 가능성의 문을 여는 방법이다. 만들기 활동은 주말 아침, 방학, 혹은 아이가 스스로 새 도전을 원할 때 시도하기 좋다. 일상 속 가벼운 리듬으로 자연스럽게. 그렇게 하루하루 아이 안에 숨어 있는 가능성이 조금씩 빛을 발한다. 강점은 이미 아이 안에 있다. 부모가 함께 발견하고 키워가는 그 과정이 진짜 진로 교육이다.

잊지 말아야 할 건 단 하나의 '정답'을 찾는 게 아니라 연결의 실마리를 발견하는 일이다. 진로는 인생을 완성하는 최종 선택지가 아니라 단지 한 발을 떼기 위한 작은 출발점이다. '정해진 꿈'이 아니라 '정해볼 용기'가 필요한 시점이다. 부모가 함께 그 점 하나를 찍어주는 것만으로도 아이는 방향을 찾고 움직이기 시작한다. 한 걸음 내디디면 시야가 넓어진다. 목적지는 바뀔 수 있지만 출발은 분명해야 한다. 그래서 지금 필요한 선 '딱 하나의 확장'이 아니라 '딱 한 번의 시도'다.

왜 강점으로 진로를 설계해야 할까? 갤럽은 30년의 연구 끝에 이렇게 말한다. "사람은 자신의 강점을 활용할 때 더 큰 성취와 행복을 느낀다." 강점은 단순한 재능이 아니라 스스로 긍정하는 경험에서 시작된다. 좋아하고 잘하는 일은 아이 안에 기쁨과 에너지를 만들어 학습과 도전을 이끈다. 진로가 강점에서 출발해야 하는 이유는 거기서 '하고 싶다.'라는 마음이 나오기 때문이다.

'나는 무슨 일을 해야 하지?'라는 질문은 사실 아주 새로운 질문이다. 예전에는 부모가 하던 일을 그냥 물려받거나 직장인이 되는 게 당연한 줄 알았다. 지금은 다르다. 생각하지 않으면 사다리만 쫓다 끝에서 멈춘다. 더는 갈 데도 뛰어내릴 곳도 없다. 아이에게 "생각나는 직업을 한번 다 써봐."라고 해보면 대부분 30개도 채 되지 않는다. 결국 아이가 떠올릴 수 있는 꿈의 수가 그만큼이라는 뜻이다. 더 많은 시동 스위치가 필요하다. 상상할 수 있고 시작할 수 있으니까.

진로는 아이를 움직이게 하는 시동 스위치다

'왜 해야 하지?'

그 질문에 답이 생기면 아이는 스스로 달리기 시작한다. 하나의 문이 막혀도 다른 문을 열 수 있게 해주는 마스터키이기도 하다. 그 희망이 아이를 끝까지 나아가게 만든다. 진로란 절대 지워지지 않는 문신이 아니다. 스티커 문신처럼 언제든 수정할 수 있다. 완벽할 필요 없다. 중요한 건 멈추지 않고 한 발짝 내딛는 것. 점과 점을 찍고 연결하다 보면 어느새 자신감의 별자리가 생겨난다. '안으로 깊이 뛰기'가 '밖으로 멀리 뛰기'로 이어지는 순간 아이는 세상과 단단하게 연결된다. 강점에서 출발해 다양한 가능성을 상상할 때 아이 마음에 작은 별 하나가 반짝이기 시작한다. 그 시작으로 자신만의 하늘을 그려 나간다.

- **오늘부터 한 걸음**

이번 주말에 아이와 함께 A4용지 가로축에는 '좋아하는 것'을 적고 세로축에는 '잘하는 것'을 적어 교차점을 찾아보자. 그 지점에서 아이의 눈이 반짝이는 순간 첫 번째 진로의 점이 찍힌다.

강점을 찾는 가장 좋은 방법은 직접 경험해보는 것이다. 손으로 만지고 몸으로 부딪쳐야 진짜 흥미가 드러난다. 검사는 그 여정을 도와주는 나침반일 뿐 결과를 결정짓는 판결서는 아니다. 아이와 함께 가볍게 참고하고 말 걸듯 해석해보자.

아이 이해를 돕는 대표 심리·강점 검사

	특징
강점 검사	전 세계적으로 널리 사용되는 갤럽 강점 검사는 총 34가지 강점 중 상위 강점을 제공하며 유료로 진행된다. 강점은 전략적 사고, 관계 형성, 실행력, 영향력 4가지 영역으로 분류된다. VIA 검사는 24가지 성격 강점을 검사할 수 있으며 6가지 핵심 가치(지혜, 용기, 인간애, 정의, 절제, 초월) 아래 강점이 분류된다. viacharacter.org에서 무료로 검사할 수 있다.
메타 학습 종합검사	자신의 학습 강점과 심리적 자원을 파악하여 공부에 대한 긍정적인 마음을 키우는 데 도움을 주는 검사이다. 이 검사는 한국심리학회 인증을 받은 신뢰도 높은 검사로 초등학생 4학년부터 중고등학생까지 폭넓게 활용할 수 있으며 비바샘과 인공지능 디지털 교과서 플랫폼에서 무료로 제공된다. 검사는 총 4가지 영역으로 구성되어 있다. 각 영역은 학습에 도움이 되는 강점과 방해 요인을 함께 진단한다. 결과는 24페이지의 전문 보고서로 제공돼 학생의 자기 이해와 학습코칭에 실질적인 도움을 준다.
빅파이브 성격검사	개방성, 성실성, 외향성, 우호성, 신경증이라는 5가지 성향을 확인할 수 있다. '카카오같이가치'에서 '마음 날씨'를 활용하면 무료다. 120문항으로 심리학에서 가장 신뢰받는 성격검사다. 서울대학교 행복연구센터와 함께 연구한 해설을 통해 항목에 대한 설명과 항목별 하위요인까지 보여준다. 예를 들어 개방성의 하위요인으로 상상력, 예술적 감수성, 감정 존중, 모험성, 지적 호기심, 가치 진보성 항목을 설명한다. 설명이 쉽다.

3
아이에게 맞는 공부법을 찾아 활용한다

아이마다 학습 속도와 선호 방식이 다르다

요즘 뇌과학 연구를 보면 한 가지는 확실해졌다. 사람마다 뇌의 패턴과 민감도가 다르고 발달한 영역도 다르다. 그래서 학습 속도와 선호 방식이 다를 수밖에 없다. 같은 교실과 같은 수업이어도 어떤 아이는 쑥쑥 이해하고 어떤 아이는 한참을 맴돈다. 모두 똑같이 습득하기를 기대하는 건 사실 뇌를 모르는 이야기다. 공부는 누구에게나 다르게 작동한다. 공부에도 '나만의 맞춤옷'이 있다. 강점을 살려 습득하면 훨씬 빠르게 성장할 수 있다. 그게 쌓이면 누구도 흉내 낼 수 없는 '자기만의 경쟁력'이 된다. 내 아이에게 맞는 공부법은 아이 안에 있다. 강점을 알면 길이 보인다.

흥미로운 이야기가 있다.『평균의 종말』의 저자이자 하버드대학교 교육학자 토드 로즈 교수는 고등학교 공부를 따라가지 못해 결국 자퇴했고 한때는 공장 노동자로 살아갔다. 하지만 뒤늦게 자신의 강점을 이해하고 자신에게 맞는 공부법을 찾았다. 그러자 늘 뒤처지던 아이가 어느새 앞서가는 아이로 변했다. '이론이 먼저고 응용은 나중'이라는 기존 학습 방식을 과감히 거꾸로 뒤집었다. 그는 먼저 손으로 부딪히고 몸으로 익히고 그다음에 이론을 받아들였다. 그렇게 자신만의 속도로 성장한 끝에 마침내 하버드대학교 교수가 되었다. 그의 이야기는 우리에게 다음과 같이 말한다. "내 아이는 다르게 자라도 더 멋지게 성장할 수 있다."

우리 아이들의 끼, 열정, 세계적인 꿈. BTS도 그랬다. 지금은 전 세계적으로 유명한 엔터테인먼트사 파이브의 모체인 빅히트 뮤직도 2013년 BTS가 데뷔할 당시에는 작은 회사였다. 방송 출연은 하늘의 별 따기였고 음악방송 대기실조차 없이 복도에서 대기하는 날도 많았다. 광고비? 그런 건 없었다. 대신 그들은 스스로 길을 만들었다. 연습실에서 자작곡을 만들고 캠코더로 무대 뒤를 찍어 유튜브에 올렸다. 트위터에 하루하루 일상을 올리며 팬들과 친구처럼 소통했다. 화려하진 않았지만 진짜였다. 청춘의 꿈과 고단함을 솔직하게 담은 세계관을 스스로 세웠고 그 진심에 팬들은 마음을 열었다. 이순신 장군의 명량대첩이 떠오른다. 13척으로 133척을 상대했던 싸움. 지형을 알고 우리 군의 강점을 정확히 알았기에 승리할 수 있었다. BTS도 자신들의 강점과 자신들의 이야기를 정확히 알았다. 그것으로 세계를 확장해 나갔다. '지피지기知彼知己 백전불태百戰不殆'라는 말이 있다. 상대를 알고 나를 알면 백 번 싸워도 위태롭지 않다는 고전의 지혜를 BTS는 현대판으로 멋지게 증명해냈다.

  이 지혜는 공부에도 그대로 통한다. 아이마다 품고 있는 습득의 리듬과 스타일이 다르다. 어떤 아이는 듣고 배우고 어떤 아이는 움직이며 익힌다. 어떤 아이는 마음이 움직일 때 기억한다. 또 어떤 아이는 조용히 혼자 정리할 때 퍼즐처럼 이해가 맞춰진다. 답은 하나가 아니다. 아이가 직접 부딪치며 '이렇게 하면 되겠네!'를 스스로 알아가는 과정. 그게 진짜 배움이다. 다만 현실은 바쁘고 시간은 늘 부족하다. 모든 방법을 일일이 다 시도할 수 없다면 '학습유형'이라는 좋은 도구를 활용한다. 스탠퍼드대학교 정신과 교수이자 다큐멘터리 「브레인」으로 세계적인 주목을 받은 뇌과학자 데이비드 이글먼David Eagleman은 "각자의 뇌는 각자의 세계를 가진다."라고 했다. 하버드대학교의 커트 피셔Kurt Fischer 교수 역시 "학습 발달은 개인의 뇌 발달 경로에 따라 달라진다."라고 강조했다. 이들은 한목소리로 이야기한다. "모두가 같은 방식으로 습득해야 한다는 생각을 이제는 내려놓아야 한다." 아이의 뇌는 저마다 다르기에 아이에게 맞는 공부법도 다를 수밖에 없다. 그렇다면 우리 아이의 성향은 어떤 공부법과 잘 맞을까?

아이의 사고방식과 감정에 따라 공부한다

우리 아이가 어떤 스타일인지 알면 공부법도 훨씬 쉬워진다. 수전 델린저Susan Dellinger 박사의 연구를 바탕으로 김선자 선생님은 『별별 학습코칭』을 쓴 저자이자 과학수업과 학습코칭을 통해 많은 아이의 성장을 도와온 베테랑 선생님이다. 김선자 선생님의 방식을 한국식 교육에 맞게 다듬은 '도형 심리학'을 활용해보자. 도형 심리학은 사고방식(추상적으로 생각하는지 구체적으로 생각하는지 여부)과 감정 스타일(규칙을 좋아하는지 감성적으로 반응하는지 여부)에 따라 네모형, 세모형, 원형, 별 모양 이렇게 도형으로 표현한다. 도형으로 표현하니 아이의 성향이 마치 그림처럼 눈에 쏙 들어온다. 아이를 이해하는 데 훨씬 빠르고 쉽다. 아이를 이해하면 공부도 달라진다. 학습유형은 완벽한 답은 아니지만 내 아이에게 맞는 공부법을 찾아가야 효과가 높다. 공부 전략은 '내 아이를 제대로 아는 것'부터 시작된다.

네모형 아이는 이름처럼 반듯하다. 계획을 세우고 시간표를 짜고 알아서 노트 정리까지 한다. '모범생'이라는 별명이 괜히 붙은 게 아니다. 반복 학습도 끄떡없다. 단 속도가 느려질 때 스트레스를 받기 쉽고 그 깔끔함이 지나쳐 깐깐해질 수 있다. 이럴 땐 부모가 한발 물러서서 말없이 인정해주는 게 답이다. '그래. 네가 잘하고 싶은 마음 알지.'라고 생각하며 응원해주자. 추천 강점 전략은 간단하다. 매일 정해진 시간에 목표를 세우고 시험 전에는 철저하게 반복해서 학습한다. 보완 전략으로는 공부 시작 전에 전체 흐름을 한 번에 보는 걸 추천한다. 목차 훑기나 마인드맵 정리가 네모형 아이에겐 필수다.

세모형 아이는 세모처럼 뾰족하다. 목표를 세우면 그것만 눈에 보인다. 추진력, 경쟁심, 인정욕구까지 한꺼번에 몰고 간다. 본론만 말하고 빨리 결론짓고 싶어 하는 스타일이다. 그래서 실수나 실패를 인정하는 걸 싫어한다. 부모는 이 아이에게 "네가 최고야."라고만 외칠 게 아니라 협력하는 힘과 감정을 표현하는 법을 가르쳐야 한다. 추천 전략은 이렇다. 이해력이 빠르고 설명을 잘하니 배운 내용을 친구나 가족에게 강의하게 한다. 스스로 설명하면 머리에 콕 박힌다. 단 "나 이해했어!"라고 하는 말을 곧이곧대로 믿지 말자. 이해한 건 좋은데 기억은 또 다른 문제다. 보완 전략으로는 '이해한 내용을 노트에 정리해두기'를 꼭 붙여줘야 한다.

원형 아이는 이름부터 부드럽다. 공감 능력이 최고이고 배려가 최고다. 친구들과 잘 지내고 선생님이 하는 말도 잘 듣는다. 단 감정에 따라 공부가 출렁인다. 친구랑 싸우면 책이 눈에 안 들어온다. 갑자기 말수가 줄어들면 '이거 관계에 적신호다.'라고 생각하며 알아차려야 한다. 추천 전략은 '관계'를 이용하는 거다. 선생님을 좋아하게 만들고 친구들과 공부 인증사진도 찍게 한다. 지지받을 때 에너지가 폭발한다. 보완 전략은 간단하다. 스마트폰은 잠시 안녕. 친구랑 공부할 땐 '공부 시간 규칙'을 만들어 지키게 하자. 규칙이 있을 때 이 아이들은 오히려 더 편안해진다.

별 모양 아이는 반짝반짝 별처럼 튀는 아이들이다. 아이디어가

학습유형별 대표 키워드 카드

A: 네모형	# 부지런한 완벽주의자 # 계획과 실천은 내 전문 # 분석과 정리는 맡겨줘 # 성실은 나를 위한 단어	A: 세모형	# 목표로 돌진하는 도전자 # 마음먹은 일은 꼭 해내지 # 승부에서 이기면 기분 최고 # 친구들 사이에서 리더 역할
 A: 원형	# 함께가 좋은 공감 대장 # 협동심이 강하고 잘 도와줌 # 화합과 소통은 내 특기 # 다정다감한 응원단장	A: 별형	# 통통 튀는 호기심 대왕 # 새로운 걸 만드는 건 짜릿해 # 남다른 상상력과 표현력 # 매일 바뀌는 관심사

넘치고 관심 분야가 많고 재미를 느끼면 미친 듯이 몰입한다. 단 재미없는 건 지구 끝까지 밀어놓고 쳐다보지도 않는다. 예습과 복습 같은 반복은 별 모양 아이에게 고역이다. 부모는 억지로 틀 안에 넣지 말고 자유를 인정해줘야 한다. 추천 전략은 '게임처럼 공부하기'다. 포모도로 타이머로 시간을 정해놓고 스스로 미션을 깨나가듯 몰입하게 돕는다. 교과서 목차를 함께 보면서 질문을 만들거나 관심 분야를 연결해 주면 효과가 훨씬 커진다. 보완 전략은 집중 시간을 짧게 만들고 과목을 바꿔가며 공부하기다. 30분 간격으로 탁탁 바꾸면 지루할 틈이 없다. 과제나 과목 선택권을 주면 별 모양 아이는 날아다닌다.

　부모도 자기 이해가 먼저다. 부모도 자기 스타일이 있다. 네모형 부모는 별 모양 아이를 보면 속이 먼저 답답해진다. 네모형 엄마의 하소연이다. "뭘 하든 계획표부터 세워야 마음이 놓이는데 이 녀석은 하루에 계획이 10번은 바뀌는 것 같아요." 계획을 세워주면 처음엔 "응. 알겠어!" 하고 고개를 끄덕이던 아이가 금세 새로운 아이디어가 떠올랐다며 다른 걸 하고 있다. 부모는 "얘 또 왜 이래······." 하고 가슴을 쓸어내리고 아이는 "왜 자꾸 막아? 이게 내 방식인데······."라고 하며 속이 답답하다. 서로 엇갈린다. 한쪽은 통제하지 않으면 불안하고 다른 한쪽은 통제받으면 숨이 막힌다.

세모형 부모는 원형 아이를 보면 느리고 우유부단하다고 느낀다. 뭘 하나 결정하려 해도 자꾸 감정을 따지고 관계를 본다. 학원 하나를 정하는데도 "친구랑 같이 다닐 수 있을까?" "선생님이 친절하실까?"라며 망설이고 또 망설인다. 세모형 부모는 속으로 답답하다. "선착순 마감인데 빨리 결정 좀 하자!"라고 다그치고 싶다. 아이는 친구와의 조화나 분위기를 중시하는데 부모는 일단 '선택'이 먼저라고 생각한다. 아이는 자꾸 눈치를 보고 부모는 자꾸 속이 터진다.

반대로 원형 부모는 네모형 아이를 보면 딱딱하고 융통성 없다고 느낀다. "그렇게까지 시간표를 칼같이 지켜야 하니?"라고 한마디 건넸다가 아이에게 "지금은 암기 시간이니까요."라는 반응이 돌아오면 말문이 막힌다. 원형 부모는 느슨하게 풀어주고 싶은데 아이는 흐트러지면 오히려 불안해진다. "놀다 보면 집중력도 생긴다."라는 부모와 "계획대로 안 되면 망할 것 같아요"라는 아이의 신념이 충돌한다.

별 모양 부모는 세모형 아이를 보면 당황한다. '왜 융통성이 없지?'라고 느끼기도 한다. 성과에 민감하고 실수에 예민하고 누가 내 점수를 앞질렀는지 늘 의식하는 아이를 보면 자유롭게 살게 해주고 싶은 마음과 현실 사이에서 갈등한다. "그렇게까지 경쟁해야 하니?"라고 묻고 싶으나 세모형 아이는 자신만의 기준이 있고 그걸 성취하는 데 몰입한다. 부모는 더 자유롭게 되고 아이는 더 명확하게 고집한다. 두 사람 사이의 온도 차가 벌어진다.

　이상하거나 틀려서가 아니다. 그냥 서로 다를 뿐이다. 부모도 아이도 각자의 설계도로 만들어진 존재다. 우리는 자꾸 '내가 옳다.'라는 렌즈로 아이를 들여다본다. 나에게 익숙한 방식이 아이에게도 좋을 거라고 믿고 같은 길로 데리고 가려고 한다. 그 길이 사랑이라는 이름으로 포장되면 더 강하게 밀고 나가게 된다. 결국 아이는 혼란스럽다. 내가 틀린 건가? 엄마처럼 되거나 아빠처럼 되지 않으면 나는 부족한 사람인가? 그런 마음이 자라면 자존감이 눌린다. 공부든 생활이든 아이는 '내가 바라는 행복하며 위대한 사람'보다 '부모가 원하는 그저 그런 사람'이 되려고 애쓰게 된다.

　진짜 중요한 건 아이가 자기답게 사는 법과 가장 효율적인 방법을 찾는 것이다. 부모 기준보다 자기 방식으로 배우는 아이가 더 잘 성장한다. 아이는 지금 자기만의 속도로 달리는 거구나. 내가 보기엔 돌아가는 것 같아도 자기 리듬으로 자기에게 맞는 방법으로 자라고 있는 거구나. 그렇게 마음이 풀어지면 잔소리는 줄고 응원은 늘어난다. 아이를 있는 그대로 바라보는 순간 부모의 말투도 변하고 표정도 달라진다. 부모는 아이의 거울이다. 내가 보내는 시선과 말이 아이의 내면에 스며든다. 다름을 이해하고 존중하는 태도야말로 아이에게 건넬 수 있는 가장 따뜻한 사랑이다.

아이만의 학습 방법을 찾아내고 활용한다

학습유형을 알면 아이 공부가 술술 풀릴 것 같은 기대가 생긴다. 나도 그랬다. '우리 아이는 네모형이니까 이렇게!' 하며 열정적으로 적용했다. 해보니 확실해졌다. 학습유형은 "막막할 때 이렇게 시작해보세요." 정도의 가이드일 뿐이다. 초등학생 시기에 자기한테 맞는 공부 방식을 찾으면 공부라는 고속도로를 먼저 타는 셈이다. 그냥 열심히? 아니다. 효율적으로 해야 한다. 공부 잘하는 아이는 비법이 없다. 자기만의 공부법이 있을 뿐이다. 그 공부법이 성적을 만든다. 어떤 아이는 소리 내어 읽고 어떤 아이는 스케치하듯 정리하고 또 어떤 아이는 설명하면서 이해한다. 복습도, 노트 정리도, 기억하는 방식도 제각각이다. 이걸 모르면 그냥 앉아서 끙끙대는 공부가 된다. 중고등학교 과정으로 갈수록 과목은 많아지고 시간은 줄어든다. 결국 중요한 건 '효율'이다. 해봐야 안다. 자기 공부법은 실험을 통해 찾아간다. 학습유형은 길을 찾는 첫 지도다. 그 다음은 지도를 들고 자기만의 루트를 직접 걸어봐야 한다. 그래야 나에게 맞는 공부법이 완성된다.

두 번째 유의점은 학습유형이 '가르치는 방식'이 아니라 '배우는 방식'이라는 점이다. '배울 學'과 '익힐 習'이 더해져 '학습'이 된다. 학습유형은 배우고 익히는 방법이다. 나에게 지식을 붙이고 남기는 방법에 관한 이야기다. 학습코칭 연구를 시작할 땐 '감각형이니까 실제 사례로 가르쳐야 해요.' '직관형이니까 전체 구조부터 보여줘야죠.'와 같은 식으로 생각했다. 그런데 결과는 예상과 달랐다. 누구든 시청각 자극이 풍부하고 직접 써보고 말해보는 수업은 더 오래 기억했다. 아하. 학습유형은 '교수법'이 아니라 '아이의 습득 방식'에 관한 거였구나! 같은 수업 후 어떤 아이는 그림을 그려서 기억하고 어떤 아이는 이야기를 만들어 외운다. '습득하는 방식'이 중요하다. 작업기억은 잠깐 머무는 메모장이고 거기서 장기기억으로 옮겨가려면 반복과 다양한 자극이 필요하다.

  자신에게 가장 잘 맞는 학습 방법을 찾아내고 스스로 활용하는 능력은 앞으로 100년 이상을 배우며 살아가야 하는 세상에서 큰 자산이 된다. 강점을 살린 학습법을 알았다면 그다음은 활용이다. 단순히 아는 데서 멈추지 않고 좋아하는 것을 학습과 연결해 확장한다. 예를 들어 음식 만들기를 좋아하는 아이가 있다면 단순한 요리로 끝내지 않는다. 음식과 세계 역사를 연결하고, 음식의 화학반응을 탐구하고, 요리 속에 숨어 있는 사회 변화까지 들여다본다. 계량과 비율을 배우며 수학적 사고도 자연스럽게 익힌다. 좋아하는 활동에 교과 개념이 스며들면 공부는 억지보다 재미에 가까워진다. 좋아하는 것을 발판 삼아 세상을 배우는 것이 바로 배움이 연결되고 확장되는 힘이다. 강점과 흥미를 발판 삼아 스스로 배움의 길을 넓혀가는 것이 중요하다. 나는 그걸 '진짜 성장하는 공부'라고 믿는다.

  아이마다 배우는 방식이 다르다. 성격과 경험에 맞는 학습 전략을 찾는 일은 미래를 위한 투자다. 초중 시기는 다양한 공부법을 실험할 수 있는 최적 시간이다. 이 시기를 놓치면 주어진 방식에만 익숙해져 자기 주도성을 잃기 쉽다. 강점을 바탕으로 자기 공부법을 익힌 아이는 이후에도 스스로 배우고 성장하는 힘을 가진다. 이 힘은 평생 학습 시대를 살아가는 가장 강력한 경쟁력이 된다.

• **오늘부터 한 걸음**

아이의 강점에 초점을 맞추어 효과적일 것 같은 공부법을 함께 선정하고 아이가 스스로 선호하는 방법을 골라 한 달 동안 임무와 보상을 설정해 실험해본다.

4
아이의 공부 시간표를 믿고 기다려주자

아이에겐 공부 잘하고 싶은 마음이 있다

"엄마! 난 수학 포기자야! 수학이 너무 싫어! 나랑 맞지 않는 것 같아!"

4학년 딸의 고백이었다. 그 말에 마음이 복잡해질 즈음 뜻밖의 행운이 찾아왔다. 학습코칭 사업을 하면서 아이들 마음속에는 이미 공부를 잘하고 싶은 마음이 있다는 걸 알게 됐다. 공부가 싫어서가 아니라 어렵고 자신이 없어서 미리 포기한 척하고 있었던 거였다. 나에게 큰 깨달음이었다. 딸에게 물었다. "왜 수학이 싫어?" 딸은 단순하게 말했다. "문제를 보면 어떻게 푸는지 방법을 모르겠어. 나 바본가? 틀리면 자신감도 떨어져." 아이 마음을 들여다보니 게으르거나 의지 부족이 아니었다. 걱정 많고 잘하고 싶은 마음이 컸기에 오히려 작게 넘길 수도 있는 실패를 크게 받아들이고 있었다. 완벽하고 싶은 마음이 자신을 스스로 위축되게 만들고 있었다. 아이가 마음 놓고 틀려볼 수 있도록 실패해도 괜찮다고 말해주는 사람이 필요했다. 그 사람이 부모인 나여야 한다는 것도 그제야 깨달았다.

내가 변하니 딸도 조금씩 달라졌다. 강점을 찾고 나서는 받아쓰기에서 만점을 받거나 혼자 수학 문제 한 세트 풀기 같은 작은 성공을 하나하나 경험했다. 그러면서 자신감을 쌓았다. 학습코칭 수업 후 발표하는 힘도 자랐다. 행동이 눈에 띄게 바뀐 건 아니었다. 조급해지고 싶은 마음을 꾹 누르며 그냥 믿고 기다렸다. 변화를 시도한 지 7개월이 지난 어느 여름날 딸이 말했다. "나 시간을 너무 허투루 보내는 것 같아. 수학 공부하게 도와줘!" 딸은 스스로 공부를 시작했다. 지금까지 4년째 꾸준히.

알게 됐다. 기다려야 한다는 걸. 아이는 저마다 속도가 다르다. 변하려면 시간이 필요하다. 물도 100도가 되어야 끓는다. 그전까지는 아무 일도 일어나지 않는 것처럼 보인다. 처음 수학 시험에서 100점을 받고 딸은 환하게 웃었다. 작은 성취 하나가 이렇게 큰 힘이 될 줄은 몰랐다. "힘들어도 공부해야 잘할 수 있으니까!" 그 말은 힘든 시간을 견디고 스스로 길을 찾은 아이의 고백이었다. 부끄럽지만 '수학 포기자'라고 했던 딸이 6학년이 되던 해에 전교에서 단 한 명만 받는 과학기술정보통신부 장관상을 받았다. 4학년 때는 상상하지도 못했던 일이다. "공부가 싫어요." "자신 없어요."라고 말해도 괜찮다. 아이들은 바뀐다. 지금부터 시작하면 된다. 강점을 찾고 작은 성공을 경험하게 해주자. 그리고 무엇보다 믿고 기다려주자. 심리학자 앨버트 반두라Albert Bandura는 "사람들은 자신이 할 수 있다고 믿을 때 행동하기 시작한다."라고 말했다. 믿음이 먼저다. 기다림이 필요하다. 나그네의 외투를 여는 것은 거센 바람인 잔소리, 겁주기, 소리치기, 잘못 지적하기가 아니다. 따뜻한 햇볕으로 포근하게 휘감아 감싸는 것이다. 아이들이 스스로 외투를 여는 그 순간까지 우리는 햇살처럼 기다려야 한다. 아이의 시간표를 믿어주자.

포기하지 않고 끝까지 해내는 힘을 길러주자

공부란 단기간에 쭉쭉 실력이 느는 일이 아니다. 아이의 실력은 천천히 자란다. 매일 조금씩 실패를 견디고 다시 도전하는 경험이 쌓일 때 비로소 자란다. 그래서 중요한 건 눈에 보이는 성적보다 포기하지 않는 연습이다. 틀린 문제는 그냥 넘기지 않고 다시 풀게 하고 '왜 틀렸을까?'를 함께 점검하면 도움 된다. 실수에서 배우고 다시 시도해보는 경험을 꾸준히 쌓을 때 아이는 '틀려도 괜찮다.'라는 감각을 익힌다. 처음엔 느려 보여도 그 과정을 반복하면 자신도 모르게 깊어지고 단단해진다. 아이에게 '잘했어.'라는 칭찬만큼 필요한 건 '시도하고 다시 도전한 것만으로도 좋아.'라는 말이다. 무엇보다 '실패해도 다시 하면 된다.'라는 마음을 갖게 하는 것. 그게 결국 스스로 해내는 힘이고 진짜 자존감을 키우는 길이다.

저녁을 먹으며 "엄마가 회의 방식을 바꿨는데 망친 것 같아."라고 가볍게 말을 건넸다. 그러자 "엄마도 그런 적 있어?"라고 아이가 묻는다. "그럼. 그래도 해봐서 절반은 성공! 넌 오늘 어땠어?"라고 말했다. 아이가 잠깐 멈칫하더니 "발표에서 긴장해서 말 꼬였어."라고 한다. "오! 잘하지 못해도 오늘 뭐라도 도전했다는 거네? 잘했어!" 아이는 웃으며 "그런 건가?"라며 배시시 웃는다. 이런 짧은 말 한마디가 아이 마음속에 작은 안전망이 되어준다. 실패해도 괜찮다는 감각과 다시 해보면 된다는 믿음이 아이를 버티게 한다.

심리학자 안젤라 덕워스는 "그릿이란 단기적인 실패나 장기적인 난관에도 불구하고 노력을 지속하는 의지"라고 했다. 끝까지 해내는 힘은 하루아침에 생기지 않는다. 목표를 이루고자 필요한 행동을 습관으로 만드는 것, 그리고 오랜 훈련과 반복을 지루해하지 않고 그냥 해내는 것이 진짜 실력이다. 김연아 선수는 "연습할 때 어떤 생각을 하나요?"라는 질문에 "그냥 하는 거죠."라고 답했다. 임윤찬 피아니스트 역시 중고등학생 때 매일 7~8시간씩 피아노를 치며 연습을 반복했다. 그들에게는 '즐거운 일'이어서가 아니라 '반복을 견디는 힘'이 있었다. 반복이 괴롭지 않으려면 성장해야 한다. 성장하려면 부모의 시선이 바뀌어야 한다.

재능을 찾고 싶다면 무엇이든 반복해보자. 해본 후에 결정해도 늦지 않다. 부모는 아이가 작은 성취를 이룰 때마다 민감하게 알아봐주고 성장의 흔적을 놓치지 않고 인정해준다. 지속하는 힘은 변화를 느끼게 할 때 생긴다. 영혼 없이 책상 앞에만 앉아 있는 것으로는 부족하다. 아이 스스로 어제와 다른 오늘을 만들고 있다는 것을 느끼게 해야 한다. 주도권은 아이에게 맡겨야 한다. 내가 해낼 수 있다는 감각을 키워야 끝까지 버티는 힘이 만들어진다.

현명한 부모는 사랑의 언어로 말한다

무엇보다 중요한 건 부모의 긍정이다. 긍정은 아이에게 줄 수 있는 가장 강력한 자산이다. 앞에서 이야기한 '끝까지 해내는 힘'도 결국 부모의 긍정적인 마음에서 자란다. 말을 가려야 한다. 괜찮아 보여도 부모가 누군가를 험담하거나 부정적인 말을 반복하면 아이는 그 말 사이로 세상을 배우고 자기를 바라보게 된다. 나도 그런 모습을 본 적이 있다. 교육을 전공한 후배였는데 시댁, 남편, 친구, 이웃 이야기를 만날 때마다 부정적으로 말하곤 했다. 겉으로는 다정했다. 하지만 후배의 아이는 작은 실수에도 움츠러들었다. 아이는 엄마의 말을 통해 세상을 향한 두려움과 스스로에 대한 긴장을 배우고 있었다. 말은 생각보다 깊고 조용하게 아이에게 전달된다. 결국 부정의 파편은 고스란히 아이를 향한다.

한 사람을 떠올린다. 배우자를 잃고 혼자 아이들을 키웠던 지인이다. 학원은커녕 생활비조차 빠듯했으나 아이들은 씩씩하게 자라났다. 딸은 공무원이 되었고 아들은 공학박사 과정을 마친 뒤 대기업에 취업해 좋은 평가를 받고 있다. 지인은 늘 같은 말을 아이들에게 건넸다. "괜찮아! 걱정하지 마! 잘할 수 있어!" 그 말이 그 집의 공기처럼 흐르고 있었다. "옆집 할머니 오이김치 정말 맛있더라.""아랫집 중학생이 웃는데 얼마나 예쁘던지!" 이런 말들이 집안 곳곳에 퍼지면서 아이들은 자연스레 세상을 긍정의 눈으로 바라보는 법을 익혀갔다. 돈으로 살 수 없는 정말 값진 자산이었다. 그런 모습을 보면 안다. 아이를 키울 줄 아는 부모는 결국 말을 잘 고른다. 실력 있는 부모는 말로 공기를 바꾼다. 말의 온도로 아이의 미래를 따뜻하게 한다. 힘들어도 포기하지 않는 것. 부모도 아이 모두에게 중요하다. 아이를 끝까지 해내게 하는 힘은 부모가 품은 믿음과 따뜻한 긍정에서 자란다. 끝까지 해낼 우리 아이의 속도와 아이의 리듬을 믿어주자.

긍정자본은 결국 사랑이다. 아이를 있는 그대로 바라보고 강점과 가능성을 믿어주는 눈! 그렇다면 그 사랑을 어떻게 아이에게 잘 전달할 수 있을까? 심리학자 게리 채프먼이 말한 '5가지 사랑의 언어'는 좋은 실마리가 된다. 어떤 아이는 "너라서 좋아." "오늘도 잘 버텼어." 같은 인정의 말에 마음이 열린다. 어떤 아이는 말보다 도시락을 챙겨주는 봉사의 행동이나 시험 기간에 건네는 간식처럼 말 없는 배려에 더 큰 사랑을 느낀다. 작은 선물은 "널 생각했어."라는 마음이 담긴 따뜻한 표현이 된다. 신체접촉은 안아주고 머리 쓰다듬는 순간 말보다 더 깊은 안정감을 전한다. 또 어떤 아이는 그저 함께 있는 시간이나 눈을 마주치고 이야기를 들어주는 몇 분이 가장 큰 위로가 된다. 이 모든 걸 다 하자는 이야기가 아니다. 아이마다 사랑을 느끼는 방식은 다르다. 중요한 건 아이가 가장 잘 느

5가지 사랑의 언어로 표현하는 인정·지지 예시

5가지 사랑의 언어	인정, 지지, 공감을 표현하는 말
인정의 말	"너는 항상 다르게 생각해서 신기해. 그런 네가 자랑스러워." "결과보다 과정을 봤는데 정말 멋졌어." "너의 진심이 느껴져. 나는 그런 네 마음이 참 좋아." "네가 다시 해보려고 하는 그 마음이 제일 멋져."
봉사의 행동	"네가 피곤할 것 같아서 간식 준비했어. 너를 도와주고 싶었어." "너는 네 자리에서 정말 열심히 하고 있어. 나도 도와줄게." "발표 준비 힘들었지? 엄마(아빠)가 무얼 도와주면 힘이 될까?"
선물	"이거 보자마자 네 생각이 났어. 네가 좋아할 것 같았거든." "이 작은 선물은 네 노력을 기념하고 싶어서 준비했어." "이 책에 관해 너랑 이야기 나눈 게 생각나서 골랐어. 꼭 보여주고 싶었어."
신체접촉	"고생했어. 한 번 안아줄까?" "힘들 때 엄마 손 꼭 잡으면 조금 나아지잖아. 같이 있어 줄게." "오늘 수고했어! 안기고 싶은 날엔 언제나 달려와. 느낌이 참 좋아!"
함께하는 시간	"오늘은 네 얘기만 듣고 싶어. 엄마(아빠) 핸드폰 꺼둘게." "이 시간은 우리 둘만의 시간이야. 너랑 함께 있으니 나도 좋아." (형제가 있다면 꼭 부모님을 독차지하는 시간을 만들어준다.) "네가 하고 싶은 걸로 하루를 함께 해보자. 네가 주인공이야."

낄 수 있는 언어로 사랑을 표현하는 것. 그것이 긍정자본을 아이의 마음속에 닿게 만든다.

끝까지 해내는 힘은 혼자 자라지 않는다. 아이의 강점과 가능성을 믿어주는 부모의 시선을 전달하고 그 믿음을 사랑의 언어로 전할 때 아이는 다시 시작할 용기를 얻는다. 강점을 키우는 사랑은 거창한 게 아니다. "괜찮아." "잘하고 있어." "네 방식대로 해도 돼."

라는 진심 어린 말 한마디가 긍정자본이 되어 아이 마음속에 깊게 스민다.

- **오늘부터 한 걸음**

오늘 아이가 한 작은 행동 중 잘한 점 하나를 찾아 아이의 사랑 언어로 표현해보자. 아이의 강점을 비추는 표현이 아이 안의 긍정자본을 자라게 한다.

5
답을 주는 대신 스스로 질문하게 돕는다

나는 누구이고 어떻게 남을 도울 것인가

모든 부모는 아이가 잘 자라고 잘되길 바란다. 그런데 잘된다는 건 뭘까? 좋은 대학, 좋은 직장, 높은 연봉? 요즘 아이들은 똑똑해서 안다. 사실 그게 전부는 아니라는 걸 우리도 알고 있다. 진짜 성공은 결국 '어떻게 살았는가?' '누구에게 어떤 흔적을 남겼는가?'라는 질문에 가까워진다.

2025년 카이스트 졸업식에서 전산학부 졸업생 대표는 "배움은 경쟁이 아니라 협력이라는 나눔의 가치로 완성됩니다."라고 말했다. 이 말이 낯익다면 그럴 수 있다. 서울대학교 유홍림 총장이 학위수여식 축사를 위해 인공지능에 물었다. "서울대학교 졸업생이 사회에 나가서 뭘 하면 좋을까요?"[1] 그 답은 단순했지만 명료했다. "지식과 시간을 남을 돕는 데 쓰세요."

알고 보면 똑똑한 인공지능도 결국 따뜻한 방향을 향하고 있었다. HR 현장에서 수많은 사람을 만나며 확신하게 된 것도 같다. 성공하는 사람은 성공을 '끝'이 아니라 '출발'로 본다. 그들은 언제나 이렇게 묻는다. "내가 가진 걸 어디에 쓸 수 있을까?" 그리고 그런 사람 곁에는 늘 괜찮은 사람들과 기회가 있다. 우연이 아니다.

예일대학교 졸업식 강연자를 학생들이 직접 뽑는다는 이야기는 유명하다. 그런데 4년 연속 뽑힌 강연자들이 모두 한 가족이라는 건 잘 알려지지 않았다. 여섯 남매 모두 글로벌 인재로 자란 전혜성 박사의 자녀들 이야기다. 그 핵심엔 공자의 한마디가 있었다. '덕이 재주를 이긴다德勝材.' 전 박사는 "사람을 돕는 것만큼 기쁜 일이 없어요. 그 기쁨을 오래 느끼려면 자기를 계속 성장시켜야 하죠."라고 말했다. 결국 강점은 기여를 위한 준비 운동이다. 지금 우리 아이에게 필요한 건 단지 강점 하나를 잘 아는 것이 아니라 그걸 어디에 쓰고 싶은지 스스로 묻는 힘이다. "나는 누구인가?"라는 질문에서 출발해 "어떻게 살아야 남을 도울 수 있을까?"로 이어질 때 그 강점은 세상과 연결된다. 아이가 가진 고유한 에너지가 언젠가 누군가에게 도움이 된다면 그것이야말로 진짜 '잘된 삶'이 아닐까?

먼저 자기 실력을 다지고 남을 도와야 한다

누구나 바라는 성공의 꼭대기엔 누가 있을까? 조직심리학자 애덤 그랜트의 저서 『기브 앤 테이크』는 사람들의 관계 패턴을 세 가지로 나눈다. 이기적인 사람, 이타적인 사람, 받은 만큼만 주는 사람. 그런데 흥미로운 건 이 중에서 가장 성공하지 못하는 유형이 '이타주의자'라는 점이다. 왜일까? 자기 자신을 돌볼 줄 모르기 때문이다. 마음도, 체력도, 지갑도 고갈되기 때문이다.

반전은 여기서부터다. 성공의 꼭대기에도 이타적인 사람이 있다. 다만 그들은 '자기 성장형 이타주의자'다. 먼저 자기 실력을 다지고 그다음 남을 돕는다. 퍼주는 게 아니라 함께 자라는 법을 아는 사람이다. 자기 성장과 타인 기여를 두 바퀴처럼 굴리는 사람. 그 사람이 결국 더 오래 더 멀리 간다. 그리고 그런 사람 곁에는 반드시 다시 채워주는 사람들이 생긴다. 이 세상은 생각보다 꽤 정이 있다.

5년간 매년 10억 원의 소득세를 낸 부자로 알려진 세이노는 저서 『세이노의 가르침』에서 이렇게 단언한다. "타인에게 무심한 사람은 절대 부자가 될 수 없다." 무섭게 단호한 말이지만 꽤 설득력 있다. 돈도, 성공도, 신뢰도 '남을 이해하는 힘'과 비례한다. 사람들의 필요를 읽고 그 필요를 진심으로 채워주려는 사람에게 기회도, 인연도, 부도 모이고 따라온다. 『성경』은 '빛과 소금'이 되라고 하고 불교에서는 '자리이타自利利他', 즉 나와 남을 함께 돕는 것이 바른 수행이라 강조한다. 방향은 같다. 아이가 자신을 깊이 이해하고 강점을 통해 삶을 주도해 나갈 수 없다면 결국 남을 따라가는 데 익숙해질 뿐이다. 그런데 따라가기만 하던 아이는 언젠가 방향도 잃고 속도도 잃게 된다. 계속 복사하듯 살아가는 삶에는 자신만의 길이 없다. 지금 우리가 마주한 '따라가기 일상'은 겉으로 평온해 보여도 아이의 삶을 점점 무력하게 만든다. 지금 우리 아이에게 필요한 건 그 두 바퀴를 함께 굴리는 연습이다. 강점은 자기중심을 세우고 기여는 삶의 방향을 만든다.

공부는 결국 좋은 태도와 능력을 기르는 일이다

직장생활을 하다 대학원에 진학했다. 리더십과 코칭을 제대로 배우고 싶어서였다. 그런데 어느 순간부터 목표가 달라지기 시작했다. 좋은 학점, 성적장학금, 과제 만점. 공부는 열심히 했는데 이상하게 점점 지쳐갔다. 그러던 중 한 수업에서 들은 질문이 나를 멈춰 세웠다. "당신이 대학원을 다니는 진짜 이유는 뭔가요?" "5년 후 지금을 돌아봤을 때 어떤 기분일까요?" 그 순간 알게 됐다. 나는 점수를 따라 온 게 아니었다. 방향을 찾고 싶었던 거였다.

돌이켜보니 내가 대학원에서 배운 건 지식보다 '선택의 감각'이었다. 진짜 배움은 책보다 사람에게서 왔다. 각자의 삶을 향해 애쓰는 동기들, 자기가 가진 자원을 나누던 사람들, 묵묵히 곁에 있던 사람들. 그들 덕분에 나도 작게나마 기여하고 싶어졌다. 과제를 정리해 스터디를 제안하고 요약 노트를 나누기 시작했다. 착한 사람 흉내가 아니었다. 강점을 발휘해 누군가를 도울 때 오히려 내 에너지가 다시 채워졌다. 그때부터 공부는 점수를 위한 훈련이 아니라 삶을 더 잘 살아가기 위한 준비가 되었다. 나는 나를 더 잘 이해하게 되었고 무엇이 중요하고 어떤 방향이 내게 맞는지 생각하게 됐다. 공부는 결국 좋은 의사결정을 할 수 있는 태도와 능력을 기르는 일이었다.

딸의 수업 참관 때가 떠오른다. 아이들이 퀴즈를 주고받는 시간이었는데 한 친구가 답을 틀렸다. 그러자 옆 친구가 웃었다. 선생님은 말했다. "친구가 모르면 알려주면 되지. 그러려고 배우는 거잖아." 문제를 낸 아이에겐 "이 문제를 왜 냈는지 이야기해볼래?"라고 기회를 줬다. 수업 마지막엔 안도현 시인의 시가 읽혔다. "연탄재 함부로 차지 마라. 너는 누구에게 한 번이라도 뜨거운 사람이었느냐." 그날 아이들의 얼굴에 무엇인가가 스며든 것 같았다.

공부는 지식을 쌓는 일이 아니다. 누군가에게 도움이 되는 사람으로 자라기 위한 과정이다. 거창한 기부가 아니라도 괜찮다. "내가 잘하는 걸로 누굴 도울 수 있을까?" 이 질문 하나면 충분하다. 강점은 연결될 때 가장 빛난다. 요즘 아이들은 똑똑하다. 그래서 묻는다. "이걸 왜 배워야 해요?" 그 질문에 "성적 올려야지."라고만 답하면 아이들은 금세 흥미를 잃는다. 이제는 말해줘야 한다. "이걸 배워서 누구에게 도움이 될 수 있을까?" 그 질문이 아이 안의 엔진을 다시 켠다. 강점은 남보다 나은 나를 만드는 수단이 아니라 내가 누구인지 어떻게 이바지할 수 있는지를 사유하게 하는 힘이다. 그것이 연결될 때 아이는 살아 있는 진로를 만든다. 더 오래 가는 아이는 스펙보다 자기 안의 목소리를 아는 아이다. 그 힘은 자기를 아는 힘에서 시작된다.

결국 이 모든 이야기는 다시 처음 그 질문으로 돌아간다. "나는 누구인가?" 이 질문에 답해본 적 없는 아이는 아무리 스펙을 쌓고 좋은 대학에 가도 결국 흔들릴 수밖에 없다. 왜 공부하는지 모른 채 남들이 하니까 따라 하고 부모가 시키니까 해보는 방식으로는 오래 가지 못한다. 생각하지 않는 삶은 위험하다. 멋진 미래를 말하면서도 정작 내가 무엇을 좋아하는지도 모른다면 그것은 단순한 방황이 아니라 '지적 게으름'이다.

이제는 따라가기만 해서는 살아남기 어렵다. 남들 하는 대로 복사하듯 살아가는 삶은 편해 보이지만 결국 삶의 주도권을 잃게 만든다. 세상의 속도는 더 빨라지고 문제는 더 복잡해졌다. 한발 앞서 생각하지 않으면 따라가다 밀리고 밀리다 길을 잃는다. 바로 지금 아이에게 필요한 건 진짜 좋아하는 것을 끝까지 사유해보고 그것을 어떻게 기여로 연결할지를 묻는 힘이다. 생각하는 힘은 이제 선택이 아니라 생존 조건이다.

더 오래 가는 아이는 스펙이 많은 아이가 아니라 자기를 아는 아이다. 그리고 그 아이를 지켜주는 건 부모의 신뢰다. 강점은 시작일 뿐이다. 그 강점을 어디까지 확장할 수 있을지는 부모와 아이가 함께 던지는 '깊은 질문'에서 비롯된다. 그러니 부모가 먼저 질문을 바꿔야 한다. "지금 우리 아이는 무엇을 좋아하나요?" "그걸 세상에 어떻게 연결할 수 있을까요?" "그 안에 우리 아이만의 가능성이 숨어 있지 않을까요?" 이 질문은 막연한 미래를 위한 것이 아니라 오늘 이 자리에서 아이를 더 깊이 이해하려는 따뜻한 시작이다. 그 시작이야말로 진짜 교육의 출발점이다.

강점은 도구다. 자기 자신을 이해하고 그것을 어떻게 연결하냐는 물음에서 삶의 방향이 생긴다. 부모의 역할은 답을 주는 게 아니라 아이가 스스로 질문하게 돕는 것이다. 결국 삶의 질을 바꾸는 열쇠는 자기 이해다. 지금 시작해도 늦지 않다.

• 오늘부터 한 걸음

봉사활동에 아이와 함께 참여해보자. 아이가 할 수 있는 일로 누군가를 도우며 움직이는 경험은 자존감을 높이고 다른 사람에게 이바지하는 기쁨을 느끼게 해준다.

성장 스위치 2

자기조절력

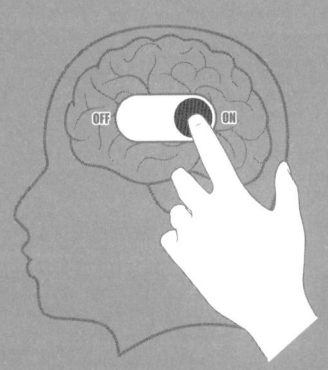

1
자기조절력은 훈련으로 키울 수 있다

마음속에 브레이크를 설계해줘야 한다

"자기조절력은 '지금 하고 싶은 것'보다 '더 중요하게 여기는 것'을 선택하고 그것을 실행하는 힘이다." 정의하고 나니 고개가 끄덕여지면서도 마음 한구석이 찔렸다. '우리 아이는 지금 이걸 얼마나 할 수 있을까?' '나는 얼마나 잘하고 있을까?' 자기조절력이란 말은 어른에게도 쉽지 않으니까. 그런데 이 힘이 아이의 공부, 친구 관계, 마음 건강까지 좌우한다고 하면 이야기는 달라진다. 자기조절력은 감정이 올라올 때 멈추는 힘, 하고 싶은 걸 미루는 인내, 해야 할 일을 끝내는 끈기, 실수한 나를 다시 일으켜 세우는 회복력까지 모두 포함된다. 요즘 아이들이 끝까지 해내지 못하는 건 능력이나

지능이 부족해서가 아니다. 자기조절력이 고갈돼서다. 공부를 잘해서 원하는 걸 이루고 싶다면 감정의 속도를 조절하고 해야 할 일에 방향을 맞출 수 있어야 한다.

그래서 묻는다. 우리 아이는 마음속 브레이크를 설계하고 있을까? 방향만 아는 걸로는 부족하다. 감정이 속도를 낼 때 멈출 줄 아는 것! 감정과 욕구에 휘둘리지 않고 흐름을 조절할 줄 아는 아이가 결국 끝까지 해낼 줄도 안다. 부모가 느끼는 가장 큰 피로감은 아이가 '못하는 것'이 아니라 '하려고 하지 않는 것'에서 온다. "하면 잘할 텐데 왜 안 하지?" "왜 저렇게 쉽게 포기하지?" "딴짓할 땐 참 부지런한데." 같은 마음들. 스스로 감정과 욕구를 다루는 힘이 없어서 의욕이 들쑥날쑥하고 미루기와 짜증이 반복된다. 지금 필요한 건 잔소리나 채찍이 아니라 그 힘을 길러줄 방법이다. 부모인 나는 그 옆자리에 앉아 아이의 조절력을 어떻게 도와주고 있을까?

자기조절력을 이루는 네 가지 축에 주목하자

자기조절력은 크게 네 가지로 구성된다. 첫째, 주의 집중력. 주의 집중력은 '중요한 것을 붙잡고 나머지를 흘려보내는 힘'이다. 숙제한다고 앉았으나 연필을 돌리거나 지우개를 세우느라 바쁜 아이. 익숙한 장면이다. 공부보다 눈길을 끄는 게 너무 많다. 아이들의 집중을 빼앗는 건 지우개만이 아니다. 집중은 자꾸 도망간다. 5분만 보겠다던 유튜브는 어느새 30분이 지나도록 보고 있고 톡 하나 확인하러 켠 휴대폰은 릴스까지 흘러간다. 중학생이 되면 더 심해진다. 친구가 보낸 밈 하나와 피드 하나가 아이의 주의력을 가볍게 낚아챈다. 게임을 멈추고 책상에 앉는 것도 쉽지 않다. 그런데 앉은 뒤 유혹을 견디는 건 더 어렵다. 공부를 잘하는 아이는 특별한 비법이 있는 게 아니라 해야 할 일에 머무는 시간을 스스로 만들어내는 아이다. 공부는 집중의 싸움이면서 동시에 시간을 다루는 싸움이기도 하다. 이 '시간 감각'은 뒤에서 따로 이야기해보자.

둘째, 만족 지연 능력. '지금 당장 즐거움을 참아내고 더 중요한 목표를 선택할 줄 아는 힘'이다. 숙제하려는 순간 아이 눈앞엔 더 재밌는 것들이 펼쳐진다. 과자 한 입, 보고 싶던 유튜브 영상, 게임 다음 레벨의 유혹. 마음은 '조금만 하고 올게.'라는 말로 자꾸 도망가려 한다. 이럴 때 그 자리에 잠깐이라도 앉아 있는 것이 만족 지연의 첫걸음이다. '지금은 귀찮지만 끝내고 나면 속이 후련할 거야.'라는 마음이 자라날수록 공부 근육은 단단해진다. 하기 싫은 마음을 안고 앉아 있는 그 순간조차도 아이는 이기는 중이다.

셋째, 자기주도력. '스스로 선택하고 스스로 움직이는 힘'이다. "엄마, 이제 뭐 해?"라는 말이 줄어드는 순간 아이는 스스로 움직이기 시작한다. 숙제, 준비물, 정리까지 남이 알려주지 않아도 스스로 꺼내고 시작하는 힘이다. 작고 소소한 실천들이 쌓이면 아이는 점점 스스로 계획하고 선택하는 사람으로 자란다. 이런 습관은 자기 인생의 핸들을 잡기 시작했다는 신호다. 남이 정해준 길이 아니라 '나는 어떻게 하고 싶은가?'를 스스로 묻고 움직이는 순간 자신을 믿는 힘을 키워간다. 그 힘이 자율성과 책임감을 동시에 자라게 한다.

넷째, 실행통제력. 포기하고 싶은 순간 '조금만 더 해보자.'라며 '자신을 설득해 끝까지 해내는 힘'이다. 처음엔 누구나 의욕이 넘친다. 하지만 진짜 힘은 하기 싫은 순간에 다시 돌아오는 데서 자라난다. 숙제를 덮었다가 다시 펴고 눈물 맺힌 채 글을 이어가는 아이. 그 반복 속에 자기조절의 에너지가 깃든다. 실행통제력은 단순한 끈기나 참을성이 아니다. 감정의 흔들림을 알아차리고 다시 중심을 잡는 능력이다. 포기하고 싶은 마음에 휘둘리지 않고 나를 달래 한 걸음 더 가보는 힘. 끝까지 해내는 아이는 남다른 능력이 있는 게 아니라 스스로 설득할 줄 아는 아일지도 모른다.

일상의 경험에서 자기조절력을 키울 수 있다

이런 힘은 어떻게 길러질까? 반복되는 일상의 경험 속에서 자라난다. 첫째, 모델링. 부모가 감정을 어떻게 다루는지 실패했을 때 어떤 말을 하는지 아이는 다 보고 듣고 있다. 아이는 부모가 감정을 억누르지 않고 말로 풀어내는 것을 보고 배운다. "엄마 지금 화났어. 잠깐만 혼자 있을게."라는 말 한마디가 훈육보다 더 큰 교과서다. 갈등 상황에서 감정을 어떻게 다루고 흘려보내는지를 보여주는 것이야말로 아이가 주의가 산만해지는 순간에도 감정을 다루는 법을 배우는 가장 강력한 시범이다.

둘째, 언어 훈련. "지금 기분이 어때?" "왜 그런 감정이 들었을까?" "다음엔 어떻게 말해볼 수 있을까?" 감정을 알아차리고 말로 표현하는 연습이다. 아이는 이런 대화를 통해 자기 상태를 인식하고 감정을 다룰 수 있는 자기 안의 언어를 하나씩 만들어간다. 감정은 말이 되기 전까지 조절할 수 없다. 이름이 없는 감정은 막연하고 막연한 감정은 통제가 어렵다. 이름을 붙이는 순간부터 감정은 흐르기 시작하고 조절이 가능해진다.

셋째, 작은 성공의 반복. 5분 집중하기, 문제 3개 풀기, 책 한쪽 읽기. 작고 사소한 성공을 반복하면 아이는 '나는 해낼 수 있다.'라는 내적 확신을 쌓는다. 자기효능감이다. 이 힘이 있어야 다시 시도할 수 있다. 습관은 작은 성공의 누적이다.

넷째, 선택의 경험. 자기주도력은 내가 나를 움직이는 경험에서 자란다. "지금 할래? 조금 있다가 할래?" "이 중에서 네가 선택해 봐." 같은 말은 아이에게 스스로 계획하고 선택하는 힘을 준다. 명령이 아니라 자기결정 속에서 행동을 조절하는 법을 익히게 한다.

다섯째, 실패를 수용하는 피드백. 실행통제력과 깊이 연결된다. 아이가 화를 냈다고, 집중하지 못했다고, 감정을 터뜨렸다고 바로 혼내기보다 "그럴 수 있어. 그런데 다음엔 어떻게 해보면 좋을까?"라고 묻자. 아이는 다시 해볼 수 있다는 가능성을 느낀다. 중간에 멈춰도 다시 가보려는 힘, 즉 지속성은 실패를 안전하게 경험하고 실패해도 괜찮다고 느낀 아이에게서 자란다. 실패를 허락받은 아이만이 다시 일어설 수 있다.

여섯째, 공부 스트레스 관리. 자기조절력은 감정의 여백에서 회복된다. 공부해야 한다는 압박감, 생각처럼 풀리지 않는 문제, 친구들과의 작은 갈등까지. 아이들은 하루에도 수십 번 스트레스를 쌓는다. 쌓인 스트레스를 제때 비우지 않으면 마음은 점점 답답해지고 무거워진다. 그러면 주의는 흐트러지고 해야 할 일을 스스로 챙기는 자기조절력도 희미해진다. 결국 실행이 멈춘다. 아이가 "몰라. 그냥 하기 싫어."라고 툭 던지는 그 순간 마음속 찌꺼기가 가득 찼다는 신호다. 그래서 감정을 비우는 루틴이 필요하다. 아무것도 하지 않고 걷는 산책, 조용히 숨을 고르는 명상, 하루를 정리하는 짧은 일기, '오늘 잘한 일 하나'를 떠올리는 작은 시간. 이런 평범한 일상이 마음속 스트레스를 흘려보내고 다시 움직일 수 있는 여백을 만들어준다. 공부도 감정도 한꺼번에 몰아붙이면 결국 멈춘다. 자기조절은 결국 속도를 줄이고 숨을 고르는 과정에서 힘을 회복하는 일이다. 이렇게 보면 자기조절력을 키우는 일상 훈련은 결코 거창한 게 아니다. 말투 하나, 질문 하나, 기다리는 태도 하나가 아이의 내면을 다시 일으킨다.

자기조절력이 높은 아이는 실수해도 쉽게 무너지지 않는다. 공부 중간에 지쳐도 스스로 다시 돌아온다. 친구와 다퉈도 마음을 풀 줄 알고 해야 할 일을 미루지 않는다. '나한테 힘이 있다.'라는 확신이 마음속에 있다. 이 아이는 공부뿐 아니라 인생을 더 단단하게 산다. 반대로 자기조절력이 약한 아이는 감정에 휘둘리고 자주 미루고 쉽게 포기한다. 반복되는 실패 경험은 아이의 자존감을 갉아먹는다. "나 왜 이럴까?"라고 말하는 아이는 '왜 이렇게 못하니?'라는 야단을 듣고 싶은 것이 아니다. "이걸 해내고 싶은데 잘 안 돼요."라는 무언의 구조 요청이다.

자기조절력은 공부의 핵심이자 삶을 살아가는 힘이다. 감정을 다루고, 시간을 설계하고, 생각을 정리하고, 마음의 브레이크를 스스로 설계하는 힘. 이 능력을 하루하루 익히는 아이는 결국 끝까지 해내는 아이로 자란다. 똑똑함보다 오래 가는 힘. 그게 자기조절력이다.

• 오늘부터 한 걸음

"오늘 하루 중 제일 잘한 선택은 뭐였을까?"를 이야기해보자. 선택을 돌아보는 경험이 자기조절력을 자라게 한다.

[
2
성적표를 바꾸는 것은
IQ가 아닌 EQ다
]

감정 표현을 구체적으로 하도록 기다려주자

　코칭 공부를 함께 했던 선생님께 들은 이야기다. 키도 크고 눈망울도 예쁜 초등 2학년 재성이는 안타깝게도 친구들과 잘 어울리지 못했다. 기분이 상하면 손부터 올라갔고 자기 물건을 건드리는 순간 말보다 행동이 먼저 나갔다. 친구들은 재성이가 오는 방과 후 수업을 하나둘씩 그만뒀고 학부모 항의는 교실을 넘어 교무실로 향했다. 아이를 맡아 키우던 할머니는 몇 번이나 사과했고 혼도 내보고 타이르기도 했다. 하지만 상황은 달라지지 않았다. 어느 날 재성이는 교장선생님에게 불려 갔다. 크게 혼나겠구나 싶어 몸이 굳었는데 선생님은 조용히 말했다. "재성아, 언제 제일 화가 나니?" 목소리엔 분노 대신 따뜻함이 담겨 있었다. 아이는 잠깐 망설이다 아무 말도 하지 않았다. '말해봐야 결국 혼나겠지.'라는 생각이 경험을 통해 이미 몸에 배어 있었기 때문이다.

"말하고 싶을 때 말해도 돼. 선생님은 널 돕고 싶어. 기다릴게." 선생님의 진심이 그 말 사이에 묻어났다. 그리고 물었다. "소리 지르고 때리면 친구들이 달라졌니? 너도 뭔가 바라는 게 있었을 텐데." 그 말에 재성이는 조금 풀린 얼굴로 고개를 끄덕였다. "그럼 이렇게 해보면 어때?" 선생님은 구체적인 감정 표현법을 알려주었다. "주먹을 꼭 쥐고 1초만 쉬자. 그리고 말해보는 거야. '나 화나! 네가 내 물건 만져서 싫었어.' 같이 연습해볼까?" 재성이는 어색하게 따라 했고 선생님은 웃으며 "좋았어! 진짜 잘했어!" 하고 격려했다.

그렇게 매주씩 6주 동안 감정을 표현하고 조절하는 방법을 함께 익혔다. 교장 선생님은 늘 응원했다. "이번 주엔 세 번 시도해봤다니 대단해! 다음 주엔 네 번 우리 도전해볼까?" 실패했을 때도 나무라지 않았다. "잘 안됐구나. 괜찮아. 그래도 시도한 게 얼마나 큰 용기인지 아니?" 실천하지 못한 날엔 "다시 해보자." 그때는 "왜 어려웠을까?"를 물으며 상황을 함께 복기해주었다. 아이 행동을 바꾸는 힘은 정답을 알려주는 게 아니라 옆에서 함께 걷는 기다림에서 온다. 표정이 부드러워졌고 분쟁도 줄었다. 졸업할 무렵엔 '문제아'라는 꼬리표는 사라지고 감정을 다룰 줄 아는 아이가 되어 있었다. 핵심은 '감정 표현은 배워야 하는 언어'라는 사실이다. 그리고 누군가 기다려주고 응원할 때 그 언어는 말이 되고 삶이 된다.

마음의 힘인 정서지능은 훈련하면 길러진다

　정서지능Emotional Intelligence은 감정을 알아차리고 다루고 관계 속에서 조율할 줄 아는 마음의 힘이다. 자기감정과 타인의 감정을 인식하고 해석하고 조절하고 표현할 수 있는 능력이다. 사회성, 공감력, 회복탄력성, 소통력, 갈등조정력의 뿌리는 정서지능에서 자란다. 이건 타고나는 성격이 아니라 훈련을 통해 길러지는 지능이다. 지금 우리 아이는 어떤 감정을 느끼고 있을까? 그리고 그걸 어떻게 말하고 싶어 할까?

　이 마음의 힘은 책상 앞에서도 분명하다. 공부도 결국 감정싸움이다. 마음이 산란하면 집중은 흐려지고 작은 말 한마디에도 상처받으면 책장이 넘어가지 않는다. 반대로 감정의 물꼬를 잘 트면 마음은 맑아지고 생각은 깊어진다. 공부는 쉽지 않다. 귀찮고 지겹고 도망치고 싶은 순간이 반복된다. 바로 그 마음을 어떻게 다루느냐가 정서지능의 출발점이다. "하기 싫다."라는 감정을 인정하고 그 감정에 휘둘리지 않도록 나를 붙들어주는 힘. 지루한 와중에도 "조금만 더 해보자."라고 다독이는 힘. 포기하고 싶은 순간 나를 스스로 설득하는 힘. 감정을 억누르지 않고 흐름을 설계할 줄 아는 능력. 결국 성적표를 바꾸는 진짜 지표는 지능 지수IQ가 아니라 감정을 다룰 줄 아는 정서 지수EQ다.

감정 억제가 아니라 감정 조절을 배워야 한다

　감정은 나쁜 것도, 틀린 것도, 잘못된 것도 아니다. 감정은 자극에 대한 몸의 자동 반응이자 마음이 보내는 중요한 메시지다. 억지로 누르지 말고 "이 감정은 나에게 무엇을 알려주려고 왔을까?"라고 물어야 한다. 느끼는 것 자체는 괜찮다. 감정을 어떻게 해석하고, 표현하고, 행동으로 풀어내느냐가 정서지능의 핵심이다. 그 위에 관계 속에서 갈등을 줄이고 감정을 조율하는 힘이 더해지면 사회지능으로 확장된다. 아이가 어른이 되어도 관계 속에서 무너지지 않으려면 감정과 행동을 분리할 줄 아는 지혜가 필요하다.

감정은 언제 어떻게 우리를 흔들까? 감정은 우리가 지치고 여유 없을 때 더 쉽게 흔들린다. 평소엔 넘길 수 있는 말도 마음이 힘든 날엔 가시처럼 박힌다. 별일 아닌 상황에도 감정의 파도가 밀려온다. 마음이 찜찜하다면 그 감정은 '잠깐 멈추고 돌아보라.'라는 메시지다. 문제는 이런 감정을 제때 알아차리지 못할 때 생긴다. 눌러둔 감정은 압력처럼 쌓이고 결국 '감정폭발'이라는 이름으로 솟구쳐 오른다. 마치 김을 빼지 않은 압력밥솥처럼 한순간에 터져버린 감정은 자신도, 아이도, 관계도 다치게 한다. 돌이키기 어려운 선을 넘기기 전에 감정은 알아차리고, 꺼내고, 다뤄야 한다. 불편한 감정은 '지금 멈추고 돌아보라.'라는 마음의 경고등이다.

우리에게 필요한 건 감정 억제가 아니라 감정 조절이다. 우울함이 나를 삼킬 듯 밀려올 때 "나는 지금 우울한 감정을 느끼고 있어."라고 말해보자. 그 말 한마디가 감정과 나 사이에 작은 거리감을 만들어낸다. 나는 우울한 사람이 아니라 지금 우울함을 '겪고 있는' 사람일 뿐이다. 이 언어의 틈이 내 감정을 바라보게 하는 여유를 만든다.

감정을 정확하게 표현하고 다룰 줄 알아야 한다

감정은 언제나 몸이 먼저 반응한다. 얼굴이 굳고 말투가 뾰족해지고 손끝이 날카로워진다. 말보다 몸이 빠르다. 그래서 감정을 조절하는 첫걸음은 바로 '알아차리기'다. 내 말투, 표정, 몸짓 속에 감정이 슬쩍 고개를 내밀 때 그걸 놓치지 않는 것. 감정을 인식하지 못하면 다룰 수도 없다.

둘째, 감정의 원인을 묻는다. 그냥 '짜증'이라고 대신하지 않고 '왜 짜증이 나는가?'를 들여다본다. 그 밑바닥에는 서운함, 억울함, 지친 마음 같은 진짜 욕구나 상처가 숨어 있다. 감정을 이해하는 건 나를 이해하는 일이다.

셋째, 감정에 이름을 붙인다. "짜증 나."보다는 "억울해."라거나 "무시당한 기분이야."라고 말할 수 있어야 한다. 기쁨, 아쉬움, 서운함, 외로움, 억울함 등 감정에 정확한 이름을 붙이는 순간 그 감정은 막연한 덩어리에서 다룰 수 있는 대상으로 바뀐다. 이름이 없는 감정은 커지고 막연하나 감정에 이름을 붙이는 순간 손에 잡힌다.

아이들은 감정을 말로 표현하는 데 익숙하지 않다. 대부분은 "짜증 나."라는 한 마디로 끝낸다. 기분이 나빠도 짜증, 억울해도 짜증, 서운해도 짜증, 그냥 귀찮아도 짜증. 뭉뚱그려진 한마디 안에 온갖 감정이 들어 있다. 드라마 「폭싹 속았수다」의 오애순과 양관식의 딸인 금명이처럼 말이다. 감정을 세분화해서 꺼낼 수 있는 도구가 필요하다. '너의 기분은 어떤 색이야?'라는 질문은 미국 예일대학교 마크 브래킷 교수가 개발한 감정 지도인 무드미터Mood Meter에서 아이디어를 얻어 아이들 눈높이에 맞춰 새롭게 구성한 방식이다. 실제로 이 감정 도구는 비상교육 '인공지능 디지털 교과서'에 반영되었다. 아이들은 매일 "기분이 좋아? 별로야?"라는 질문을 먼저 선택한 뒤 "기운이 있어? 없어?"라는 질문에 따라 네 가지 감정 사분면 중 하나로 들어간다. 그 안에서 자신의 감정에 가장 가까운 단어를 고르며 짜증이라는 말에 숨겨져 있던 감정을 조금씩 구체화해 나간다. 처음엔 색으로 말하던 아이가 점점 감정의 언어를 익히고 '이 기분은 서운함이야.' '약간 불안한 거 같아.'라고 표현할 수 있게 된다. 감정에 이름을 붙이는 이 연습은 스스로 마음을 들여다보는 힘을 길러준다. 아침마다 "오늘 기분은 어떤 색이야?"라고 묻는 것만으로도 아이는 자신을 돌아보게 되고 부모는 간섭보다 공감으로 하루를 열 수 있다.

"너의 기분은 어떤 색이야?"라는 질문은 감정을 꺼낼 수 있도록 문을 열어주는 따뜻한 초대장이다. "속상했구나!" "흐뭇했네. 우리 딸!" "신나는 아침이네!"처럼 반응해 줄 때 마음이 안정된다. 아이는 '내 마음을 알아보는 사람이 있구나.'라는 든든함을 느낀다. 그 든든함 위에서 감정을 다루는 힘이 자란다. 감정 언어를 배우는 건 결국 마음의 근육을 단련하는 일이다.

초등학생 4학년 보검이는 캠프에서 배운 탑 쌓기를 집에서 시도했다. 1미터까지 정성껏 쌓아 올리고는 신나서 엄마를 힘차게 3번

감정 표현을 돕는 감정 단어
오늘 너의 기분은 어떤 색일까?

	빨간색			에너지 많음		노란색		
	몹시 화가 난	스트레스 받는	초조한		들뜬, 설렘	흥분된	진짜 신이 난	
	불안함	무서운	화난	짜증나는	긴장된	흥겨운	자신 있는	행복한	유쾌한	활기찬
	불쾌한	걱정되는	떨리는	답답한	속상한	기대는	만족한	기쁜 뿌듯한	좋은	즐거운

미충족 ———————————————————————————— 충족

	지친	슬픈	담담한	허탈한 허무한	지루한 따분한	평안한	흐뭇한	포근한	평화로운	감사한
	좌절한	섭섭한	외로운	무기력한	피곤한	여유로운	평온한	안정적인	편안한	걱정 없는
	절망스런	우울한	실망한	귀찮은	나른한 무료한	안전한		차분한		근성 없는
	회색			에너지 적음		녹색		

불렀다. "엄마! 엄마~ 엄마!" 엄마가 듣지 못하자 엄마를 부르러 일어서는 순간 발끝에 차인 탑이 와르르 무너졌다. 신나는 감정은 순간 사라졌다. 순식간에 화가 올라 얼굴이 새빨개진 보검이는 "엄마 미워! 짜증 나!"라고 소리쳤다. 청소하던 엄마는 순간 당황했다. 일하는 엄마를 이해하지 못하는 것 같아 속상했다. 엄마는 감정을 잠시 멈춘 뒤 조용히 말했다. "보여주고 싶어 엄마 불렀는데! 엄마가 몰라줘서 속상했구나." 그 말로 인해 보검이는 울음을 터뜨리며 말했다. "엄마, 안아줘. 자랑하고 싶었는데!" 분노 속에는 늘 다른 감정이 숨어 있다. 분노 속 감정을 함께 찾아주는 사람이 곁에 있을 때 아이는 마음을 말로 옮기는 법을 배운다.

감정을 안다는 건 결국 나를 아는 일이다. 자기조절력은 감정을 억누르는 게 아니라 내 안에서 올라오는 마음 온도를 회복하는 힘이다. 이 힘이 있어야 충동보다 좋은 긴 안목 선택을 할 수 있고 포

에너지와 기분관리에 도움 되는 부모의 말

빨간색(에너지↑ 기분↓)	노란색(에너지↑ 기분↑)
1. 감정 먼저 해소: "화난 것 같은데 나에게 솔직해도 돼." 말보다 표정이나 몸짓(발을 동동거리거나 표정 찡그림)을 읽어주고 받아준다. "화날 만했네. 내가 들어줄게." 2. 진정 루틴 제공: 숨을 고르거나 찬물을 마신다. 지적하거나 바로 해결하려 하지 않는다. 3. 시간차로 감정 돌보기: "지금은 화를 먼저 풀고 나중에 다시 이야기해보자. 네 생각도 듣고 싶거든." **감정을 억제하지 않고 안전하게 해소할 공간 주기**	1. 긍정 에너지 활용: "기운 좋다! 이럴 때 뭔가 해보자! 뭘 하면 좋을까? 뭘 도전해 볼까?" 2. 과열 조절하기: 속도를 조금만 조절해 볼까? 손으로 만드는 활동(퍼즐, 블록, 색칠 연습)이나 에너지를 쓸 수 있는 과제를 제안한다. "오늘은 쉬엄쉬엄하자. 천천히 단계별로 가볼까" **높은 에너지가 산만하게 흩어지지 않게 돕기**
회색(에너지↓ 기분↓)	초록색(에너지↓ 기분↑)
1. 에너지 올리기: 산책, 몸풀기, 마사지, 노래 듣기로 물리적 리듬 깨우도록 도와준다. "오늘은 좀 쉴까?" 2. 감정 기다려주기: "지금 할 말 있니? 맛있는 게 필요하면 말해줘! 옆에 항상 있을게." 3. 사랑의 언어로 충전: 신체접촉(포옹이나 손잡기), 작은 칭찬(요즘 참 애썼어), 함께하는 시간으로 안전감 주기 **감정을 억지로 캐묻지 않고 에너지를 올려줄 기회 만들기**	1. 지금이 집중 타임임을 알려주기: "지금 참 좋아 보여. 이런 때가 집중도 잘되고 생각도 깊어지는 때야." 2. 목표와 연결하기: "이번 주에 하고 싶었던 것 있잖아. 지금 시작해 보면 어때?" 3. 함께 몰입하기: 책 읽기나 차분한 활동을 같이하며 흐름을 만들어준다. **차분한 기분을 생산적인 방향으로 연결해 성취감 만들기**

기하고 싶은 순간에도 다시 돌아올 수 있다. 감정을 정확히 인식하고 표현할수록 행동에 여유가 생기고 선택의 폭도 넓어진다. 그래서 비우는 루틴이 필요하다. 감정을 다룰 줄 아는 아이는 공부도 관계도 끝까지 해내는 힘을 키운다. 감정을 설계한다는 건 결국 오늘의 감정을 정리하고 내일의 방향을 그리는 일이다. 오늘 나는 아이와 어떤 감정의 시간표를 함께 그렸을까?

• 오늘부터 한 걸음

감정 단어로 감정 맞추기 게임을 한다. 아이가 감정 단어 중 하나를 선택한 후 이런 감정을 느끼는 순간을 설명하면 부모가 맞춘다. 아이에게는 감정 단어를 알려줄 수 있고 부모는 아이가 어떤 순간 어떤 감정을 느끼는지 알게 되어 아주 유용하다. 강력하게 추천한다.

3
부모의 말과 태도로 공부하고 싶게 만든다

공부를 안 하는 것은 머리가 아닌 마음 문제다

공부를 안 하면 머리 문제라고 생각하기 쉬우나 사실 마음이 먼저다. 머리는 악보를 외우고 마음은 그걸 연주한다. 마음이 깨어나야 공부가 움직인다. 서울대학교에서 캠프를 진행했을 때도 그랬다. 교재도 없고 공부도 가르치지 않았으나 아이들은 변했다. 단순한 지식이 아니라 마음을 깨우는 경험을 주기 위한 이벤트였다. 아이들은 놀라운 변화를 보였다. 마치 슈퍼캠프처럼 말이다. 미국의 슈퍼캠프는 10일 만에 6,000명 중 73%의 성적이 오르고 84%의 자존감이 높아졌다고 한다.[2] 핵심은 감정이었다.

서울대학교 캠프는 멘토들과 캠퍼스를 걸으며 대화하고 즐겁게 사진을 찍는다. '챗GPT는 초등학생이 써도 될까?' '기계가 답해주는 시대에 공부는 왜 해야 할까?'와 같은 지금 아이들이 던지는 질문으로 토론하고 전래동화의 비논리를 찾아가며 웃고 떠들었다. 시에르핀스키Sierpiński 삼각형은 폴란드의 수학자 시에르핀스키의 이름을 붙인 프랙털 도형이다. 정삼각형으로 무한한 반복되는 구조로 이루어져 기하학적 개념을 시각적으로 이해하기 쉽게 도와준다. 아이들은 시에르핀스키 삼각형을 갖고 놀고 보드게임을 하며 협동을 배웠다. 캠프가 끝난 후 아이들 입에서 나온 말은 뜻밖이었다. "책 좀 읽어야겠어요." "서울대학교 아무나 못 가지만 저도 도전 해볼래요."

놀이처럼 배우며 아이들은 자연스럽게 공부에 대한 태도를 바꿨다. 책상 앞에서 억지로 앉아 있는 것과는 전혀 다른 배움이었다. 서울대학교 교육심리학자이자 전 교육부 장관이었던 문용린 교수는 "아이의 공부가 뒤처지는 이유는 머리가 나빠서가 아닙니다. 공부에 대한 의욕, 공부에 대한 주의 집중력, 공부에 대한 호기심이 없어서입니다. 즉 공부해야 하는 동기가 부족해졌기 때문이죠. IQ의 문제가 아니라 정서지능의 문제입니다."라고 말했다. 공부가 잘 안 되는 이유는 마음이 안 움직이기 때문이다. 억지로 넣는 정보는 미끄러지나 감정이 깨어난 순간 아이는 공부할 준비가 된다.

아이의 감정을 밀어붙이지 말고 어루만지자

"왜 이렇게 공부를 안 할까요?" "귀찮다며 미루기만 해요." "약속은 잘하는데 실천은 없어요." "공부를 안 하는 건 머리가 나쁜 건가요?" "아니면 제가 너무 안 시키는 걸까요?" "혹시 너무 오냐오냐하고 있나요?" 부모님의 질문 속엔 답답함과 미안함이 뒤섞여 있다. 아이를 몰아붙여도 결과는 비슷하다. 이럴 때면 나는 작은 종이컵에 세차게 물을 붓는 장면을 떠올려보시라고 권한다. 싱크대 물살을 세게 틀면 틀수록 종이컵엔 물이 담기지 않는다. 오히려 사방으로 튀어 나갈 뿐이다. 아이도 마찬가지다.

공부를 밀어붙이고 조급하게 압박할수록 아이의 마음은 거꾸로 닫힌다. 그때 물살을 살짝 줄여보면 컵은 조용히 가득 채워진다. 강하게 밀어붙이는 대신 아이 속도에 맞추고 감정을 어루만지는 것이 먼저다. 감정이 정리되면 집중력이 돌아오고 해야 할 일 앞에서도 포기하지 않는다. 지식을 담는 그릇은 머리가 아니라 마음이다. 감정이 준비돼야 지식도 제자리를 찾는다. 아이 마음속 그릇이 비어 있는데 억지로 정보를 붓는 건 닫힌 병 입구에 물을 붓는 것과 같다. 아무리 부어도 채워지지 않고 결국 흘러 지나가고 만다. 배움은 쏟아붓는 것이 아니라 담아낼 공간을 만드는 일. 그 공간을 빚는 재료가 바로 감정이다. 부모의 말과 태도가 아이의 공부 그릇을 만든다.

공부하라고 다그치면 뇌는 학습을 중단한다

공부는 결국 감정의 스위치가 켜질 때 움직인다. 억지로 하는 공부는 시간만 보낸다. 반대로 무언가 하고 싶을 땐 없는 방법도 찾아낸다. 하기 싫은 건 이유가 100개이고 하고 싶은 건 방법이 100개다. 뇌도 마찬가지. 좋아서 하는 일은 뇌가 기억하려 애쓰고 집중도 자연스럽게 따라온다.

전전두엽은 아직 리모델링 중이고 감정을 담당하는 편도체가 발달한 사춘기 아이는 더욱 그렇다. 감정이 먼저 반응하고 이성은 뒤따라간다. 칩 히스와 댄 히스의 공저 『스위치』에 나오는 코끼리와 기수의 비유처럼 감정이라는 코끼리를 설득할 때 공부라는 길로 힘차게 움직인다. 기수(이성)가 고삐를 쥐고 있는 듯하지만 결국 코끼리(감정)가 마음을 먹어야 길이 열린다. 감정과 기억을 담당하는 편도체와 해마는 뇌 안에서 나란히 자리하고 함께 작동한다. 감정이 먼저 켜지면 집중이 따라오고 그 집중이 기억을 만든다. "지난주 수요일 저녁 뭐 먹었는지 기억나?"라는 질문에 대답이 더딘 아이들도 "생일 때 뭐 먹었지?" 하면 반짝인다. 피자, 한우, 떡볶이……. 뇌는 감정이 담긴 정보를 먼저 붙잡는다. 반대로 감정이 불편하면 뇌는 학습을 중단한다. 공부하라고 다그칠 때 뇌는 이미 팻말을 내건다. "오늘 영업 종료."

화를 내는 대신 "그럴 수 있지."라고 말해보자

"왜 이렇게 말을 안 들을까?" "왜 자꾸 짜증만 낼까?" 피곤한 하루 끝에 아이의 행동에 나도 모르게 목소리가 높아질 때가 있다. 그런 순간 아이는 말보다 감정을 먼저 기억한다는 것을 떠올린다. 완벽한 부모는 없다. 그래도 최대한 아이의 행동 속에 좋은 의도를 찾아보려 노력한다.

사춘기 딸이 저녁에 잔뜩 짜증을 냈다. 동생이 놀고 있는 게 괜히 얄밉고 숙제는 귀찮고 사소한 말에도 기분이 상한다고 입이 삐죽 나왔다. 나도 피곤한 하루였기에 순간적으로 툭 하고 화를 낼 뻔했다. 하지만 잠시 멈췄다. "엄마도 그래. 놀고 싶은데 해야 할 일이 남아 있으면 괜히 짜증 날 때 있어. 그런데 그 짜증 속엔 그냥 포기하지 않고 해내고 싶은 마음이 숨어 있는 거잖아. 그렇게 마음먹은 네가 참 멋지다." 딸아이는 배시시 웃으며 숙제를 시작했다. 그 한마디가 그날 저녁의 공기를 바꿨다. 감정은 알아주는 사람이 있을 때 풀린다. 아이가 감정을 배우는 순간 부모도 자신의 감정을 다시 배우게 된다.

청소년기의 뇌는 지금 대대적인 개편 작업 중이다. 감정 버튼은 예민하게 반응하나 조절하는 회로는 아직 완성되지 않았다. 그래서 지금이 최적 시간이다. 부모와 함께하는 감정 조절 연습이 아이의 뼈대를 만든다. 감정이 안정되면 전전두엽이 활성화되고 계획하고 주의 집중하는 기능이 돌아온다. 감정을 다룰 줄 아는 능력은 '집중력의 스위치'를 다시 올리는 힘이다. 늦지 않았다. 지금부터 천천히 차곡차곡 쌓으면 된다. 사실 나도 쉽게 흔들리고 피곤하면 툭툭 짜증 낸다. 그때 나를 알아차리고 아이에게 솔직하게 말한다. "엄마 오늘 마음이 좁아졌네. 잠깐 쉬어야겠다." 그런 자각과 인정이 아이에겐 큰 배움이다.

공부 스위치를 켜고 아이 성적표를 바꾸는 부모의 한마디는 감정을 읽고 마음을 어루만지는 작은 공감이다. 공부하라고 다그치기 전에 "지금 네 마음이 어때?"를 묻는 것. "그럴 수 있어."라는 공감 한마디가 아이의 마음을 켜고 스스로 움직이게 만든다. 정서지능은 공부를 넘어 아이가 스스로 이끌고 살아가는 인생의 힘이다. 그 힘을 함께 길러가는 과정에서 부모와 아이의 진짜 성장이 있다.

나는 마음속으로 매일 기도한다. '사랑하는 우리 아이들의 마음이 자라고 감정을 다룰 수 있게 해주세요. 원하는 것을 이루기 위해 기꺼이 기다릴 줄 아는 아이가 되게 해주세요.' 누군가 내게 "소원 하나만 말해보실래요?"라고 묻는다면 나는 1초도 망설이지 않고 말할 것이다. "우리 아이에게 정서지능을 주세요." 그건 단순한 공부 그 이상의 힘이다. 아이가 스스로 이끌고 살아가는 인생의 마법이니까.

- **오늘부터 한 걸음**

오늘 아이의 감정을 관찰하고 어떤 상황에서도 수용하는 연습을 해보자. 딱 3번만 화내지 않고 "그럴 수 있지."라고 말해보는 것부터 시작하자.

4
부모의 한마디가 아이의 공부 스위치를 켠다

"유튜브 그만 봐!" 대신 "시간은 뭐 같아?"라고 물어보자

"시간이 눈에 보인다면 어떤 모습일까?"

이 질문 하나가 아이들의 마음을 흔들었다. 학습코칭 수업 시간에 처음엔 어색해서 머리를 긁적이던 아이들이 어느새 반짝이는 눈으로 자기만의 비유를 찾아냈다. 시간은 개념으로 배우는 게 아니라 자기 경험과 연결된 무언가로 느끼는 것이다. 익숙한 하루를 낯설게 바라보게 만드는 힘이 비유의 마법이다. "유튜브 그만 봐!"라는 잔소리 대신 "시간은 뭐 같아?"라고 물어보자. 아이들은 생각에 잠기고 그 잠김 속에서 스스로 답을 찾아간다. 시간을 지배한다는 건 '시간을 어떻게 바라볼 것인가?'라는 질문에 달렸다. 시선이 바뀌는 순간 아이의 하루도 함께 변화한다. 아이들이 만든 비유는 그 답을 이미 알고 있었다.

아이들이 생각한 시간의 정의

시간은 어떤 특징이 있을까요?
내가 생각하는 시간이란……
시간은 (금)(이)다. 왜냐하면 (어떻게 사용하느냐에 따라 결과가 다르기) 때문이다.
시간은 (되돌릴 수 없는 것)(이)다. 왜냐하면 (지나간 일은 바꾸거나 되돌릴 수 없기) 때문이다.
시간은 (배움의 길!)(이)다. 왜냐하면 (1분 1초가 늘 배움거리이기) 때문이다.
시간은 (강물)이다. 왜냐하면 (흘러가면 다시 돌아오지 않기) 때문이다.
시간은 (배낭)이다. 왜냐하면 (어떤 추억이나 경험을 채우느냐에 따라 무게가 달라지기) 때문이다.
시간은 (퍼즐)이다. 왜냐하면 (모든 조각이 서로 연결돼 큰 그림을 이루게 되기) 때문이다.
시간은 (음악)이다. 왜냐하면 (각자만의 고유한 멜로디를 가지고 우리는 그 곡을 통해) 춤춘다.
시간은 (편지)다. 왜냐하면 (과거의 나에게서 미래의 나에게 전해지는 소중한 메시지기) 때문이다.
시간은 (빛)이다. 왜냐하면 (지나가면서 모든 면을 밝히되 잡을 수 없기) 때문이다.
시간은 (씨앗)이다. 왜냐하면 (잘 사용하면 미래에 좋은 결과를 가져다주기) 때문이다.
시간은 (기차)다. 왜냐하면 (정해진 시간에 떠나기 때문에 놓치면 기회를 잃어버리게) 된다.

어른보다 더 시적이고 더 통찰력 있다. 아이들이 만든 이 한 줄짜리 문장은 단순한 숙제가 아니다. 스스로 삶을 해석하는 방식이다. 자기만의 언어로 시간을 해석하는 과정에서 아이들은 시간 감각을 키우고 친구들과 비유를 나누며 '시간의 본질'을 배운다. 이런 깨달음이 행동을 바꾼다. 실제 학습코칭 수업 후 아이들의 행동을 가장 크게 바꾼 것도 시간 교육이었다. 아이들은 스스로 움직였다.

계획표를 채우고 할 일을 나누고 작은 약속을 지키며 '나도 해낼 수 있네.'라고 느끼는 경험을 쌓았다. 중요한 건 시간 관리 자체가 아니라 나를 다루는 연습이다. 시간을 지배한다는 건 곧 내 행동을 지배한다는 다른 말이다.

블록 시간표 기록으로 시간을 의미 있게 사용한다

고대 그리스 사람들은 시간을 두 가지로 구분했다. 크로노스Chronos는 시계가 보여주는 흐르는 시간이고 카이로스Kairos는 의미를 담는 순간이다. 같은 1시간이라도 내게 의미가 있다면 카이로스다. 누구에게나 똑같이 주어진 시간이지만 그 시간을 어떻게 사용하는지는 온전히 내 몫이란 말이다. 오늘 하루 내 카이로스는 얼마나 될까? 몰입했던 30분이고 내가 원하는 일을 해낸 10분이다. 내 시간을 가치 있게 사용했을까? 카이로스는 그리스어로 '기회'라는 뜻도 가진다. 이탈리아 토리노 박물관에는 기회의 신 카이로스 조각상이 있다. 앞머리는 무성하고 뒷머리는 대머리다. 날개를 달고 저울과 칼을 들고 있다. 아래엔 이런 문구가 적혀 있다. "내 앞머리가 무성한 이유는 나를 발견했을 때 쉽게 붙잡게 하려 함이다. 뒷머리가 대머리인 이유는 내가 지나가면 다시는 붙잡지 못하게 하려 함이다. 날개는 빨리 사라지기 위해서고 저울과 칼은 기회가 왔을 때 결단하라는 뜻이다. 내 이름은 기회다." 흘러가는 크로노스가 카이로스가 되려면 의미를 부여하고 의도적으로 결단하고 관리하는 노력이 필요하다. 카이로스 시간을 늘리기 위해 블록 시간

블록 시간표

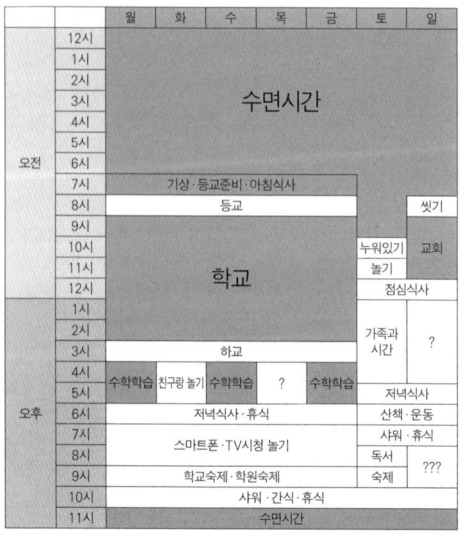

표 활용을 추천한다.

블록 시간표는 계획이 아니다. 지금 내 시간을 있는 그대로 기록하는 도구다. 요일별과 시간별로 나누고 색을 입힌다. 고정시간은 노란색, 자율시간은 파란색, 틈새 시간은 빨간색. 기억나지 않는 시간은 물음표로 비워둔다. 일주일이 기준이다. 이렇게 색칠하고 나면 내 하루가 한눈에 보인다. 공부했다고 믿었던 시간의 실체도 드러나고 멍하니 흘려보낸 시간도 드러난다. 시간 관리 시작은 내 현실을 정확히 아는 것부터다.

고정시간: 학교, 학원, 수면처럼 내 마음대로 바꿀 수 없는 시간
자율시간: 휴식, 취미, 숙제, 공부처럼 내 선택으로 활용할 수 있는 시간
틈새 시간: 등하교, 이동, 준비하는 짧은 시간

시간을 늘리고 지배하는 3가지 방법을 활용한다

시간을 지배하는 방법은 무엇일까? 첫째, 기록이다. 기록은 시간 도둑을 잡는다. 기록은 도망치는 시간을 잡는 그물이다. 쓰는 순간과 놓쳤던 시간이 눈앞에 멈춰 선다. 시간이 부족하다고 느끼던 아이가 블록 시간표를 작성하고 생각보다 허투루 생각 없이 보낸 시간이 많다고 깨닫는다. 블록 시간표 기록은 대학생이나 기업 리더십 교육에서도 효과 만점이다. 화장은 하는 것보다 지우는 게 중요하듯 시간도 마찬가지다. 뭘 더 할지 고민하기 전에 뭘 줄일지 먼저 봐야 한다. 블록 시간표를 보면 시간 도둑이 눈에 띈다. 미루기나 멍때리기 같은 내부 도둑도 한눈에 보이고 유튜브나 게임 같은

비상교육 코칭 수업 활동지 예시

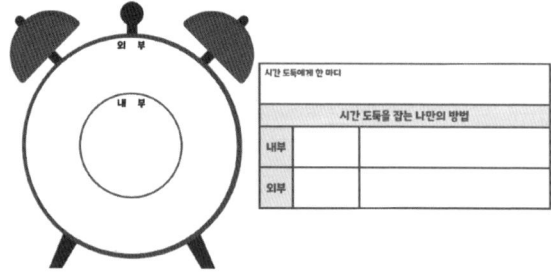

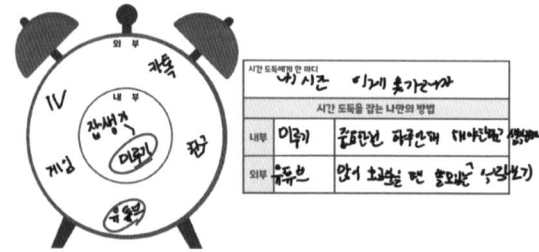

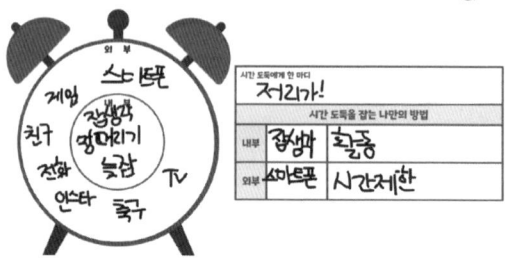

외부 도둑도 한눈에 보인다.

아이들과는 활동지에 내부 도둑과 외부 도둑을 각각 적어보자. 다섯 개 이상 쓰다 보면 웃음이 터진다. 그다음엔 내가 꼭 잡고 싶은 도둑 하나씩을 고른다. 중요한 건 '의지'가 아니라 '행동'이다.

'게임 덜 하겠다.'라는 다짐 말고 '숙제 끝내고 30분만 한다.'라는 구체적인 약속이 필요하다. 서로의 방법을 공유하면서 아이들은 더 좋은 아이디어를 얻는다. 친구의 방법을 벤치마킹하고 스스로 계획을 수정한다. 마지막으로 도둑을 잡으면 무엇이 좋아질지 상상해본다. 비유를 써서 구체적으로 상상할수록 실천할 확률은 높아진다.

둘째, 틈새 시간 찾기다. 아이들은 "시간이 없어요." "너무 바빠요." 라는 말을 입에 달고 산다. 그럴 때 이렇게 말해보자. "그럼 10분 동안 할 수 있는 일을 게임처럼 한번 쭉 적어보자!" 그러면 라면 끓이기, 책상 정리, 샤워하기, 게임 한판 하기, 수다 떨기까지 척척 나온다. 아이디어가 바닥나나 싶으면 줄넘기, 책 읽기, 단어 10개 외우기, 수학 문제 5개 풀기까지 쏟아진다. 그리고 아이들은 깜짝 놀란다. "시간이 없었던 게 아니라 안 보였던 거네요!" 학원 버스를 기다리는 순간에도 할 수 있는 일이 이렇게 많았다는 걸 처음 알게 되는 거다. 여기에 살짝 응용을 추가해 '행복한 10분' '친구와 친해지는 10분' '꿈에 다가가는 10분'을 찾아보는 것도 꽤 재미있다. 작지만 놓치기 쉬운 시간의 틈을 어떻게 쓰느냐가 아이의 하루를 바꾼다.

셋째, 시간을 늘리는 또 하나의 방법은 중요한 일부터 챙기기다. 뻔한 이야기 같아도 아이들은 잘 모른다. 그래서 급한 일과 중요한 일을 나눠보게 한다. 급하고 중요한 일은 바로 처리하고 그다음은 급하지 않지만 중요한 일이다. 인생을 바꾸는 건 바로 이 두 번째 영역이다. 반대로 급하지도 않고 중요하지도 않은 일은 과감하게 덜어내자. 지우개로 쓱쓱 지우듯 정리해야 할 건 일정이 아니라 선택이다. 미국의 시인인 칼 샌드버그는 말했다. "시간은 인생의 동전이다. 그 동전을 어디에 쓸지는 나만이 결정할 수 있다." 엉뚱한 데 쓰지 않으려면 내 기준이 있어야 한다. 시간 도둑을 줄이고, 틈새 시간을 발견하고, 중요한 일을 먼저 챙기는 습관. 이 세 가지가 쌓이면 시간은 도망가는 게 아니라 아이 편이 된다.

블록 시간표로 규칙적인 생활 습관을 만들자

블록 시간표는 메타인지를 키운다. 머릿속에서 어렴풋이 흘러가던 '바빴다.'라는 하루가 눈앞에 색으로 펼쳐지는 순간 낯설게 보이기 시작한다. 내가 뭘 했는지, 뭘 하지 못했는지, 어떤 시간에 집중했는지……. 하나하나 드러난다. 잘한 건 기특하고 놓친 건 부끄럽지 않게 다가온다. 아이는 종이를 들여다보며 사실은 자신을 들여다본다. 단순한 색칠하기처럼 보이지만 '왜 이 시간에 이걸 했을까?'라는 질문을 스스로 묻기 시작하는 순간 인지가 깨어난다. 질문이 생기는 아이는 배우기 시작한 아이다. 메타인지는 거창한 게 아니다. 그냥 나를 궁금해하는 마음에서 자란다.

규칙적인 생활 습관 만들기에도 블록 시간표는 꽤 쓸모 있다. 습관은 결국 반복된 선택이 만든 자동화다. 블록 시간표는 그 반복을 설계하는 작은 지도가 된다. 힘들고 귀찮은 일도 매일 같은 시간에 등장하면 이상하게도 덜 싫어진다. '하기 싫음'보다 '그 시간이라서 하는 것'이 더 세다. 하루의 구조가 반복되면 몸이 먼저 기억한다. '공부는 저녁 7시' '운동은 아침'처럼 패턴이 자리 잡으면 아이는 생각하지 않아도 자연스럽게 움직이게 된다. 반복이 리듬이 되고 리듬은 아이의 하루를 안정시킨다. 스스로 관리하는 힘도 조금씩 커진다.

누가 시키지 않아도 시간표를 다시 꺼내 보는 아이는 이미 달라지는 과정에 있다. '내 시간을 내가 책임진다.'라는 감각이 아이 마음속에서 조용히 자란다. 계획을 세우고 스스로 수정하고 또다시 도전하는 그 사이사이에 자존감이 붙는다. 성취란 큰 게 아니라 '내가 했다는 사실'에서 나온다. 그렇게 작고 소소한 성취들이 모이면 효능감도 쑥쑥 자란다. 손끝으로 그린 시간표 한 줄에 '나는 할 수 있다.'라는 목소리가 담긴다. 자기 주도는 하루하루를 내가 선택하며 살아가는 태도에서 출발한다.

계획표부터 세우려 하면 실패한다. 내 시간이 어디로 흘러가는지도 모르면서 멋진 시간표부터 그려봤자 작심삼일로 무너질 확률이 높다. 여름방학 때 만든 계획표에 실패했다면 과감히 버려도 괜찮다. 진짜 시작은 '지금 나는 어떻게 시간을 쓰고 있지?'를 솔직하게 들여다보는 것부터다. 행동도 마찬가지다. 명령한다고 바뀌지 않는다. "10분 안에 책상 정리하면 임무 완료!"처럼 작고 구체적으로 설계할 때 몸이 움직인다. 레고 블록을 맞추듯 한 조각씩 해나가자. '해야지.'가 아니라 '해봤다.'를 쌓는 것이 핵심이다. 그리고 꼭 기억해야 할 것이 있다. '스스로'란 혼자 하라는 뜻이 아니다. 함께 걸으며 길을 보여주는 것이야말로 진짜 자기 주도 교육이다. 스스로 조절하는 일은 멀리 있지 않다. 오늘 내가 어떻게 시간을 보냈는지 돌아보는 바로 그 순간부터 이미 시작되었다.

- **오늘부터 한 걸음**

이번 주에는 '블록 시간표 그리기'로 시간을 들여다보자. 멋진 계획보다 중요한 건 지금 내 시간의 진짜 모습이다. 있는 그대로 솔직하게! 잘하려고 애쓰기보다 계속해보는 게 더 중요하다.

[
5
화가 날 때 스트레스 다루는
법을 안다
]

감정을 조절하라는 대신 흘려보내게 한다

자기조절력의 진짜 고비는 '화날 때'다. 시간은 계획할 수 있어도 감정은 갑자기 툭 튀어나온다. 사소한 말 한마디에 욱하고 애써 만든 시간표도 한순간에 엉킨다. 집중도, 의지도, 관계도 감정 하나에 무너진다. 아이의 자기조절력은 '스트레스를 회복하는 힘'에서 판가름 난다.

가을 햇살이 반짝이던 어느 여행 날에 두 남매는 날씨와 정반대로 흐렸다. 아들과 사진을 찍으려 하면 딸이 끼어들고 딸과 찍으려 하면 아들이 끼어든다. 결국 밀고 밀치다 아들이 넘어진다. 조용히 일어난 아이의 얼굴엔 분노가 가득했다. 화가 나서 씩씩거린다. "속상했지?" 아무리 말을 걸어도 "말 시키지 마요!"라고 소리 지르며 더 큰 화가 튄다. "맛있는 거 먹으러 갈까?"라는 제안에도 "싫어!"가 날아든다. 이럴 땐 안다. 감정이 아직 자기 자리에 돌아오지 않았다는 걸. 그 감정을 억지로 끌어내려 하면 아이는 더 멀어진다.

"아들, 지금 눈에 뭐가 보여? 엄마는 노란 나뭇잎이 보여."
"나무." (귀찮다는 듯 작게)
"그러면 손으로 만져지는 건? 엄마는 네 볼이 뽀송해서 좋아."
"엄마 옷이 부드러워."
"귀엔 뭐가 들려?"
"새소리."
"엄마는 나뭇잎이 바스락거려."
"진짜! 나도 들려"
"냄새는?"
"풀냄새."
"맛볼 수 있는 건?"
"물! 시원해!"
"또 맛보고 싶은 건? 그럼 갈까?"
"좋아!"

감정이 활활 타오를 땐 그 감정의 스위치를 *끄*는 게 먼저다. 말로 설득하려 하기보다 몸의 감각을 깨우며 '지금 여기'에 마음을 머물게 한다. 이 짧은 대화를 주고받으며 10분 넘게 씩씩거리던 아이는 마치 숨은 미션을 완료한 듯 감정의 화살을 내려놓았다. 얼굴이 누그러지고 마음이 풀렸다. 감정을 다스리는 건 참아내는 게 아니라 풀어내는 일이다. 몸이 기억한 자극은 스스로 가라앉지 않는다. '안전한 감정의 환기 통로'가 필요하다. 마치 압력솥 뚜껑을 열기 전에 김을 먼저 빼야 하듯 아이의 마음속 증기를 밖으로 흘려보내는 시간 확보가 감정이 나를 삼키지 않도록 만드는 '회복의 기술'이다.

가장 효과적인 방법은 '지금 여기'에 집중하는 것이다. 감정이 휘몰아칠 때 과거의 상처와 후회에 머물면 몸은 여기 있는데 마음은 이미 그때 그 순간에 갇혀 버린다. 지금 해야 할 일은 눈앞에 있지만 생각은 자꾸 화났던 장면을 다시 꺼내고 있다. 그래서 지금 내가 있는 공간에서 지금 내 몸이 느끼는 감각에 집중하는 훈련이 필요하다. 이건 이론이 아니라 실험으로도 증명된 사실이다. 유명한 '마시멜로 실험'을 기억하는가? 참는 아이가 결국 두 개를 받는다는 이야기로 널리 알려져 있다. 그런데 진짜 중요한 건 아이들이 그 순간을 어떻게 버텼는가다. 성공한 아이들은 마시멜로를 바라보지 않았다. 딴 곳을 보거나, 손을 만지작거리거나, 몸을 움직이며 지금을 새롭게 설정했다. 감정을 견디는 건 '억지로 참는 힘'이 아니라 '지금을 다시 설계하는 힘'이다.

심리학자들은 이걸 게슈탈트 원리라고 부른다. 우리는 늘 전경(지금 내가 집중하는 것)과 배경(주변의 맥락)을 구분하며 살아간다. 그 시점을 바꾸는 것만으로도 감정은 달라질 수 있다. 루빈의 컵 그림처럼 말이다. 두 사람의 얼굴로도 보이기도 하고 하나의 컵으로도 보이는 그 이미지처럼 시선의 전환이 감정의 방향을 바꾼다. 그래서 누구나 따라 할 수 있는 '54321 감각 루틴'을 권한다. 눈에 보이는 것 5가지 말하기(노란 나뭇잎, 파란 하늘, 엄마 옷, 물병, 바다), 손으로 만져지는 4가지 느끼기(내 옷, 벤치, 손, 바람), 귀에 들리는 3가지 소리 말하기(새소리, 나뭇잎, 웃음소리), 코로 느껴지는 냄새 2가지 찾기(풀냄새, 먼지 냄새), 입으로 맛볼 수 있는 것 1가지 고르기(물, 아이스크림, 껌). 이 다섯 감각은 아이의 마음을 '과거에서 지금'으로 데려오는 마중물이다. 감정은 과거에 있지만 감각은 지금에 있다.

아이마다 몰입 방식은 다르다. 어떤 아이는 "지금 뭐 보여?"라는 빠른 질문에 바로 반응하고 어떤 아이는 게임처럼 천천히 이끌어야 마음이 열린다. 캠프, 교실, 수련회, 상담실까지. 나는 이 방법을 수없이 써봤고 늘 효과가 있었다. 설명하지 않아도 놀듯 따라 하면 된다. 중요한 건 단 하나다. 잠깐 멈추기. 감정의 소용돌이 속에서 잠깐 숨 고르기만 해도 사고가 돌아오고 마음이 식는다. 솔직히 말하자면 이 방법을 알고 나서 나도 아이에게 공룡처럼 불을 뿜는 일이 줄었다. 물론 아주 안 뿜는 건 아니지만 적어도 '그 순간'을 놓치지 않게 되었다. 감정은 조절이 아니라 관찰하고 흘려보내는 기술이라는 걸 나도 배워가는 중이다.

부모의 '잠깐 멈춤'이 아이의 내면을 단단하게 한다

감정 신호등 원리는 아이보다 부모가 먼저 알아야 한다. 외부 자극이 오면 잠시 멈추고 내가 바꿀 수 있는 일인지 생각해보자. 바꿀 수 있다면 행동하고 바꿀 수 없는 일이라면 행동을 멈춘다. 이 단순한 원리가 감정을 지키는 핵심이다. 빨간불엔 멈추고 노란불엔 생각하고 초록 불에만 움직인다. 브라이언 트레이시는 "잠깐 멈춰서 생각하는 것만으로도 반응의 질이 달라진다."라고 했다. 그 잠깐이 인생의 방향을 바꾸는 결정적 순간이 되기도 한다.

외부 자극과 반응 사이엔 '선택의 틈'이 있다. 그 틈을 알아차릴 수 있다면 자동 반응 대신 '의도된 선택'을 할 수 있다. 그 틈에 잠시 공간을 만들어보자. 감정을 잠시 내려놓고 '지금 나에게 필요한 선택은 뭘까?'라고 스스로 조용히 물어보자. 화를 낼 것인가. 숨을 고를 것인가. 잠깐 멈추는 그 공간에 여유가 생기고 그 여유 안에 다른 길이 보이기 시작한다. 이전엔 보이지 않던 생각, 놓쳤던 방법, 더 나은 반응이 그제야 눈앞에 선명해진다. 바람의 방향은 우리가 바꿀 수 없지만 돛은 조절할 수 있다는 말처럼 감정의 바람을 바로 멈출 수는 없지만 나의 대응은 바꿀 수 있다. 돛을 조절하려면 방향을 살펴야 한다. 그러려면 먼저 멈추는 시간이 필요하다. 그 잠깐의 멈춤이 바로 나를 보호하는 공간이고 새로운 길을 보여주는 창이 된다.

운전 중 갑자기 끼어드는 차에 화가 날 때가 있다. 바로 "위험하게 운전 좀 제대로 해!"라고 말하고 싶어진다. 하지만 그 순간 멈추고 생각해보면 내가 화낸다고 바뀌는 건 아무것도 없다. 옆에 듣고 있는 가족만 불안해질 뿐이다. 화를 낸다고 시원해지는 것도 아니다. 그렇다면 굳이 화낼 이유가 없다. 잠깐 멈추고 내가 진짜 원하는 게 뭔지 떠올려보는 게 낫다. 예전에 둘째를 40에 낳고 첫째가 세 살이던 시절에 밤잠도 못 자고 급하게 출근 준비를 하던 아침이었다. 둘째를 겨우 재우고 눕히는데 첫째가 과일주스를 옷에 쏟고 찝찝하다며 씻겨달라고 했다. 그 순간 꾹 참았던 짜증이 터졌고 결국 소리를 질렀다. 아이를 안고 화장실로 데려가던 중 거울 속 내 얼굴을 보고 놀랐다. 그 얼굴은 엄마가 아니었다. 그날 나는 괴물 같은 표정을 하고 있었다. 나는 아이 탓을 했다. 하지만 사실은 내가 나를 돌보지 못하고 있었던 거다. 체력이 인격이라는 말이 떠올랐다. 거울 덕분에 깨달았다. 아이가 문제가 아니라 감당하지 못한 내 피로가 문제였다. 거울 속 내 얼굴을 본 덕분에 나를 돌아볼 수 있었다.

아이를 정서지능 높은 아이로 키우고 싶다면 부모부터 감정을 회복할 수 있어야 한다. 나를 보호하는 공간이 생겨야 여유가 생기고 여유가 있어야 아이도 따라 배운다. 아이들은 말보다 행동을 따라 배우고 부모의 얼굴과 태도를 카메라처럼 담아낸다. 부모의 '잠깐 멈춤'은 단순한 반응 조절이 아니라 아이가 감정을 다루는 방식을 배우는 첫 교과서다. 그 한순간의 여유가 아이의 내면을 단단하게 만든다.

스트레스는 마음 챙김 호흡만으로도 다스릴 수 있다

스트레스를 다스리는 세 번째 방법은 호흡이다. 마음 챙김 호흡은 간단하나 효과는 강력하다. 우리가 화를 내거나 스트레스를 받을 때 뇌는 그 상황을 '생존 위협'으로 받아들인다. 심장은 빨라지고 어깨에 힘이 들어가고 온몸이 전투태세에 들어간다. 이럴 땐 크고 깊은숨을 한 번 쉬는 것만으로 뇌에 산소가 공급되고, 내쉬는 숨을 통해 이산화탄소를 내보내며 위험 신호가 낮아진다. 특히 숨을 내쉴 때 어깨 힘을 의도적으로 툭 풀어주는 것이 중요하다. 몸이 편안해져야 마음도 반응한다. 뇌는 어깨가 풀리면 "이제 괜찮아."라고 받아들인다.

긴장을 푸는 호흡은 위기 상황에서 갑자기 꺼내 쓸 수 없다. 평소에 연습해야 한다. 그래서 나는 매일 아침 하루를 시작하기 전 호흡으로 몸과 마음을 깨운다. 눕거나 선 자세에서 발끝을 길게 뻗은 후 다시 직각으로 세우는 간단한 동작과 함께 들숨과 날숨을 연결한다. 들이마실 때는 입으로 내쉴 때는 코로. 몸이 풀리고 머리가 맑아지고 기분도 가벼워진다. 혈액순환에도 도움이 되고 아이와 함께하면 스트레칭 효과에 더해 키 성장에도 좋다.

구체적인 호흡법도 하나 소개하자면 '448 호흡법'이 있다. 4초간 들이마시고 4초간 참았다가 8초간 천천히 내쉰다. 입으로 들숨, 코로 날숨. 하루 3분, 짧게는 1분만 해도 몸이 기억한다. 하버드대학교에서도 이 호흡법을 추천한다. 긴장을 완화하고 짜증을 낮추고 불안을 진정시키는 데 효과가 크다. 거의 모든 안정 호흡법은 '날

448 호흡법

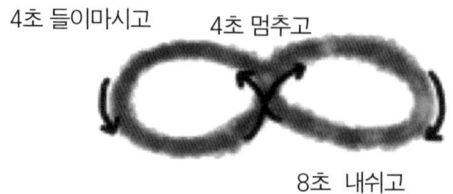

'숨을 들숨보다 길게' 하라고 강조한다. 그만큼 내쉬는 숨이 감정 회복의 스위치다.

고대 치유법 중 '손가락 감싸기'도 함께 하면 좋다. 한의학에서도 손가락마다 감정과 연결된 오장육부가 있다고 본다. 슬플 땐 엄지, 두려울 땐 검지, 화가 치밀면 중지, 걱정이 많을 땐 약지, 자존감이 흔들릴 땐 새끼손가락을 감싸며 호흡한다. 나 역시 긴장되는 강연이나 카메라 촬영 전 이 방법을 자주 쓴다. 아이가 불안해할 땐 약지를 감싸주고 함께 호흡한다. 말보다 강력한 위로가 손끝에서 전해진다. "괜찮아. 내가 여기 있어."라는 말을 손으로 건네는 것만으로도 아이는 안정을 찾는다. 호흡은 감정 회복의 가장 빠르고도 조용한 기술이다. 평소에 숨 쉬는 연습을 해두자. 그 짧은 숨이 아이를 지키고, 나를 지키고, 감정의 방향을 새 방향으로 돌려놓는다.

아이들도 스트레스를 받는다. 어른들 눈엔 사소해 보여도 아이들에겐 하루를 무너뜨릴 만큼 큰일일 수 있다. 친구가 나만 빼고 놀았다든지, 시험을 망쳤다든지, 엄마에게 혼났을 때처럼 마음이 출렁이는 순간은 매일 찾아온다. 이럴 때 아이가 스트레스를 어떻게 다뤄야 할지 모르면 감정은 쌓이고 행동은 거칠어진다. 중요한 건 스트레스를 없애는 게 아니라 다루는 법을 아는 것이다. 몸을 안정시키는 간단한 방법부터 알려주자. 코로 천천히 숨을 들이마시고 내쉬면서 손을 꽉 쥐었다 펴는 동작을 함께 해본다. 손가락 감싸기도 좋다. 손으로 감싸고 천천히 숨을 쉰다. 짧고 단순하나 효과는 분명하다. 아이가 화났을 때 "진정해." 대신 "몸이 어떻게 느껴져?"라고 묻고 함께 호흡하며 몸에 집중하게 해보자. 몸이 풀리면 마음도 따라온다. 이런 반복이 쌓이면 아이는 감정의 순간에 스스로 속도를 줄이고 방향을 선택할 수 있는 자기만의 브레이크를 설계하게 된다. 감정을 다스리기보다 받아들이는 순간 아이는 다시 일어설 힘을 배운다. 감정에 흔들리는 건 자연스러운 일이다. 그 순간 다시 중심으로 돌아올 줄 아는 힘이 자기조절력이다.

• 오늘부터 한 걸음

하루 3분씩 4초 동안 들이마시고 8초 내쉬는 호흡을 연습한다. 감정이 올라올 땐 54321 감각 놀이로 지금 순간에 머물러 본다.

성장 스위치 3

성장 마인드셋

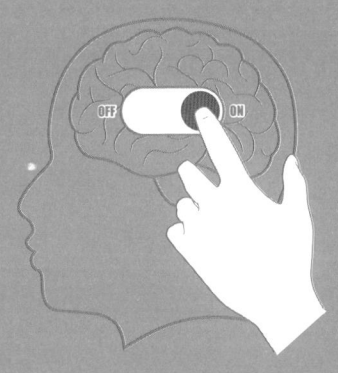

[
1
성장할 수 있다는 믿음이 아이의 인생을 바꾼다
]

뇌가 성장한다는 사실만 알아도 성적이 오른다

"하고 싶은 게 없어요."

중학생 2학년 보람이의 입에 붙은 말이다. 부모님은 모두 엘리트이고 고등학생 오빠는 모범생인데 보람이는 달랐다. 공부에는 영 흥미가 없었고 바이올린이든 수영이든 미술이든 뭐든 1년을 넘긴 적이 없었다. 학부모 상담 때 보람이 아버지는 "보람이는 스스로 공부 못한다고 정해놓고는 뭘 시작해도 금세 놓아버려요." 이 말엔 걱정과 안타까움이 섞인 부모의 마음이 보였다. 학습코칭 4개월 차에 보람이는 코칭도 그만두고 싶다고 했다.

보람이의 어릴 적 꿈은 의사였다. 고학년이 되면서 수학이 어렵다고 느끼고 공부 습관이 무너지면서 꿈도 멀어졌다. '스포츠 재활 치료사'가 멋져 보인다고 말은 했으나 구체적인 행동은 없었다. 무엇이든 도전하기 전에 먼저 포기하는 게 익숙해진 듯 보였다. 그런 보람이에게 작은 변화가 찾아왔다. "괜찮아요."라고만 말하던 아이가 "수업 시간에 집중이 안 돼요." "사실 싫어요."라고 말하기 시작한 순간부터였다. 감정이 흐르기 시작하자 관계도 열렸다. 상담 시간은 점점 길어졌고 마음속 이야기를 꺼낼수록 보람이는 자신을 다르게 보기 시작했다.

어느 날 수업 시간 발표에서 보람이는 말했다. "일렉트로닉 기타로 캐논 록을 연주했는데 진짜 어려웠거든요. 근데 계속해서 하다 보니까 되더라고요." 그 말은 단순한 성공담이 아니었다. '처음엔 안 될 것 같았는데 해보니 됐다.'라는 경험이 보람이 안에 스며들었다. 그날 이후 보람이는 공부도 해볼 수 있을 것 같다고 말했다. "앉아 있는 게 힘들었는데 조금씩 하다 보니까 할 만한 것 같아요." 하루 한 시간 공부해보겠다는 약속이 생겼고 자연스럽게 공부량도 늘었다. 욕심도 생겼다. "80점 맞고 싶어요."라고 말하던 날에 선생님은 속으로 손뼉 쳤다. 이 말은 마음의 방향이 달라졌다는 증거였다. 특히 좋아하던 기타를 꾸준히 하면서 자신감이 붙었다. 음악적 재능이 꽃피고 있다는 걸 스스로 느끼자 '작곡가'라는 새로운 꿈도 피어났다. 그러더니 뜻밖의 말이 튀어나왔다. "엄마, 영어 좀 가르쳐주세요." 부모님은 "우리 애가 처음으로 공부 도와달라고 해요. 그 말 하나에 눈물이 났어요."라고 말했다.

가장 크게 변한 건 보람이보다 부모님의 시선이었다. '잘하는 게 없는 걱정스러운 아이'에서 '자기 안의 무언가를 키워가고 있는 아이'로 보람이를 보는 눈빛이 달라졌다. "공부해서 예쁜 게 아니라 자기 꿈을 향해 가려는 모습이 예뻐요." 그 말엔 사랑과 존중이 담겨 있었다. 그 무섭다는 중2가 오히려 부모와 가까워지는 계기가 됐다. 노력하면 능력이 자란다는 믿음이 성장의 씨앗이다. 지금 아이들에게 필요한 건 '성장 마인드셋'이다. 눈에 보이진 않아도 마음속에서 끊임없이 반응하는 근육 같은 것. 도전 앞에서 움츠러들지 않고 실패해도 다시 일어서는 힘. 그게 있어야 계속 배우고 앞으로 나아갈 수 있다. 성장 마인드셋이 살아 있는 아이는 넘어져도 다시 튀어 오른다. 그 마음속 스프링 덕분이다.

스탠퍼드대학교의 캐롤 드웩 교수는 중학생 1학년 학생들 91명과 8회의 워크숍을 진행했다. 이 중 48명에게는 공부 방법만 가르치고 나머지 43명에게는 공부 전략과 함께 '성장하는 두뇌'에 대한 이야기를 들려주었다. "두뇌는 고정된 게 아니야. 연습하면 단련되는 근육과 같아서 노력하면 더 똑똑해질 수 있어. 시간이 걸리더라도 절대 포기하지 마."라는 말이었다. 단순히 전략만 배운 학생들의 성적은 그대로였지만 성장에 대한 감각을 함께 배운 학생 중 절반 이상은 성적이 올랐다. 노력하면 나아질 수 있다는 정보 하나가 행동을 바꿨고 행동이 성과를 끌어내었다.

이런 변화 배경엔 뇌의 '가소성'이 있다. 뇌는 고정된 부품이 아니라 사용하면 연결이 강화되고 확장되는 살아 있는 구조다. EBS

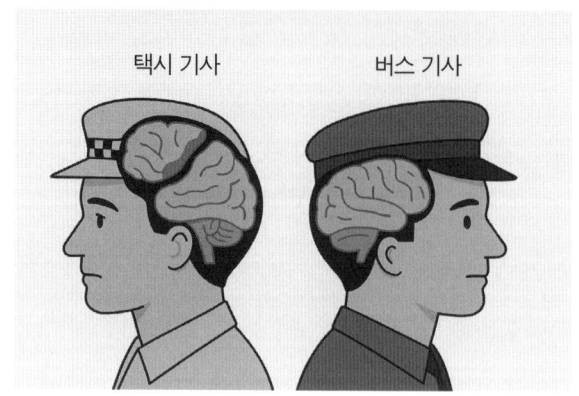

런던 택시 기사와 버스기사의 뇌 비교

시사 프로그램 「세상의 모든 법칙」에서는 런던 택시 기사 뇌 구조 변화를 소개했다. 2만 5,000개의 도로, 2만 개의 관광명소, 320개의 경로를 외워 시험을 통과해야 하는 택시 기사들의 해마는 눈에 띄게 발달해 있었다. 이들은 학습과 훈련을 통해 뇌 구조 자체를 변화시킨 사례였다. 우리 뇌는 근육처럼 쓰면 쓸수록 단단해진다. 공부란 결국 뇌를 단련하는 운동과도 같다. 반복과 실수가 축적될수록 뇌는 더 똑똑해지고 문제해결력도 점점 단단해진다. '나는 발전할 수 있어.'라는 믿음이 아이에게 생기면 포기 대신 시도가 늘어난다. 시도가 쌓이면 뇌는 반응하고 학습 곡선이 바뀌고 스스로 보는 눈도 달라진다. 공부는 단지 지식을 채우는 게 아니라 아이의 내면에 '나는 다시 일어설 수 있어.'라는 마음의 근육을 단련하는 일이다. 결국 성장 마인드셋이 자란 아이는 더 깊이 생각하고, 더 나은 결정을 내리고, 더 단단하게 삶을 살아가게 된다. 공부가 주는 힘이다.

예측 불가 시대의 경쟁력은 성장 마인드셋이다

뉴질랜드에서 만난 검은 백조는 상상 속에서 튀어나온 것 같았다. 진한 윤기가 도는 깃털과 현실보다 더 신비로운 분위기. 너무 낯설어서 한동안 눈을 뗄 수 없었다. 현실 속에 존재하지만 좀처럼 보기 힘든 그 생명체처럼 예측 불가능한 사건들을 '블랙스완'이라 부른다. 지금 세상은 블랙스완이 떼로 날아다니는 중이다. 눈앞의 현실은 예전과 너무 다르다. 오픈 3개월 만에 세상을 바꾼 챗GPT는 이제 진화해서 말하고 듣고 요약하고 반응까지 한다. 단순 검색을 넘어 대화를 주고받고 그림도 척척 그린다. 구글도 검색창보다 먼저 보이는 건 인공지능이 만든 요약이다. 지메일, 구글독스, 유튜브까지 통합된 제미나이는 사용자의 필요를 미리 읽고 도와준다. 지금은 '무엇을 아느냐'보다 '변화에 얼마나 민감하게 반응하느냐'가 경쟁력이다.

오랫동안 인사업무를 하며 2,300명이 넘는 사람을 면접했다. 그 과정에서 채용의 흐름이 어떻게 바뀌고 있는지를 몸으로 느낄 수 있었다. 예전에는 학벌, 자격증, 토익 점수처럼 눈에 보이는 스펙이 채용의 기준이었다. 요즘은 다르다. 기업들은 "어떤 사람을 뽑을까?"보다 "어떤 사람과 함께 변화에 대응할 수 있을까?"를 고민한다. 외워서 아는 사람보다 배우면서 적응하는 사람. 처음 보는 문제를 피하지 않고 끝까지 가보는 사람을 찾는다. 스펙은 멈춰 있는 숫자지만 성장 마인드셋은 자라는 가능성이다. 변화를 견디는 게 아니라 변화를 활용하는 태도. 그것이 채용에서 선택하는 기준인

'차이'를 만든다.

부모의 시선은 여전히 과거의 공식을 따라가고 있는 건 아닌지 생각해보면 좋겠다. 미래에 대한 불안한 마음에 아이를 더 밀어붙이지만 시대는 이미 몇 번이나 옷을 갈아입었다. 미래학자들은 말한다. "지금 배우는 지식 대부분은 미래에 쓸모가 없을 가능성이 높다." 경제협력개발기구 교육 2030 프로젝트도 교육의 목표를 '성공'이 아닌 '더 나은 삶의 질'로 선언했다. 더 나은 삶의 질을 지속하려면 계속 성장해야 한다. 실패해도 다시 일어서서 안 되는 줄 알았던 것도 하다 보면 길이 생긴다고 믿는 믿음. 이런 믿음이 모르는 문제를 만나도 움츠러들지 않는다. 낯선 상황에서도 배울 수 있다고 믿는다. 실수해도 창피해하지 않고 다시 해보려 한다. 이 모든 힘은 '성장 마인드셋'에서 나온다.

성장 마인드셋은 단순한 낙관이 아니라 자기 경험을 돌아보고 배우는 '의도적 성찰'에서 길러진다. 그래서 아이가 미래를 살아가는 진짜 핵심역량은 성적이 아니라 성장하는 힘이다. 공부를 잘하는 아이보다 성장하는 아이가 더 빛나는 이유다. 우리는 아이에게 이렇게 말해야 한다. "잘하려고 하지 말고 자라나려고 해보자." 지금의 한 걸음이 내일을 이끌 수 있다는 믿음과 믿음을 가능하게 하는 의도적 성찰이 아이를 성장시킨다.

결과가 아닌 노력 중심의 피드백을 해야 한다

학업 성과는 아이의 노력에 달려 있다. 그러나 그 노력을 끌어올리는 결정적인 힘은 부모의 피드백에서 나온다. 부모의 말은 아이의 도전 태도, 학습 열정, 성장 마인드셋 형성에 깊은 영향을 미친다. 많은 부모는 일상에서 결과 중심의 칭찬을 습관처럼 사용한다. "누구 닮아 이렇게 똑똑해." "머리가 좋아서 그렇지." "시험 잘 봤구나."와 같은 말은 겉보기엔 긍정적이지만 아이가 성공의 원인을 '타고난 능력'으로 오해하게 만든다. 능력 중심 칭찬이다. 능력 중심 칭찬은 아이의 시선을 결과에 고정하게 한다. 성과가 나쁠 땐 "나는 원래 안 되는 애인가 봐."라는 부정적 자기 인식으로 이어지고 실패가 두려운 아이는 도전 자체를 회피하게 된다. 예상이 어려운 상황은 애초에 시도하지 않는다. 예를 들어 발표 수업에서 손을 들 기회가 있어도 "괜히 틀리면 창피해질 텐데."라며 포기하거나 평소보다 난이도 어려운 문제를 보면 "난 이런 거 못 해."라며 시도조차 하지 않는다. 머리 좋다는 칭찬이 오히려 아이의 가능성과 기회를 막아선 셈이다.

반대로 노력 중심 피드백은 전혀 다른 방향으로 작동한다. "새로운 공부법을 시도해봤구나." "어려웠지만 끝까지 도전했네." 같은 말은 아이가 과정에 집중하게 만든다. 실패는 부끄러운 일이 아니라 성장의 일부임을 자연스럽게 받아들이게 된다. "문제를 해결하려고 다양한 방법을 써봤구나. 잘했다. 그 과정에서 뭘 배웠을까?"라는 질문은 아이의 사고를 단단하게 만든다. 그렇게 성장 마인드셋이 자리 잡는다. 이런 아이는 결과에 목매지 않는다. "그냥 한 번 해봤어요."라고 말하며 혼자 유튜브를 찾아보며 독후감 자료를 정리하고 자신만의 방식으로 발표 자료를 만들기도 한다. 누가 시킨 것도 아닌데 스스로 나선다. 부모조차 놀라게 만드는 변화는 대부분 '그냥 해보는 과정'에서 나온다. 이때 중요한 건 부모가 아이의 그 작은 시도를 귀하게 여겼느냐이다.

피드백은 습관이다. "다른 애들은 몇 점이니?"라는 말은 무의식 중에 경쟁을 주입하고 비교를 당연하게 만든다. 반면 "어제보다 오늘 더 나아졌으면 좋겠어. 네가 배운 게 무엇인지가 더 중요해."라는 말은 아이의 시선을 자기 자신으로 향하게 한다. 아이의 내면을 키우는 말은 결과보다 과정에 주목하고 능력보다 노력에 집중하는 것이다. 이때 아이가 실패를 두려워하지 않고 끝까지 해내는 힘이 생긴다. 피드백을 바꾸면 아이가 바뀐다. 아이의 삶이 달라진다.

성장 마인드셋은 지금 시대의 필수 역량이다. 이력서에 적힌 학력보다 중요한 건 눈에 보이지 않는 학습력이다. 성장 마인드셋은 하루 요점 수업으로 배울 수 없다. 삶에서 연습하고 몸에 익혀야 하는 태도다. 아이만이 아니라 부모도 함께 성장할 수 있다고 믿는 게 인생을 바꾼다.

• 오늘부터 한 걸음

오늘 아이에게 결과보다 과정 하나를 칭찬해보자. 어떻게 해냈는지에 집중해서 말해보면 된다.

2
단기 점수가 아닌 장기 성장에 적응하게 한다

원형 달리기가 일직선 달리기보다 더 빠르다

하나만 알아도 칭찬받는 아이가 있다. 하나만 틀려도 주눅이 드는 아이도 있다. 누구의 속도가 더 빠를까. 누가 더 멀리 오래 갈 수 있을까? 공부에 대한 태도는 부모의 말에서 만들어진다. 아이에겐 순위보다 자신을 믿고 점점 잘할 수 있다는 믿음이 중요하다. 그 믿음이 있으면 실패는 막다른 길이 아니라 잠시 지나는 터널이다. tvN 교양 프로그램「어쩌다 어른」에서 허태균 교수는 "모두가 일직선으로 달리면 1등, 2등, 낙오자만 남는다. 하지만 모두가 원처럼 퍼져나가면 순위는 의미가 없어진다."라고 말했다. 공부는 누굴 앞서기 위한 경쟁이 아니다. 내가 정한 목표를 향해 꾸준히 나아가는 과정이다. 어제보다 한 걸음 나아갔다면 그걸로 충분하다. 일직선에서는 누군가 항상 뒤처진다. 원형으로 뻗어나가는 여정에서는 중심만 잊지 않으면 된다. 비교는 에너지를 흩어지게 만들고 성장은 방향을 되찾게 한다.

물론 학교에서 시험을 본다. 점수로 줄을 세우고 판단한다. 이런 말들이 현실과는 거리가 있는 이상론처럼 들릴 수 있다. 하지만 현실이 그렇기에 우리는 아이에게 더 넓은 생존력을 길러줘야 한다. 단기 점수가 아니라 장기 성장에 적응하는 힘이 필요하다. 평균 수명은 길어지고 기술과 직업은 빠르게 바뀐다. 이제 아이들이 살아갈 미래는 '얼마나 많이 외웠는가'보다 '얼마나 유연하게 배우고 익혔는가'가 더 중요해진다. 그러려면 점수에 짓눌리기보다 '배우면 더 잘하게 된다.'라는 신념이 아이 안에 자리 잡아야 한다. 성장은 단기 성적이 아니라 평생을 살아가는 힘이 된다.

예전엔 나도 비교하며 살았다. 잘하는 사람을 보면 부럽고, 자신감이 쉽게 닳고, 기운이 자주 빠졌다. 운동 관련해선 더욱 위축됐다. 학창 시절 300미터만 뛰어도 숨이 차 뛰기 힘들었다. 나는 달리기를 못하는 사람이라 생각했고 그 믿음은 오랫동안 바뀌지 않았다. 그러다 최근 달리기를 시작했다. 예전 같았으면 잘 뛰는 사람들 사이에선 시작도 못 했을 것이다. 하지만 이제 관점이 달라졌다. 남이 아닌 나에게만 집중했다. 강점을 활용해 좋은 사람들과 함께 성장하는 환경을 만들었다. 천천히 차근차근 배웠다. 처음엔 3분도 뛰기 힘들었는데 지금은 10킬로미터를 1시간 3분에 들어온다. 기록보다 과정! 실력이 조금씩 느는 하루하루가 기뻤다.

공부도 같다. 결과보다 태도가 더 오래 남는다. 같은 시험을 끝내고도 어떤 사람은 시험지를 넘기며 안도의 숨을 쉬고 어떤 사람은 마음속에 상처를 남긴다. 점수는 금세 사라져도 감정은 다음 공부를 대하는 태도로 연결된다. 같은 운전면허 시험이라도 어떤 사람은 '틀리면 창피할 것 같아서' 두렵고 어떤 사람은 '아는 게 늘어가서' 재미있다. 공부를 향한 마음이 다른 것이다. 자기 성장을 추구하는 사람은 알아가는 과정 자체가 기쁘다. 실력이 늘고 있다는 것을 느끼는 감각이야말로 바로 공부에서 얻을 수 있는 행복이다. 그 감각이 있어야 새롭게 시도하고 도전도 할 수 있다. 성장 마인드셋은 아이를 멈추지 않게 한다. 스스로 나아가게 한다. 부모의 역할은 아이가 실패하지 않게 지켜주는 게 아니라 실패해도 다시 일어설 수 있다는 믿음을 심어주는 것이다. 성적도 중요하다. 하지만 그보다 더 오래가는 건 아이가 '나는 배울 수 있어.'라고 믿는 힘이다. 그 믿음이 결국 미래의 성적표를 다시 쓴다. 언젠가 아이가 말하게 된다. "지금은 잘하지 않는데 하다 보면 잘하게 돼요."

성장을 중요시하는 관점은 삶의 규칙을 바꾼다

"나는 지거나 잃은 적이 없다. 나는 항상 이기거나 배운다." 넬슨 만델라의 이 말이 오래 남는다. 이기지 않아도 괜찮고 졌다고 끝난 것도 아니다. 배웠다면 남는 장사다. 이건 단순한 태도가 아니라 삶을 바라보는 관점이다. 성장 관점으로 세상을 보면 나의 기준이 '비교'에서 '변화'로 바뀐다. 어제보다 나아졌다면 오늘은 이미 의미 있는 하루다. 성장 관점은 우리 삶의 만족도를 조용히 끌어올린다. 삶이라는 게임에서 항상 이기는 방법이 바로 이 관점 속에 있다.

성장 관점이 특별한 이유가 있다. 이 관점은 단지 성장만을 이야기하지 않는다. 행복이 시작되는 버튼이기도 하다. 연세대학교 심리학과 서은국 교수는 저서 『행복의 기원』에서 이렇게 말했다. "생존을 위한 행동을 할 때 뇌는 행복을 느낀다. 행복은 한 번에 해결되는 것이 아니고 곧 사라진다." 뇌는 안주에 만족하지 않는다. 변화가 없으면 익숙함이 되고 익숙함은 더 이상 뇌를 자극하지 못한다. 그래서 더 자극적인 것을 찾고 더 큰 성취를 원한다. 1등을 해도 기쁨은 잠시고 쇼핑의 즐거움도 오래가지 않는 이유다. 행복이 쉽게 사라지도록 설계된 이 뇌의 구조는 의외로 중요한 힌트를 준다. 행복이 유지되려면 뇌는 새로움을 원한다. 성장 관점은 이 새로움을 계속 만들어낸다. 멈추지 않고 배우고, 해보지 않았던 걸 시도하고, 조금씩 바뀌는 나를 발견하는 감각. 그 모든 과정이 뇌에는 '행복 신호'가 된다.

이건 꽤 괜찮은 발견이다. 성장 마인드셋이 나를 발전시키는 데 그치지 않고 행복까지 꺼내주는 버튼이라면 이건 게임으로 치면 '행복 유지 치트키' 아닐까? 성장도 하고 행복도 얻는 일거양득이라니 이보다 실용적인 가치가 또 있을까? 행복을 유지하고 싶은가? 그렇다면 답은 분명하다. 비교를 멈추고 성장에 집중하자. 매일 새롭게 한 걸음 나아가자. 뇌는 그걸 기다리고 있다.

성장 마인드셋은 두려움이 아닌 도전을 만든다

성장 마인드셋을 가진 아이는 실패를 무서워하지 않는다. 실수와 약점을 숨기기보다 '어떻게 하면 나아질 수 있을까?'를 먼저 떠올린다. 후회하거나 한숨짓기보다 지금 내가 할 수 있는 일에 집중한다. 학습코칭을 할 때 아이에게 이렇게 알려준다. "고정이는 들어가! 성장이 나와!" 이 짧은 말이 아이의 생각을 바꾸는 주문이 된다. 지능은 타고나는 게 아니라 개발할 수 있다는 걸 알려주는 말이다. '나는 원래 못해.' '난 그런 스타일이 아니야.' 같은 생각은 고정이의 버릇이다. 고정이는 늘 똑똑해 보이고 싶어 하고 실수는 최대한 피하려고 한다. 반면 성장이의 말은 다르다. "이번엔 안 됐지만 다음에는 나아질 수 있어." "과정에서 배우는 게 있어." "지금은 연습 중이야."라고 말한다. 성장이에게 중요한 건 뭘 알고 있는지가 아니라 얼마나 자라고 있느냐다.

예를 들어 게임 시간을 줄이기로 했는데 생각만큼 잘 안 될 때가 있다. 그럴 때 "아, 역시 난 안 돼."라는 생각이 들면 먼저 속으로 말해본다. "고정이 들어가." 그리고 성장이를 부른다. 성장이의 말은 다정하고 구체적이다. "게임을 줄이려고 했던 이유가 뭐였지?" "전에 성공했을 때는 어떻게 했더라?" "이번엔 누구 도움을 받아보면 좋을까?" 도전이 부담스러울 때도 시험 점수가 아쉬울 때도 마찬가지다. "내가 그렇지 뭐."가 떠오르면 고정이는 조용히 보내고 성장이를 불러서 말해본다. "결과는 아쉽지만 시도한 나 정말 괜찮아. 다음에 더 잘할 수 있어." 이렇게 성장이의 힘을 키우는 말을 만

초등학교 6학년 아이의 학습코칭 수업 예시

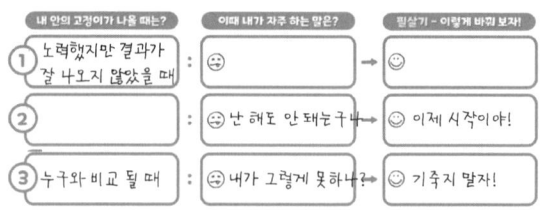

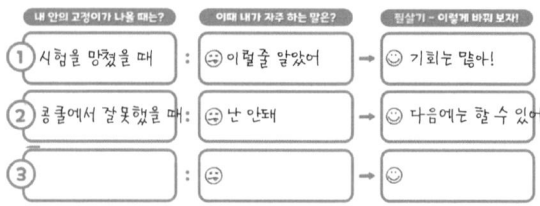

들어보면 재미있다.

추천하는 한 가지 더. 아이에게 '감사 일기'를 알려주자. 거창할 필요 없다. "오늘 내가 조금이라도 자란 건 뭐였지?" "아쉬웠지만 다시 해보고 싶은 건?" "오늘의 나에게 해주고 싶은 말은?" 하루 한 줄이면 충분하다. 감사는 내가 가진 걸 발견하는 눈이다. 그리고 내가 달라진 점을 알아보는 눈을 가졌다는 건 세상에서 가장 따뜻한 축복이다. 감사하며 적은 글은 뇌에 오래 남는다. 내가 성장하고 있다는 감각을 스스로 알아채는 순간 공부는 점수가 아니라 감정으로 기억된다. 소소한 변화에도 기뻐할 줄 아는 마음이 자라고 어제보다 나은 오늘을 살아가는 아이가 된다. 완벽하진 않아도 괜찮다. 계속 자라는 게 더 행복하다는 걸 알게 되는 순간 아이는 잘 크는 중이다. "그 누구보다 행복해야지!" 같은 말보다 "오늘도 시도했어."라는 말이 훨씬 따뜻하다. 시작이 어렵지 한 번이라도 시도하면 뇌 안에 공부하는 길이 조금씩 넓어진다. 공부도 행복도 결과가 아니라 과정이다. 그 과정을 적고 돌아보는 습관이 아이의 마음을 키우고 뇌를 성장시킨다. 아이와 함께 오늘도 성장이를 불러보자. 아이 마음속에 자라는 힘이 분명히 있다.

성장 마인드셋을 가진 아이는 비교의 트랙에서 벗어나 자신만의 방향으로 달릴 줄 안다. 공부는 점수가 아니라 감정으로 기억되고 삶의 규칙은 성장을 기준으로 다시 설계된다. 성장 마인드셋이 자라면 아이는 가슴에 행복 발전기를 품은 채 살아가게 된다. 그 스위치는 거창하지 않다. "일단 해볼까?"라는 한 걸음에서 켜진다. 부모는 그 단순한 시작을 믿어주는 사람이다. 오늘도 아이와 함께 외쳐보자. "성장이야~ 나와라!"

• 오늘부터 한 걸음

아이에게 능력 발전기 그림을 보여주자. "여기서 갖고 싶은 능력 세 개만 골라볼까?" 아이가 고른 능력에 관해 물어보자. "왜 이걸 골랐을까?" "이 능력이 있으면 어떤 하루를 살 수 있을까?" 아이의 선택에서 오늘 대화를 시작해보자. 원하는 방향으로 스스로 자라는 감각이 바로 성장이다.

내가 갖고 싶은 학습 강점 예시
내가 가지고 싶은 능력을 3개 골라봅시다

도전정신	성장마인드	자기주도성	꾸준함	시간관리
쉬운 것보다 어려운 것이 더 흥미롭다.	실패를 통해서도 배울 것이 있다고 생각한다.	스스로 계획을 세워 공부한다.	매일 일정한 시간에 꼭 공부한다.	노는 시간과 공부 시간을 확실히 구분한다.
정리력	분별력	자기표현력	적극성	계획력
공부한 내용을 노트에 알기 쉽게 정리한다.	놀고 싶어도 공부나 숙제를 먼저 끝마친다.	내 의견을 조리있고 분명하게 말한다.	모르는 내용은 선생님께 주저 없이 질문한다.	오늘 하루 해야 할 공부와 숙제를 잘 안다.
지적호기심	성실성	긍정성	실행력	인내심
궁금한 것은 시키지 않아도 스스로 찾아본다.	숙제, 수행평가, 시험 등 학교생활에 충실한다.	어차피 해야 할 공부라면 즐겁게 받아들인다.	오늘 계획한 공부는 오늘 모두 끝낸다.	힘들어도 목표를 이루기 위해 인내한다.
집중력	사고력	응용력	메타인지	이해력
공부할 때 잡생각이나 딴짓을 하지 않는다.	새로운 것을 배우면 '왜 그런지' 깊게 파고든다.	이전에 배운 내용을 새로 배운 내용과 연결한다.	내가 아는 것과 모르는 것을 구분할 수 있다.	새로운 내용도 빠르게 이해한다.

(출처: 비상교육)

3
결국 해내는 아이의 비밀무기는 '회복탄력성'이다

공부는 결국 삶을 버티는 힘을 기르는 것이다

  넘어져도 툭 털고 일어나는 아이가 있다. 피아노 콩쿠르에서 실수했으나 다시 평정심을 찾고 끝까지 연주한 아이나 시험을 망쳤지만 "괜찮아! 다음엔 더 잘할 수 있어."라며 다시 도전하는 아이는 마치 탱탱볼처럼 바닥을 쳤다가도 금세 튀어 오른다. 이런 아이들을 보면 궁금해진다. 무슨 차이로 이렇게 다를까? 실패를 두려워하지 않는 용기, 자신감, 다시 일어서는 힘은 어디서 왔을까? 그 중심에는 '회복탄력성'이 있다.

  부모라면 누구나 우리 아이가 실패 없이 행복하길 바란다. 하지만 인생은 실수와 실패의 연속이다. 넘어지고 틀리고 망치고 더디

더라도 그 순간을 받아들이고 다시 일어나는 경험이야말로 아이를 자라게 한다. 두려움으로 움츠렸다가도 다시 일어서는 순간 아이의 회복탄력성이 자란다.

지금처럼 빠르게 세상이 변하고 익숙한 것이 자꾸 낯설어지는 시대엔 더 그렇다. 새롭게 마주하는 문제에 당황하지 않고 적응하고 배워나가고 다시 방향을 잡는 힘. 그 힘이 아이의 미래를 지켜준다. 부모의 역할은 아이가 세상을 스스로 살아갈 수 있도록 돕는 것이다. 실수할 것 같아서 대신 준비물을 챙기고 실패할 것 같아서 공부 계획을 세워주면 아이 스스로 해볼 기회를 잃는다. 그 순간의 편안함은 줄 수 있지만 스스로 일어서는 힘은 자라지 않는다. 회복탄력성이란 어려움이나 실패를 만났을 때 잠시 흔들릴 수 있지만 그 흔들림을 믿고 더 크게 튀어 오르는 힘이다. 겨우내 앙상했던 나무가 봄이면 다시 새잎을 틔우듯 회복탄력성이 자란 아이는 흔들리더라도 결국 다시 일어선다.

6학년 지아는 수학 시험에서 기대보다 훨씬 낮은 점수를 받고 한동안 자존감이 바닥을 쳤다. 하지만 며칠 뒤 혼자서 오답을 정리했고 틀린 문제 유형을 분석하기 시작했다. 다음 시험에서 큰 성과를 내진 못했지만 "이젠 뭐가 약한지 알았어요. 다음엔 진짜 잘할 수 있을 것 같아요."라고 웃으며 말했다. 바로 이 힘, 즉 다시 시도할 수 있는 마음이 회복탄력성이다. 회복탄력성은 쓰러진 자리에서 다시 피어나는 내면의 불꽃이자 삶의 고비마다 우리를 일으켜 세우는 튕겨 나오는 에너지다.

유튜브 「교육대기자TV」에 출연했을 때 방종임 기자에게 이런 질문을 받았다. "채용에서 꼭 필요한 단 하나를 꼽는다면요?" 나는 망설이지 않고 대답했다. "회복탄력성이요." 회복탄력성은 일 잘하는 사람의 핵심역량이다. 공부 잘하는 아이들에게서도 공통으로 보이는 힘이다. IQ보다도 중요하다. 실패했을 때 좌절하지 않고 다시 일어서는 힘이다. 그 힘이야말로 결국 해내는 아이를 만든다. 공부는 실패를 이겨내는 훈련이기도 하다. 덧셈을 배우면 뺄셈이 나오고 뺄셈이 끝나면 곱셈이 기다린다. 사칙연산에 익숙해지면 분수, 공약수, 소인수분해, 방정식을 배운다. 익숙해지면 또 새로운 개념이 등장한다. 그럴 때마다 포기하지 않고 부딪히는 아이는 점점 더 강해진다. 수학과 언어만이 아니라 탱탱볼 같은 '탄력 있게 살아가는 법'을 배우는 것이다. 대학 입시, 취업, 결혼, 생계, 관계의 어려움같이 앞으로 아이가 만날 수많은 고비를 슬기롭고 우아하게 넘기도록 돕는 '살아 있는 공부'다. 공부는 결국 삶을 버티는 힘을 기르는 것이다.

한 번에 잘하는 것이 아니라 다시 시도하는 것이다

요즘 아이들이 살아갈 세상은 매일 새 미로에 들어서는 탐험가의 삶이다. 어제의 방식이 오늘은 통하지 않고 내일은 또 다른 문제를 만나게 된다. 그럴수록 중요한 건 한 번에 잘하는 능력이 아니라 다시 시도하는 능력이다. 삶의 파도에 휩쓸리지 않고 자기 리듬으로 튀어 오르는 아이에게는 '회복탄력성'이라는 보이지 않는 근육이 있다. 이 힘은 타고나는 것이 아니라 부모와의 일상에서 자란다. 부모가 함께 실패를 마주해주고 다시 일어서도록 기다려줄 때 아이는 마음속에서 작고 단단한 스프링을 키워나간다.

회복탄력성이 높은 아이들에게는 몇 가지 공통점이 있다. 문제를 회피하기보다 해결하려 하고 생각이 긍정 쪽으로 기울어 있다. 자신감이 흔들리지 않고, 가족과의 관계가 안정적이고, 새로운 도전을 두려워하지 않는다. 이 아이는 실패해도 '그럴 수 있지.'라고 생각한다. 찌그러졌어도 다시 원형으로 돌아오는 탱탱볼처럼 결국은 '다시 해보겠다.'라는 믿음으로 제자리로 돌아온다. 이 회복탄력성은 결국 아이가 다시 도전하는 아이로 자라게 한다. 그리고 부모는 그 힘을 길러주는 조력자다.

아이에게 무조건 "괜찮아. 잘할 거야."라는 말만 반복하는 건 도움이 되지 않는다. 감정은 충분히 공감하되 행동에는 분명한 경계를 세워줘야 한다. "그 마음은 이해해. 하지만 이건 하면 안 돼." 이 한마디가 아이에게 '세상을 살아가는 힘'을 심어준다. 탱탱볼이 튀어 오르려면 벽이 필요하듯 아이도 단단한 기준이 있어야 뛸 수 있다. 경계가 있을 때 아이는 '멈춰야 할 때'와 '부딪혀도 되는 때'를 배운다. 훈육의 원칙은 간단하다. 짧고 명확하게. 실패를 겪어봐야 뇌 안에서 '다시 일어나는 회로'가 생긴다. 실패 없는 성공은 없다. 실패 없는 성장도 없다. 부모가 해줄 수 있는 최고의 응원은 실패해도 괜찮다고 말해주는 동시에 실패를 삶의 일부로 받아들이게 돕는 것이다.

회복탄력성을 가진 아이를 만드는 3가지 양육법을 구체적으로 살펴보자. 첫째, 실패는 누구나 한다는 사실을 가볍게 웃으며 말해준다. 실패는 누구나 겪는 일이라는 걸 자연스럽게 받아들이는 순간부터 아이는 한결 가벼워진다. "엄마가 오늘 달걀부침을 하다가 노른자를 또 터트렸어!" "해리포터 작가 조앤 롤링도 12번 거절당했대!" "에디슨은 전구 만들기 전에 1,000번 실패했대. 근데 그걸 다 배운 거라고 했대." 이렇게 유명한 사람들의 실패와 부모의 일상 속 작은 실수를 가볍게 웃으며 이야기해주면 아이 마음속에 '실패도 괜찮은 거구나.' 하는 감각이 자라난다.

둘째, 실패는 배우는 과정이라는 점을 질문으로 알려준다. 아이의 관점을 바꾸는 일이다. 실패에 관해 이야기할 때 질문은 아주 강력한 도구가 된다. "오늘 도전해봤던 일은 뭐야?" "실패해보니까 어떤 걸 배웠어?" "그때 어떤 기분이었어? 다음에 다시 하면 어떻게 해볼까?" "오늘 같은 상황을 BTS라면 어떻게 했을까?" 이때 중요한 건 부모가 먼저 자신의 실패 경험을 공유하는 것이다. "엄마도 오늘 사장님 보고를 너무 못했어. 무얼 보완하면 좋을까? 고민 중이야." 부모가 먼저 마음을 열면 아이는 그 안에서 자기감정을 안전하게 펼칠 수 있다.

셋째, 구체적인 칭찬을 통해 실패를 성장의 순간으로 만든다. "또 틀렸어!"라는 말 속에도 자라는 순간이 있다. "틀렸으니까 더 오래 기억나겠다." "처음보다 발차기 힘이 더 좋아졌네. 격파는 그다음이야." "오늘 발표 때 목소리 떨렸다며? 엄마도 그랬어. 그런데 너

그래도 끝까지 해냈잖아!" 이처럼 아이의 변화를 구체적으로 짚어주는 말은 실패가 '멈춤'이 아니라 '자라는 과정'이라는 감각을 심어준다. 실패란 성장의 그림자다. 그림자가 있다는 건 그만큼 아이 안에 빛이 있다는 뜻이다. 그 빛이 꺼지지 않도록 부모가 지켜봐주고 때로는 그 빛을 다시 꺼내주는 말을 해줄 수 있다면 아이는 어떤 실패 앞에서도 결국 튀어 오른다.

인생은 백 번 넘어져도 다시 일어나는 꾸준함이다

공부에도 회복탄력성을 적용해볼 수 있다. 예를 들어 수학 문제를 풀다가 틀린 문제엔 빗금 표시를 하고 다시 풀어 별 모양으로 연결해준다. "소인수분해에서 별 5개!" "5개나 성장했네! 한 단계 성장!" 유쾌하게 표현하면 아이도 웃는다. 오답 노트를 만드는 것도 좋지만 틀린 문제마다 별을 그려주며 "이만큼 알게 되었구나!" 하고 축하해주는 간단한 의식만으로도 아이는 다시 도전할 힘을 얻는다. 오답이 실패가 아니라 몰랐던 것을 알게 되는 기회라는 걸 경험하게 해주는 것이 바로 회복탄력성을 기르는 시작이다.

회복탄력성은 말처럼 쉽게 생기지 않는다. 거기엔 끈기와 인내심이 필요하다. 아이에게 꺾이지 않는 마음을 키워주는 건 결과보다 훨씬 귀한 선물이다. 대한민국의 아이들은 참 바쁘다. 학교가 끝나면 영어, 수학, 논술 학원에 이어 피아노, 태권도, 수영까지. 친구들과는 카톡과 DM으로 우정도 챙겨야 한다. 이렇게 바쁜 하루 속에서 마음의 여백이 없으면 회복탄력성은 자연스럽게 바닥난다.

무기력, 번아웃, 탈진은 어느 날 갑자기 찾아오지 않는다. 지금 이 자리에서 감당하기엔 벅찬 것을 계속 짊어질 때 어느 날 눈사태처럼 우리 아이를 덮친다.

'의지박약'도 아니고 '유난스러움'도 아니다. 누구나 겪는 일이고 다 잘하고 싶은 마음에서 비롯된 자연스러운 감정이다. 누가 옳은지 그른지를 따지기보다 지금 나와 아이에게 필요한 건 단 하나다. 바로 따뜻한 한마디다. "힘들었구나." 그 말과 함께 전해지는 눈빛, 포근한 손길, 믿어주는 마음이 아이를 다시 일어서게 한다. '빨리 회복해야지.' '금방 일어나야지.' 하는 압박은 오히려 회복을 늦춘다. 몸에 열이 나면 해열제를 주고 푹 쉬게 하듯 마음에 열이 날 땐 말 없는 물수건처럼 곁에 있는 존재가 필요하다. 학습된 무기력에 빠지지 않게 도와줄 수 있는 사람은 누구보다 아이 곁의 부모다. 모두가 앞만 보고 나아가는 것처럼 보일 때 우리 아이만 멈춘 듯 느껴진다면 지금은 옆으로 넓어지고 있는 시간임이 분명하다. 개구리가 멀리 뛰기 위해 몸을 움츠리는 것처럼 우리 아이도 도약을 준비하는 중이다. 기다림은 그 도약을 위한 최고의 응원이다.

안 된다고 믿는 순간 마음도 멈춘다. '그래도 해볼 수 있어.'라고 믿는 아이는 한 걸음 더 나아간다. 늦었다고 느낄 때가 사실은 가장 빠른 출발일지도 모른다. 그렇게 다시 시작한 아이는 어느새 자신이 원하던 곳에 닿아 있다. 작은 차이가 시간이 지나며 큰 격차가 되는 점은 공부도 인생도 같다. 다시 도전하는 힘의 뿌리는 회복탄력성! 실수해도 "아이고, 망했다."라고 한숨 쉬고 5분 뒤 다시 일어난다. 웃긴 실수도 자기가 먼저 웃으며 얘기할 줄 안다. 그런 아이는 넘어질수록 더 유연해지고 결국 더 멀리 뛴다. 인생은 한 방이 아니라 백 번 넘어져도 다시 일어나는 꾸준함이다. 그래서 탱탱하게 다시 튀어 오르는 아이야말로 가능성이 보이는 아이다.

• 오늘부터 한 걸음

따뜻한 말은 아이를 다시 일으켜 세우는 힘이 된다. "힘들었지?" "그래서 그랬구나." "괜찮아. 지금도 충분히 잘하고 있어." "그 정도면 충분해. 넌 잘하고 있어." "널 믿어. 나는 항상 네 편이야." "고마워." "축하해." "미안해." "사랑해." 그리고 어느 날엔 이렇게 말해주자. "해냈구나. 정말 대단해."

4
성장 마인드셋을 깨우는 생각과 행동 훈련을 하자

'원래'라는 말은 아이 마음에 뚝 선을 긋는다

"우리 애는 원래 숫자 싫어해요." "우리 애는 원래 낯가려서 발표 못 해요."라는 말은 부모 처지에서는 해명이자 체념일 때가 많다. 말은 생각의 껍질이다. 익숙하게 반복되는 말은 어느새 굳은 믿음이 되고 "나는 원래 못해."라는 말은 곧 "나는 안 할 거야."로 이어진다. '어차피 안 돼.' '해도 뭐 달라지겠어?' 같은 말이 마음 안에 웅크리고 있으면 아이는 시도조차 멈춘다. 말은 단순한 소리가 아니라 아이의 생각, 감정, 행동을 통째로 조율하는 도구다. 그래서 생각 훈련은 말 관리부터다.

생각은 무형의 힘이라 통제하거나 바꾸는 것이 쉽지 않다. 뇌

부정적인 생각을 힘이 되는 말로 바꾸기

아이의 부정적 생각 표현	부모의 긍정의 별 지팡이
문제가 뭘까?	해결법은 뭘까?
왜 안 되는 걸까?	되게 하려면 어떻게 해야 할까?
못하면 어쩌지?	괜찮아! 시도해보는 것만으로도 멋진 거야!
내가 할 수 있을까?	그까짓 거 해보자! 해본다면 무엇부터 할 수 있을까?
친구들은 잘하는데 나는 잘하지 않아!	엄마 눈엔 너만 보여. 어제보다 잘하게 되었잖아! 충분해!
어차피 나는 못 해!	아직은 그럴 수 있어. 나중엔 의외로 잘 할지도 모르지!
이것 때문에 못 해!	이것 덕분에 잘할 수 있는 것은 뭘까?
겨우! 이만큼밖에 없어!	이만큼이나 남았어! 30분 동안에 하는 방법이 뭘까?

는 익숙한 감정을 반복하려 한다. 이때 말이 방향을 바꾸는 결정적인 스위치가 된다. "정말 그럴까?" "되게 하려면 뭐부터 해볼까?"처럼 말의 각도를 살짝만 틀어줘도 사고의 흐름이 달라진다. 생각 훈련은 바로 이런 작은 전환에서 출발한다. 자극과 감정 사이에 생각을 넣는 신호등 원리처럼 감정이 올라오려는 찰나에 멈춰 생각의 여백을 만드는 훈련이다. 부정적 자동 반응을 잠시 멈추고 '어떻게 하면?'이라는 질문으로 마음을 재설정할 수 있다.

말의 힘은 생각보다 훨씬 크다. "나는 못 해."라는 말은 다음 시도를 막지만 "지금은 좀 어려워." 또는 "아직은 좀 어려워."라는 말은 가능성을 남긴다. 말이 달라지면 감정의 색도 바뀌고 행동의 진입장벽도 낮아진다. 부모의 말은 아이의 자기조절력을 키울 수 있는 '긍정의 별 지팡이'다. "그까짓 거 해보자!" "시도한 것만으로도 멋지다!" "어제보다 한 걸음 나아갔잖아. 충분해."라는 말은 아이의 굳은 마음을 스르르 녹인다. 김난도 교수의 저서 『트렌드 코리아 2024』에서 말한 '도파밍'처럼 말은 뇌에 긍정적 보상을 주고 다시 도전할 에너지를 만들어준다.

생각에서 행동 훈련으로의 전환 계획을 세우자

이제 말에서 행동으로 생각 훈련에서 행동 훈련으로 전환할 시간이다. 말로 멈춘 생각을 다시 움직였다면 그 마음이 흩어지기 전에 행동으로 연결되어야 한다. 행동 훈련은 생각을 현실로 끌어오는 '작은 실천의 반복'이다. 아이가 '한 번 해볼까?'라고 마음먹었을 때 바로 움직일 수 있어야 한다. 이 시기를 놓치면 마음은 다시 움츠러든다. 그래서 '하려는 마음'을 구체적인 행동으로 연결하는 훈련이 필요하다.

행동 훈련의 핵심은 '보이는 계획'을 세우는 것이다. 막연한 목표는 실행을 부르지 못한다. "이번 주엔 수학 공부 좀 하자."라는 말은 실패 확률 95%다. 반면 "수학 문제집 14~16쪽까지 25분 안에 풀기"는 성공 확률이 80%를 넘는다. 구체적인 소규모 스텝 행동 계획은 두려움을 줄이고 시작을 도와준다. 이때 부모는 '이 정도면 할 수 있겠다.'라는 경험을 심어주는 안내자가 된다.

수학 100점 (4학년)

타이머 써보기	집중! 외치기	책상 정리	맛있는 거 사주세요	끝내면 맘대로	목표 붙여두기
10분 딴짓 안 하기	집중력	시간 정하고 집중	용돈	동기 부여	칭찬
-	-	-	-	-	외식
온리원 오늘학습	모르면 물어보기	틀린 문제 별 만들기	숙제 바로하기	연필 미리준비	플래너 쓰기
개념잡기	공부	온리원 오답노트	잘 쉬기	습관	-
-	-	-	-	-	-

이런 계획 수립에 효과적인 도구가 바로 '만다라트'다. 아이가 자신의 꿈을 3×3칸 속에 펼치며 단계별로 실천할 수 있는 목표를 적는 훈련이다. 예를 들어 '요리 연구가'라는 꿈은 '과학책 10분 읽기' '오늘 저녁 간단한 요리 해보기'처럼 작고 현실적인 행동으로 바뀐다. 생각이 시각화되면 실행은 쉬워진다.

첫 번째 그림은 딸이 4학년 때 만든 만다라트이고 두 번째 그림은 6학년 때 만든 만다라트다. 처음엔 수학 100점을 목표로 삼았다. 목표를 세우고 나서 스스로 학습 계획을 세워 공부하기 시작했고 이후 5학년과 6학년 수행평가에서 연속으로 100점을 받았다.

요리 연구가 (6학년)

칼질 연습 (주2회)	조리법 익히기	음식 만들기 (주1회)	여러 나라 음식공부	식품화학 공부하기	해외요리 프로그램
다양한 음식먹기	**요리 연습**	소스 만들기	트렌드	**공부**	오늘의 학습하기
조리도구 활용하기	플레이팅 연습하기	간 조절 연습하기	여러 나라 문학공부	요리 관련 책읽기	영어공부 단어 10개
책 읽기 (월 1권)	여러 요리 섞어보기	음식 질감 변화 보기	12시 전 자기	올바른 자세	스트레칭
퓨전음식 탐구	**창의력**	아이디어 노트정리	태권도 매일	**체력**	건강한 음식 먹기
박물관 미술관	여러 재료 사용하기	레시피 정리	충분한 휴식	스트레스 관리하기	물 많이 마시기

그 경험은 아이에게 '하면 된다.'라는 감각을 심어줬다. 6학년이 되자 꿈은 '요리 연구자'로 확장됐고 만다라트의 내용도 완전히 달라졌다. 관심을 넓히고 스스로 실행하고 매년 성장하는 모습이 고스란히 담겼다. 하면 할수록 잘하게 된다.

학습코칭 사업을 하며 확신했다. 어른의 작은 질문, 관심, 약간의 기술만 있다면 어떤 아이든 성장 마인드셋을 익힐 수 있다. 중요한 건 완벽한 실행이 아니라 반복할 수 있는 시도다. 목표는 블록 시간표의 자율시간에 자연스럽게 배치하면 실행력이 올라간다. '1시간 공부'는 흐릿하지만 '단원평가 문제 3개 풀기'는 명확하다. 수요일 오후 5시에 '과학 독후감 쓰기'와 토요일 오전 10시에 '요리 실습하기'처럼 내용 중심의 계획은 생활 안에 목표를 끌어오는 행동 설계도가 된다.

행동 훈련의 핵심은 '크게 말하고 작게 시작하기'다. 아이가 "나 우주비행사 될래."라고 하면 "멋지다. 그러면 오늘은 별자리 그림 한 장 그려볼래?"라고 연결해주자. 작게 시작하면 부담은 줄고 자기효능감은 올라간다. 성공하면 기분이 좋아지고 다시 하고 싶어진다. 이 리듬이 반복되면 아이는 자기를 이끄는 주인이 된다. 처음엔 부모가 다리를 놓았으나 나중엔 스스로 그 다리를 만든다. 자기 속도로 움직이기 시작한다. 경험을 통해 부모는 깨닫는다. 아이가 생각보다 잘한다는 것을!

가끔은 "그건 어제의 나고 오늘은 그냥 쉬고 싶어."라는 말이 나올 수도 있다. 괜찮다. 오늘은 쉬고 내일 다시 시작하면 된다. 아이가 울먹이며 "나 진짜 못하겠어."라고 말할 때 "그래도 해보려고 했잖아. 그게 더 중요해."라고 말해주자. 행동 훈련은 완벽한 실천이 아니라 다시 돌아오도록 루틴을 만드는 일이다. 실수하지 않는 게 아니라 멈췄을 때 다시 움직일 수 있는 감각 기르기가 중요하다. 그 시작은 늘 작아야 한다. 다시 한 문제, 다시 한 문장, 다시 한 걸음이면 충분하다.

성장 마인드셋은 생활 속의 실천에서 자란다

성장 마인드셋은 단지 "한 문제만 풀어볼까?"라고 말해보는 데서 끝나지 않는다. 작은 시도를 통해 "전보다 조금 나아졌네." "이번엔 포기하지 않았어."라고 자기 안의 변화를 알아차리는 순간 그게 바로 성장 마인드셋이다. 이 감각은 누가 대신 가르쳐줄 수 없다. 실패해도 다시 도전해보고 그 안에서 '예전의 나와는 달라진 나'를 알아보는 경험이 쌓일 때 아이는 자기 안의 리듬을 믿기 시작한다. 성장 마인드셋은 공부법도 아니고 타고난 기질도 아니다. 반복해서 '다시 해보는 경험'을 통해 천천히 만들어진다. 한두 번의 성공보다 실망하고도 다시 도전해보는 그 과정이 훨씬 깊다. 부모가 아이의 성장 마인드셋을 키우고 싶다면 성적이나 완성도보다 그 과정을 살아가는 방식을 봐야 한다. 아이가 스스로 멈췄다가도 다시 일어나는 리듬을 만들고 있다면 이미 참 멋지다.

성장 마인드셋을 키우는 환경은 거창하지 않다. 일상의 말과 태도 속에서 자란다. "그럴 수 있지. 괜찮아." "어떻게 해볼까?" 같은 말이 오가는 집이면 충분하다. 한 번 시도하고 멈춘 날에는 "그래도 해보려고 했잖아."라고 말해주고 실패한 날에는 "그래서 오늘은 뭘 배웠어?"라고 묻는 습관이 중요하다. 그 말들이 아이의 마음에 조용한 균형을 잡아준다. 실패해도 자신을 미워하지 않고 잠시 쉬었다가 다시 움직일 수 있다. 그것이 결국 아이를 자기 삶의 방향키를 쥔 사람으로 자라게 한다.

거창한 전략이 아니라 일상의 말과 태도 속에서 자란다. "괜찮아. 누구나 멈출 수 있어." "그 생각 나쁘지 않은데?" "다음엔 어떻게 해볼까?" 같은 말들이 아이 안에 여지를 만든다. 실패를 무서워하지 않고 쉬었다가 다시 움직이는 감각이 자기를 이끄는 힘이 된다. 부모는 정답을 알려주는 사람이 아니라 함께 길을 걷는 사람이다. 아이가 잠깐 주저앉아 있을 때 옆에 앉아 등을 토닥여주고 다시 일어설 때 "잘했어."라는 말 한마디가 아이의 다음 선택을 바꾼다. 성장 마인드셋은 그렇게 오늘도 식탁 옆에서, 책상 옆에서, 눈빛과 말투 속에서 조용히 자라고 있다.

성장 마인드셋은 말과 행동의 작은 훈련에서 시작된다. 생각을 전환하는 말이 아이의 마음을 움직이고 구체적인 행동이 아이의 자신감을 키운다. 부모의 말, 질문, 그리고 일상의 작고 반복적인 시도가 아이를 자기 삶의 방향을 쥔 사람으로 자라게 한다. 결국 성장 마인드셋은 특별한 순간이 아니라 오늘 하루의 평범한 선택에서 자란다.

- **오늘부터 한 걸음**

아이가 "못 하겠어."라고 말할 때 "해보려고 한 그 마음 정말 멋져!"라는 한마디로 다시 시작하는 힘을 건네보자.

5
'뇌' 사용 설명서를 활용한 '내' 공부 전략이다

뇌 작동 방식을 알면 빠르고 바른 공부를 할 수 있다

스스로 다시 일어서는 힘인 성장 마인드셋은 타고나지 않는다. 성장할 수 있다는 믿음만 있으면 된다. 공부는 그 믿음을 증명하고 성장 마인드셋을 키울 수 있는 가장 좋은 기회다. 빠른 공부는 뇌가 좋아하는 검증된 학습 방법을 활용하는 것에서 시작된다. 초점, 간격 반복, 인출 연습, 연결 학습처럼 뇌의 작동 원리에 맞춘 학습은 더 빠르고 정확하게 실력을 키운다. 바른 공부는 방향의 문제다. 1등보다 100점, 남과의 비교나 경쟁이 아닌 자신만의 성장 속도와 감각을 믿고 나아가는 공부다. 꾸준히 자신과 경쟁하고 조금씩 나아지는 경험을 반복하는 과정에서 아이는 '할 수 있다.'라는 자기효능감을 키워간다. 이때 뇌는 그 감정과 행동을 기억에 저장하고 다시 시도하도록 우리를 이끈다. 학습은 곧 뇌의 변화이며 성장 마인드셋은 바로 그 변화의 감각이다. "조금씩 나아지고 있다."라는 기쁨을 느끼는 순간 뇌는 그 경험을 장기기억으로 저장하고 다시 그 행동을 반복하라는 신호를 보낸다. 이성과 감정이 함께 작동하는 뇌 기반 학습일수록 아이의 동기와 습관은 더 단단하게 자라난다.

우리의 뇌는 매 순간 시각, 청각, 촉각을 통해 엄청난 양의 정보를 받아들이지만 실제로 장기기억에 저장되는 정보는 극히 일부다. 공부를 잘하기 위해선 뇌가 정보를 어떻게 선택하고 저장하는지를 아는 것이 중요하다. 뇌는 '중요하다.'라고 판단한 정보만 기억으로 남긴다. 뇌가 작동하는 방식과 기억이 만들어지는 원리를 알면 공부는 한결 쉬워진다.

공부를 잘하는 법칙은 의외로 간단하다. 이해, 집중, 기억, 활용의 법칙만 제대로 알고 사용하면 200% 효율이 높아진다. 핵심은 기억이다. 이해력과 집중력도 장기기억을 위한 활동이고 기억해야 활용할 수 있다. 장기기억을 높이는 방법과 장기기억 방해 요소 제거가 핵심이다. 교육회사에서 25년간 재직하면서 교과서 개발자, 공교육 교사, 사교육 상담사, 교육심리 전문가를 만나왔다. 학습 전략 관련 도서와 현장의 공통된 결론은 단 하나였다. 뇌의 특성을 이해하고 장기기억을 설계하면 학습 효율은 3배, 4배, 5배까지 높아진다.

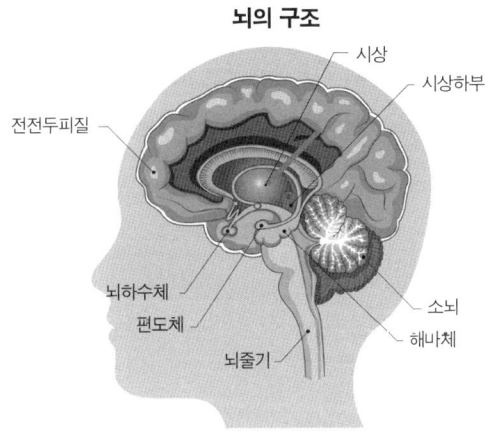

뇌의 구조

　기억에는 단기기억과 장기기억이 있다. 단기기억은 컴퓨터의 램 RAM과 같고 장기기억은 하드디스크Hard disk와 같다. 또는 단기기억은 싱싱한 고기를 보관하는 신선실에 비유할 수 있고 장기기억은 오래 보존하는 냉동실이라고 비유할 수 있다. 뇌 무게는 체중의 2%지만 사용하는 에너지의 20%를 소비한다고 한다. 에너지를 많이 쓰는 뇌는 모든 정보를 장기기억으로 저장하지 않는다. 에너지를 아끼기 위해 뇌는 정말 중요하다고 여기는 정보만 장기기억으로 보낸다. 냉동실에 음식을 가득 넣으면 오히려 꺼내 쓰기 어려운 것처럼 뇌도 꼭 필요한 정보만 저장하려 한다.

　이때 해마Hippocampus가 중요한 역할을 한다. 해마는 지름이 1센티미터이고 길이 5센티미터인 작은 기관이지만 단기기억을 장기기억으로 넘길지 말지를 판단하는 문지기 역할을 한다. 해마의 심사 기준은 단 하나로 '이 정보는 생존에 꼭 필요한가?'이다. 그래서 감정이 개입된 정보가 훨씬 더 오래 기억된다. 공포, 위협, 행복, 관계처럼 생존과 연결된 감정은 장기기억으로 잘 저장된다. 심사 기간도 짧다. 길어야 한 달이다. 그 안에 '중요하다.'라고 반복해서 학습되지 않으면 해마는 정보를 삭제한다. 영어 단어나 수학 공식을 외워도 잘 잊어버리는 이유가 바로 여기에 있다. 머리가 나빠서가 아니라 망각은 생존을 위한 뇌의 전략이다. 뇌의 효율 설계 때문이다.

뇌가 장기 기억하게 만드는 데는 3가지 방법이 있다

장기기억으로 만드는 방법은 무얼까? 첫 번째 방법은 해마가 '중요하다.'라고 판단하게 만드는 것이다. 영어 단어나 수학 공식이 생존이나 삶에 꼭 필요한 정보라고 인식되도록 뇌를 설득해야 한다. 이때 해마를 설득하는 가장 강력한 방법은 끈질긴 반복이다. 자주 입력되는 정보는 '이렇게 자주 들어오다니 분명 중요한 정보야.'라고 뇌가 판단하게 된다. '심사 기간' 동안 집중해서 반복해야 한다.

뇌의 망각 속도는 누구나 비슷하다. 독일 심리학자 헤르만 에빙하우스의 망각곡선에 따르면 학습 4시간 후 50%를 잊고 24시간 후에는 70%를 잊는다. 하지만 복습의 법칙을 지키면 기억의 유통기한을 늘릴 수 있다. 하교 후 오늘 배운 내용을 5분 동안 해석하며 읽기, 주말에 핵심 내용을 말과 글로 요약 정리하기, 월말에 문제 풀기. 이 세 가지만 지켜도 심사 기간 내 3회 이상 반복된 정보는 해마의 통과 도장을 받을 수 있다. 최소 기본 조건이다. 초등 저학년 때부터 3회차 복습 습관이 자리 잡히면 학년이 올라갈수록 점점 자기주도 학습이 가능해진다.

복습 1회차: 당일 5분 소리 내어 해석하며 읽기

복습 2회차: 주말 요약 정리(말로 설명하기, 노트 필기)

복습 3회차: 월말 문제 풀기

수학처럼 개념이 반복되고 확장되는 나선형 구조 과목은 학습 패턴이 무엇보다 중요하다. 매일 복습한다고 무조건 효과가 더 좋아지는 것은 아니다. 시간 대비 효과를 높이려면 '복습 타이밍'을 잡는 것이 핵심이다. 가장 추천하는 방법은 5단계로 구성된 패턴이다. 방학에는 지난 학기 문제집 중 틀렸던 문제만 다시 풀며 복습하고 다음 학기 개념은 가장 쉬운 문제집으로 가볍게 훑으며 예습한다. 하루 20분이면 충분하다. 수업 시작 전에 오늘 배울 내용을 쓱 훑어보며 전체 구조를 대충 파악하고 소단원 제목을 보고 질문을 만들어보면 좋다. 예를 들어 '원기둥 전개도'라는 소제목에는 '원기둥 전개도는 어떻게 생겼을까?' 같은 질문이 수업 집중력을 높인다. 당일에는 배운 내용을 5분 정도 소리 내어 읽으며 해석해 보고 주말에는 말이나 글로 핵심 내용을 정리해본다. 월말에는 해당 단원 문제를 풀며 제대로 기억하는지 점검한다.

이 모든 흐름을 쉽게 기억하기 위해 만든 말이 '쓱질해요~ 책!'이다. '쓱~' 훑어보고, 질문 만들고, 해석하며 읽고, 요약하고, 문제로 체크하는 이 다섯 가지 흐름을 익히면 반복이 훨씬 자연스럽고 실천도 쉬워진다. 이 방식은 교육심리학자 로빈슨의 SQ3R[3] 학습법을 아이 눈높이에 맞춰 쉽게 실천할 수 있게 만든 방법이다. 반복만이 망각을 이긴다. 이 5단계를 일상에 익히면 수학뿐 아니라 모든 과목에서 자기주도 학습 감각이 자란다.

오래 남기는 5단계 복습법

1단계: 방학 예습과 복습
방학 동안은 지난 학기 문제집에서 틀렸던 문제만 다시 풀도록 한다. 다음 학기 배울 내용을 『개념 잡기』처럼 쉬운 문제집을 통해 개념 위주로 가볍게 훑는다. 하루 20분이면 충분하다.
2단계: 수업 직전 1분 예습
수업 시작 전에 오늘 배울 내용(제목, 도표, 큰 글씨 등)을 쓱 훑어본다. 소단원 명을 보고 질문을 만든다. 예를 들면 '원기둥 전개도는 어떻게 생겼을까?' 같은 질문이다. 질문을 던지면 수업에서 스스로 답을 찾으려는 집중력이 생긴다.
3단계: 당일 1~5분 복습
수업 내용을 '이렇다는 건가?'라고 생각하며 해석해본다. 친구에게 설명해보면 효과는 배가된다.
4단계: 주말 복습
한 주간 배운 개념을 정리해 노트에 요약한다.
5단계: 월말 복습
그달에 배운 단원 문제를 다시 풀며 '확실히 아는 것'과 '헷갈리는 것'을 표시한다.

두 번째 방법은 '배운 내용을 자주 꺼내 떠올려보는 인출이다.[4] 설명하기, 문제 풀기, 요약하기, 질문하기처럼 한 번 입력한 정보를 꺼내어 쓸 때 뇌는 이 정보가 진짜 중요하다고 판단한다. 특히 글과 그림으로 개념을 정리하는 '이미지화 사고'는 정보를 구조화하고 이해를 돕는 데 탁월하다. 이미지를 함께 떠올릴수록 뇌는 더 잘

기억한다. 해마는 '다양한 감각을 활용하고 계속 사용하는 걸 보니 생존에 필요한 정보인가 보다.'라고 판단하고 장기기억 창고에 보관한다. 그래서 강의를 반복해서 듣기만 하는 것보다 배운 내용을 자기 말로 설명해보고 백지에 써보며 떠올려보고 문제를 풀어보는 활동이 훨씬 더 효과적이다.

이때도 '쓱질해요~ 책!'이 유용하다. '쓱~' 훑어보며 질문하기는 뇌에 노크하는 것과 같다. '집중!'이라고 중요한 정보가 들어갈 거라고 신호를 주면 뇌는 준비 태세를 갖춘다. 이렇게 뇌가 주목한 상태에서 핵심 정보를 보면 학습 효율이 올라간다. 구조를 먼저 파악하면 새로운 정보를 예측하며 받아들이기 때문에 이해력도 높아지고 이전 지식과 새 지식을 자연스럽게 연결할 수 있다. 정보들 사이의 관계를 파악할 수 있어 장기기억으로 옮겨가는 속도도 훨씬 빨라진다. 결국 반복해서 사용하고 구조를 이해하고 출력을 자주 하면 해마는 스스로 속는다. "이건 정말 필요한 정보야!"라고 말이다.

세 번째 방법은 연결이다. 뇌는 배운 내용이 실생활에 도움이 된다고 느낄 때 정보를 더 잘 저장한다. 학습 내용을 일상 경험이나 구체적인 활동과 연결하면 기억이 오래간다. 예를 들어 함수를 배웠다면 저축액의 변화를 함수로 그려보거나 통계를 배운 후 통계청에서 관심 있는 주제의 평균, 중앙값, 최빈값을 찾아보는 식이다. 사회 교과서와 연결해 여행지 정보를 미리 조사하거나 현장 체험을 곁들이는 것도 좋다. 요즘은 유튜브 검색을 통해 '수학을 배우면 좋은 점' 등 다양한 연결 사례를 쉽게 찾을 수 있다. 영어 단어를 외울 때도 문장 속에서 의미를 익히면 훨씬 더 잘 기억된다. 이미지를 활용한 연상 학습도 매우 효과적이다. 예를 들어 영어 단어 '라우드loud'는 입을 크게 벌리는 장면을 떠올리며 실제로 큰 소리로 외치면 좋고 '버터플라이butterfly'는 '버터처럼 노란 게 날아다닌다.'라고 상상하면 쉽게 외워진다. 단어, 개념, 수학 공식도 실생활의 장면과 연결하면 더 오래 기억된다. 연결은 단순히 흥미를 끌기 위한 수단이 아니다. 뇌가 정보를 장기기억으로 옮기는 핵심 조건이다.

학부모와 상담 사례다. 준우(가명)는 평소 선행학습을 하고 수업 시간에도 집중하는 아이였다. 부모는 이번 시험도 걱정 없으리라고 생각했으나 문제집을 풀던 준우가 "다 잊어버린 것 같아요."라고 말하며 멈췄다. 놀란 부모는 이렇게 말했다고 했다. "준우야. 큰일 났다! 시간이 없어. 어떡해!" 나는 부모에게 조심스럽게 물었다. "긴장감을 주려는 의도였나요?" 부모는 그렇다고 답했다. 뇌는 긴장을 생존의 위협으로 해석한다. 이럴 때 뇌는 영어 단어나 수학 공식을 장기기억으로 보내지 않는다. 아이는 부모의 화를 피하는 데 집중하고 학습은 멈춘다. 이럴수록 부모의 말 한마디가 중요하다. "괜찮아. 지금은 잊을 때야. 한 번 외웠던 걸 다시 보는 시점이니까 이번엔 더 오래 기억할 수 있을 거야." 이렇게 말하면 뇌는 긴장에서 벗어나고 다시 학습할 수 있는 상태로 전환된다. 부모부터 불안해하지 않아야 한다. 아이의 뇌는 감정과 연결되어 있고 학습은 안정된 뇌가 필수조건이다.

연결된 정보는 뇌에 더 깊게 저장되기 위한 준비가 된다. 이 정보가 장기기억으로 저장되려면 '정리' 과정이 필요하다. 이 정리를 뇌는 언제 할까? 바로 잠자는 동안이다. 학습 후 충분히 자는 것이 뇌에 좋다. 공부를 많이 할수록 더 푹 자야 기억도 오래간다. 또 연속으로 오래 공부하는 것보다 짧게 집중하고 잠깐 쉬는 패턴이 뇌의 에너지 효율을 높인다. "25분 동안 집중했으면 5분은 쉬자. 그게 뇌가 좋아하는 공부법이야." 이렇게 말해주면 아이도 자신에게 맞는 리듬을 찾게 된다. 뇌과학은 뇌가 언제 집중하고 언제 쉬는지를 알려준다. 이 흐름을 따라 공부하면 공부는 훨씬 쉬워지고 재미있어진다.

학습과학은 말한다. 장기기억을 만드는 데 가장 효과적인 방법은 '인출 연습'과 '시간 간격을 둔 반복'이다. 인출은 심리적으로 안전한 분위기에서 이루어질 때 가장 큰 효과를 발휘한다. 큰소리로 몰아세운다고 공부가 되는 것이 아니다. 뇌는 위협을 느끼는 순간 배움보다 생존을 먼저 선택한다. 빠른 공부는 뇌의 작동 원리를 따를 때 가능하고 바른 공부는 아이의 마음을 지키며 이뤄져야 한다. 아이가 매일 '조금씩 나아진다.'라는 기쁨을 경험할 때 뇌는 그 감각을 오래 기억한다. 이때 부모가 뇌의 신경가소성을 믿고 격려하면 아이는 '나는 변할 수 있다.'라는 확신 속에서 점점 더 많은 영역에서 강점을 확장해간다. 반복과 인출은 단순한 공부 전략이 아니라 아이가 자기 안의 가능성을 믿게 만드는 성장의 루틴이다. 결국 성장 마인드셋은 비교나 압박이 아닌 뇌가 바라는 방식으로 자신을 훈련하는 경험에서 자라난다.

- **오늘부터 한 걸음**

'쓱~질해요 책!' 학습 패턴을 꼭 실천하자. 패턴을 습관으로 만들면 성적은 따라온다.

[활동지 부록]
- 강점 키우기

[대화법: 긍정 마음 발견하기]

강점을 키우는 대화를 활용해 아이의 태도를 바꾸자. '잘못에 집중해 평가하기' 대신 '긍정 마음 발견하기'의 관점을 가져보자. '마음속에 어떤 소중한 것이 있을까?'라고 생각하면 대화가 달라진다. 강점은 말 속에서 자란다. 아이의 강점을 키우는 핵심 대화법은 잘못을 지적하며 충고하고 평가하고 판단하는 대신 그 안에 담긴 마음과 좋은 의도를 찾아주는 것이다. 잘못에 집중한 말은 마음을 닫게 하지만 긍정 마음을 발견하는 말은 마음을 열게 한다.

아이를 바라보는 관점이 중요하다. 부모는 잘했을 때만 칭찬하기보다 서툰 순간에도 그 안의 마음과 가능성을 봐주는 시선이 필요하다. 강점을 키우는 대화는 '왜 그랬어?' 대신 '무슨 마음이었을까?'를 묻는 데서 시작된다. 고치려 하기보다 알아보려는 태도가 먼저다. 말이 달라지면 아이의 태도도 달라진다.

강점을 키우는 좋은 의도를 발견하는 대화법

잘못에 집중해 평가하기	긍정 마음 발견하기
또 지각했니? 성실하지 못하네.	늦었지만 공부하겠다고 달려간 거네. 그 마음 알았어.
넌 왜 이렇게 산만하니?	여러 가지에 호기심이 많은 거구나. 요즘엔 어떤 게 제일 궁금해? 하나씩 도전해보면 어떨까?

숙제하면서 왜 그렇게 짜증을 내니?	생각대로 숙제가 잘되지 않는 모양이네. 그래도 포기하지 않고 해내고 싶은 마음이 있어서 그런 거지?
게임만 해? 커서 뭐가 되려고!	게임을 좋아하면서도 자제하려고 애쓰고 있는 거 알아.
왜 이렇게 우유부단해?	쉽게 결정하지 못하는 이유는 뭘까? 어떤 것이 신경 쓰이니?
또 친구랑 싸웠어? 또?	너의 마음이 친구한테 잘 전해지지 않은 모양이구나. 어떤 마음을 전하고 싶었니? 앞으로 어떻게 하면 서로 잘 지낼 수 있을까?
그 말투 좀 고쳐!	따뜻한 말투로 말해주면 더 잘 전달될 것 같아. 네가 어릴 때 했던 그런 따뜻한 말을 사용해 보면 어때?

[대화 사례: 우유부단하지만 신중하고 배려심 있는 아이]

준호: (간식 먹으며) 아빠, 내일 방과 후에 그림이랑 축구 중에 뭘 할지 아직 못 정했어.

부모: 쉽게 결정하지 못하는 이유는 뭘까? 어떤 게 신경 쓰이니?

준호: 그림은 하고 싶은데 축구는 친구들이 기다린다고 했거든. 누굴 실망하게 하고 싶지는 않아서.

부모: 아, 그래서 바로 못 정했구나. 친구를 실망하게 만들기 싫었구나.

준호: 응. 나 안 가면 좀 섭섭해할 거 같아.

부모: 그렇구나. 너는 네가 하고 싶은 것도 중요하지만 친구 마음도 같이 생각하는구나.

준호: 그렇긴 한데……. 그러면 내가 하고 싶은 건 못하게 될 때도 있어.

부모: 그럴 때 마음이 어때?

준호: 음…… 좀 아쉽고 근데 또 친구랑 있으면 좋고.

부모: 그래서 이번엔 그림이랑 축구 중에 뭐가 더 마음이 가?

준호: 그림. 근데 축구도 재밌어서 고민이야.

부모: 그림을 하면 뭐가 좋을까?

준호: 완성해서 선생님이랑 친구들한테 보여줄 수 있어.

부모: 축구 하면 뭐가 좋을까?

준호: 친구들이 좋아하고 같이 뛰면 기분이 좋아.

부모: 둘 다 좋은데 이번에 네 마음이 더 오래 즐거울 건 어떤 쪽일까?

준호: 그림. 그러면 종일 기분 좋을 거 같아.

부모: 그렇구나. 그러면 이번엔 그림을 하고 다음엔 축구를 하자고 하면 어떨까?

준호: 그거 괜찮다. 친구한테 그렇게 말하면 이해해줄 거 같아.

부모: 결정했구나! 네가 이렇게 생각을 오래 하는 건 너한테 중요한 게 많아서 그런 거구나.

준호: 그래서 맨날 고민하는 거 같아.

부모: 그건 고민만 하는 게 아니라 네 마음과 다른 사람 마음을 같이 보는 거야. 그게 참 멋지다.

준호: 음…… 나 그런 건 잘하는 거네.

부모: 너의 선택을 지지해. 그리고 이번 선택처럼 네 마음을 지키

면서도 다른 사람도 존중할 방법을 찾는 게 진짜 멋진 거야.

대화 가이드: "친구를 실망하게 만들기 싫었구나."처럼 마음을 그대로 읽어주는 한마디만으로도 아이는 자신의 배려심이라는 좋은 점을 스스로 인식하고 대화를 이어갈 수 있다.

[강점을 발견하고 성장할 수 있게 돕는 질문 20가지]

	핵심 질문	후속 질문	인정 표현
1	오늘 하루 중 제일 재미있었던(몰입) 것은 뭐였어?	그렇게 몰입했다는 건 너에게 중요한 것 같은데. 어떤 점이 너를 그렇게 몰입하게 했을까?	아하! 그랬구나! 이제 알았어! 몰입할 수 있는 일이 있다는 건 멋진 일이야. 앞으로도 이런 얘기를 계속 들려주겠니?
2	그걸 할 때 어떤 기분이 들었어?	그 기분이 들면 넌 뭐를 하고 싶어?	감정을 스스로 알아차리다니! 멋져!
3	네가 잘하는 것을 할 때 다른 사람들은 너한테 뭐라고 하니?	그렇게 사람들이 반응하면 너는 어떻게 하고 싶어?	정말 그랬겠다. 말해줘서 고마워.
4	요즘 자주 생각나거나 자꾸 하고 싶은 일이 뭐야?	그걸 자주 생각하는 이유는 뭘까?	내 마음에 가는 일이 있다는 건 소중한 거라 생각돼. 그 소중한 게 무얼까? 같이 생각해볼래?
5	'이건 자신 있어!'라고 느끼는 순간은 언제야?	그런 순간에 넌 어떻게 하고 싶어?	자신 있는 모습 참 보기 좋아. 그게 바로 네 힘이야.
6	좋아하는 일들 사이에는 어떤 공통점이 있을까?	그 공통점 안에 담긴 너만의 장점은 뭐라고 생각해?	너의 색깔이네! 참 좋다.

7	잘하는 일을 할 때 너는 어떤 사람으로 느껴져?	조금 더 알고 싶어! 좋은 결과를 낸 다음 어떤 칭찬을 받고 싶어? 그 칭찬받았어! 어떤 기분이야?	표정이 좋아졌어. 지금 기분은 어때?
8	더 잘하려면 어떤 것을 연습해 보면 좋을까?	더 잘하게 되면 뭐가 더 좋아질까?	그 생각은 너만의 방식이 느껴져. 어떤 경험이 그렇게 생각하게 했을까?
9	도전했는데 잘 안됐던 일은 어떤 것이 있었니?	그때 어떻게 했어? 그때 우리가 뭐라고 말해주면 좋겠어?	이번 도전을 통해서 너는 어떤 걸 알게 됐어? 다음에는 어떻게 해보고 싶어? 용기를 내는 네가 정말 멋지고 자랑스럽구나!
10	오늘 너를 칭찬해주고 싶은 장면이 있다면 뭘까?	그 순간의 너를 한 단어로 표현한다면? 그리고 그 단어를 너는 얼마나 자주 느끼고 싶어?	너의 속에 있는 지혜를 칭찬해!

[대화 사례: 강점을 키우는 발견]

이현: (하교 후) 엄마! 오늘 미술 시간에 그림 그리다 종 치는 줄도 몰랐어.

부모: 오늘 하루 중 제일 재미있었던 순간이 그거였구나? 어떤 점이 그렇게 집중하게 했을까?

이현: 응. 내가 머릿속으로 상상한 대로 나오니까 기분이 진짜 좋았어. 색칠하는데 친구들이 '와~ 이현 잘 그린다.'라고 하니까 더 힘이 나더라.

부모: 그 말이 너한테 힘이 됐구나?

이현: 응. 그리고 그 순간은 시간이 순식간에 가버렸어.

부모: 아하, 이제 알겠네. 시간이 금세 지나갔다는 건 그만큼 집중했다는 거잖아. 대단한데? 그 기분이 들면 뭘 하고 싶어?

이현: 계속 그리고 싶어. 숙제는 잠깐 미뤄도 될 것 같고. (장난스러운 표정)

부모: 그래요. (웃음) 그렇게 재미있으면 계속해보고 싶지. 지금 네 표정은 진짜 반짝인다!

이현: 응. 다음 미술 시간에는 사람 얼굴 그려보려고 생각 중이야. 그건 좀 어려워서.

부모: 어려운 걸 도전할 생각이구나! 더 잘하려면 어떤 걸 연습하면 좋을까?

이현: 얼굴 비율 맞추는 거. 지난번에 친구가 '얼굴이 조금 이상해.'라고 해서…….

부모: 그 말 덕분에 더 연습할 마음이 생겼구나. 네가 이렇게 스스로 방법을 찾는 게 참 대단하다.

> **대화 가이드:** 아이가 몰입한 경험을 말할 때 그 감정과 표정을 구체적으로 되비춰주자. 아이는 자신이 좋아하고 잘하는 일을 더 확신하게 된다.

[강점 발견 활동지1]

생각 확장에 도움이 되는 아이의 강점 힌트 카드

리더십	유머감각	운동신경	소통능력	정보탐색	공감능력	관찰력	대인관계	승부욕
정리력	집중력	열정적	수학적	명랑함	계획적	도전적	무대체질	조용함
인내심	적극적	발표력	침착함	배려심	신중함	상상력	예술감각	추진력
따뜻함	창의적	전문성	여유로움	컴퓨터활용	꼼꼼함	논리적	책임감	학습능력
호기심	문장력	분석력	사랑스러움	개방적	전략적	과학적	친절함	활동적

성장 스위치 3 성장 마인드셋

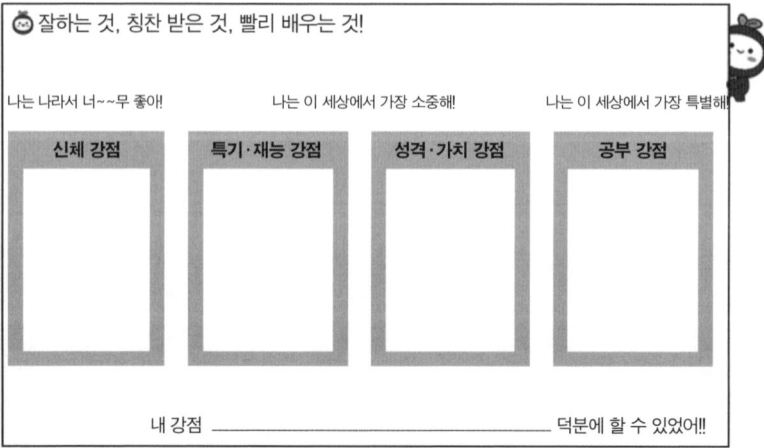

* 양식지 다운로드: https://brunch.co.kr/@choi-uni

[활동 방법]

1. 따뜻한 질문으로 시작한다.

부모는 아이가 마음을 열 수 있도록 질문한다. "네가 잘한다고 생각하는 것은 뭐니?" "친구들이 자주 부탁하는 것은 뭐니?" "어떤 일을 할 때 기분이 좋고 신나니?"와 같은 질문이 도움이 된다.

2. 스스로 강점을 적는다.

아이는 워크시트에 자신이 생각하는 강점을 적는다. 강점 카드를 활용해도 된다.

저학년의 경우 "네가 동물이라면 어떤 동물일까?"라고 묻고, 그 이유를 강점 언어로 바꾸게 한다. 또는 잘했던 경험을 떠올린 뒤 느낀 강점을 색으로 정해 칸에 색칠하게 한다.

3. 가족이 강점을 적는다

부모와 형제는 아이의 강점 중에서 부럽거나 멋지다고 생각하는 점을 적는다. 부러운 점이 떠오르지 않으면 칭찬 한마디를 적어도 된다.

예: "넌 친절해" "수학을 잘해" "영어 발음이 좋아" "친구가 많아".

4. 강점 톱3를 뽑는다.

아이는 마음에 드는 강점 톱3을 고른다. 그리고 "내 강점 ○○ 덕분에 ~~을 할 수 있었어."라는 문장을 만든다.

5. 느낀 점을 나눈다.

아이는 자신이 적은 강점과 가족이 적어준 강점을 비교하며 이야기를 나눈다.

"나는 이렇게 생각했는데 가족은 이렇게 봐주는구나."라는 경험을 통해 자기 안의 힘을 새롭게 발견한다.

가족의 인정은 아이의 자존감을 키운다.

6. 강점을 생활과 연결한다.

부모는 "네 강점을 살려 내일 해볼 수 있는 일은 무엇일까?"라고 물으며 강점이 실제 생활과 이어지도록 돕는다.

추천 그림책

『난 등딱지가 싫어!』(요시지와 게이코, 찰리북)

『아나톨의 작은 냄비』(이자벨 카리에, 씨드북)

두 책은 저학년을 대상으로 하지만 어른에게도 깊은 울림을 주는 그림책이다.

[강점 발견 활동지 2]

마음이 끌리고 자주 하는 활동을 적어보세요.	
좋아하는 일	순위
1	
2	
3	
4	
5	
6	
7	

칭찬받은, 쉽게 배운, 반복해도 좋은 일을 적어보세요.	
잘하는 일	순위
1	
2	
3	
4	
5	
6	
7	

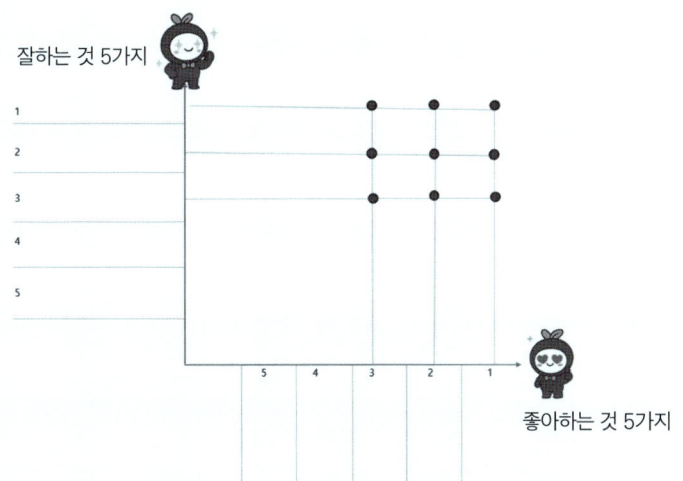

[활동 방법]

1. 좋아하는 일을 적는다.

아이는 마음이 끌리고 자주 찾는 활동을 떠올린다. 그리고 활동지 왼쪽 표에 하나씩 적는다. 부모는 "어떤 활동을 할 때 가장 즐겁니?" "자주 하는 놀이가 뭐니?" 같은 질문으로 도움을 준다.

2. 잘하는 일을 적는다.

아이는 칭찬받았던 일, 쉽게 배운 일, 지치지 않고 반복해도 좋은 활동을 떠올린다. 그리고 오른쪽 표에 하나씩 적는다. 부모는 "주변에서 자주 칭찬해준 게 뭐였니?" "다른 친구보다 빨리 배우는 건 뭐였니?"라고 물으며 생각을 돕는다.

3. 순위를 매긴다.

좋아하는 일과 잘하는 일을 각각 1번부터 10번까지 적는다. 좋아하는 일은 좋아하는 순서대로, 잘하는 일은 남보다 잘하는가?라는 기준으로 순위를 매긴다.

4. 매트릭스에 배치한다.

좋아하는 일은 오른쪽으로 갈수록, 잘하는 일은 위로 갈수록 높은 순위가 된다.

5. 좋아하는 일은 X축에, 잘하는 일을 Y축에 5개씩 옮겨 적는다.

순위가 높은 활동일수록 오른쪽과 위쪽에 배치한다. 두 축이 교차하는 지점을 확인하며 빈칸에 적는다.

6. 교차점을 찾아 연결한다.

좋아하는 것과 잘하는 것이 만나는 지점을 보며 새로운 가능성을 연결한다. 예를 들어 '동물을 좋아한다'와 '설명을 잘한다'가 만난다면 '동물의 세상을 이야기로 쉽게 풀어주는 사람'이라는 진로 아이디어를 만든다.

7. 진로를 상상한다.

아이는 교차점에서 나온 아이디어를 바탕으로 "나는 이런 사람이 될 수 있어!"라는 상상을 적거나 그림으로 표현한다. 부모는 "이 일을 한다면 어떤 하루를 보내게 될까?" "누구에게 도움이 될까?" 같은 질문으로 상상을 확장시킨다.

[강점 활용 시 유의점]

강점을 활용할 때 유의해야 할 점은 뭘까? 첫째, 약점을 고치려다 강점까지 놓치지 않도록 해야 한다. 이제는 강점으로 승부 보는 시대다. 약점을 보완하려다 강점까지 흐릿해지는 순간 아이는 밋밋하고 평범해진다. 부모는 자꾸 부족한 것을 먼저 본다. 수학이 약하면 수학 공부만 시키고 발표가 약하면 억지로 사람들 앞에 세우려 한다. 하지만 약점을 채운다고 강점이 생기진 않는다. 오히려 강점의 빛이 줄어드는 경우가 많다. 추진력 있는 아이는 친구와 갈등을 겪기도 하고 공감력이 높은 아이는 결정을 미루기도 한다. 이건 잘못이 아니라 강점이 가진 자연스러운 그림자다. 필요한 건 빛을 줄이는 게 아니라 그림자를 다루는 기술이다. 부족한 부분은 지탱할 힘으로 키우면 된다. 강점은 더 선명하게 만들고 그림자는 전략적으로 보완해야 한다. 그렇게 균형을 잡아야 아이는 단단해진다.

둘째, 아이가 그걸 못한다고 함부로 단정 짓지 말아야 한다. 강점은 '소질'이 아니라 '익힘'으로 완성된다. 그런데 많은 부모는 아이를 너무 빨리 판단한다. 한두 번 해보다 어렵다고 하면 "우리 애는 그건 안 맞아."라고 단정 짓는다. 최고의 변화는 언제나 반복과 훈련 끝에 온다. 유재석이 출연하는 예능프로그램 「핑계고」에서 나영석 PD는 말한다. "모든 능력은 익숙해지는 시간 이후에 빛난다."라고. 말재주 있는 아이도 조리 있게 말하려면 연습이 필요하고 감각 있는 아이도 깊이를 만들려면 시간이 필요하다. 강점은 출발점이다. 그것을 실력으로 바꾸는 건 부모의 기다림과 아이의 훈련이다. "이걸 좋아하니까 해봐."보다 "좋아하니까 끝까지 해보자."라는 말이 필요하다. 강점일수록 더 깊이 파고들 수 있도록 '견디는 힘'을 길러야 한다. 그걸 통해서만 강점은 '기회'를 넘어 '경쟁력'이 된다.

우리 아이에게 지금 필요한 건 강점에 맞춰 사는 게 아니라 어떤 사람으로 자라고 싶은지를 떠올려보는 시간을 먼저 가져야 한다. 그 목표를 향해 잘 가도록 강점은 곁에서 도와주는 연료다. 아이는 자라가며 또 다른 강점을 만나고 원하는 모습에 점점 가까워질 수 있다. 나를 찾고 만드는 과정. 지금부터 차근차근 아이 스스로 원하는 사람으로 자라갈 수 있도록 지켜봐주자. 그것이 강점을 진짜 쓰는 길이고 부모가 줄 수 있는 가장 큰 힘이다.

- 자기조절력 높이기

[대화법: 제안하기]

　아이의 자기조절력은 부모의 말 속에서 자란다. 특히 스트레스나 갈등의 순간 아이가 스스로 다스리는 힘을 기르려면 부모의 말은 '명령'이 아닌 '제안'이 되어야 한다. 명령은 아이를 밀어붙이고 제안은 아이를 멈춰 서 자기 안의 힘을 꺼내게 한다. 한 걸음 물러서서 자신의 감정을 바라보고 스스로 선택하게 한다. "지금 당장 그만해!" "하지 마!" "약속했잖아!" 같은 말은 아이의 감정을 자극하고 반항심을 키우기 쉽다. 반면 다음과 같은 말은 아이의 자율성을 존중하면서도 조절의 여지를 넓힌다. "조금 더 하고 싶어? 그럼 어떻게 하면 좋겠어?" "약속한 시각이 다 됐는데 이제 마무리할 수 있을까?" 이런 질문은 아이의 감정과 욕구를 존중하면서도 자기조절력을 유도한다. 선택지는 자율성을 만들고 자율성은 조절력을 키운다.

　제안을 잘하려면 원칙이 있다. 감정은 공감하고 행동은 제안으로 이끈다. "화났구나." "속상했겠다."처럼 감정을 먼저 수용한 뒤 "어떻게 하면 좋을까?" "네 생각은 어때?"처럼 선택할 수 있는 여지를 주는 질문으로 연결된다. 중요한 건 생각을 끌어내는 게 아니라 아이에게 선택권을 줌으로써 스스로 결정하게 하는 것이다. 행동을 통제하기보다 감정을 인정하고 그 감정을 어떻게 다룰지 아이 스스로 결정할 수 있게 도와주는 말이 아이의 자기조절력을 길러준다.

　물론 모든 상황이 부드러운 말로 해결되는 건 아니다. 공공장소에서 소리를 지르거나 위험한 행동을 할 때는 단호함이 필요하다. "그건 안 돼.", "지금은 멈춰야 해."처럼 짧고 명확한 경계는 아이에게 '멈춰야 할 선'을 알려준다. 제안은 자율성을 키우고 단호함은 안전한 경계를 세운다. 이 두 언어는 함께 갈 때 아이는 감정을 다루는 내면의 힘을 자연스럽게 키워간다.

명령·지시보다 자기조절력을 높이는 제안의 대화법

명령하기	제안하기
지금 당장 숙제해!	숙제는 어떻게 하면 좋을까? 언제 시작할래? 지금 아니면 1시간 후?
또 스마트폰이야? 그만해!	스마트폰을 그렇게 많이 하는 이유는 뭘까? 스마트폰이 아닌 걸로 그런 재미를 느끼려면 뭐가 있을까? 스스로 스마트폰 사용을 줄이려면 어떻게 해야 할까?
이걸 왜 자꾸 미뤄?	언제 어떻게 할까? 시작하는 시간을 정해보자.
빨리 먹어!	점심 식사 다 준비됐어! 따뜻할 때 점심 함께 먹자!
그만 울어!	지금 마음이 울고 싶은 거구나. 조금만 진정되면 말해줄래?
하지 마!	그건 조금 위험해 보여. 다른 방법을 찾아보고 싶은데 어때?
좀 기다려!	여기서 기다려 줄 수 있을까? 왜냐하면 엄마가 잠깐 해야 할 일이 있거든.
할 거 해!	도와줄 수 있어? 그러면 엄마가 네 덕분에 운동할 시간이 생길 수 있어. 고마워! (여러 방법을 들은 후) 다른 방법도 있을 것 같은데 가장 효과 좋은 방법은 어떤 걸까? 그러면 언제부터 할까?

[대화 사례: 자기조절력을 키우는 제안]

세윤: (거실에서 게임을 하며) 아빠, 조금만 더 하고 싶어.

부모: 아직 끝내기 아쉬운 마음이구나. 지금 게임이 어디까지 왔어?

세윤: 곧 레벨 깰 수 있어.

부모: 그렇구나. 약속 시간은 다 됐는데. 그럼 어떻게 하면 좋을까?

세윤: 한 판만 더 하고 끌게.

부모: 좋아. 그럼 한 판 끝나면 스스로 꺼줄 수 있겠니?

세윤: 응.

부모: 네가 약속 지키면 나는 잔소리 안 하고 기다릴게.

(5분 후 세윤이 게임을 끔)

부모: 지금 스스로 마무리한 거 정말 좋다. 기분이 어때?

세윤: 음…… 깔끔해. 근데 숙제는 하기 싫다.

부모: 하기 싫은 마음이구나. 숙제를 언제 시작하면 좋을까? 지금? 아니면 조금 있다가?

세윤: 조금 있다가 할래.

부모: 그래. 알겠어. 그러면 몇 분 후에 시작할지 네가 정해줘. 네가 정한 시간에는 내가 안 건드릴게.

세윤: 그럼 20분 후.

부모: 그래. 그 시간 되면 네 방식대로 시작해보자. 혹시 시작하기 전에 필요한 준비물은 뭐가 있을까?

세윤: 연필 깎고 국어책이랑 공책.

부모: 알겠어. 그러면 준비까지 마치고 20분 뒤에 시작하는 거다.

(20분 후)

부모: 세윤아 네가 정한 시간이 됐네. 준비 다 했어?

세윤: 응. 지금 시작할게.

부모: 그래. 알겠어. 네가 스스로 정한 계획대로 움직이는 모습 참 믿음직스럽다.

대화 가이드: 무엇을 해달라고 요청한 뒤 그 이유를 함께 설명하면 아이가 더 잘 수용한다는 인지심리학 연구결과가 있다. 여기에 시간과 행동을 정할 선택권을 아이에게 주면 스스로 조절하는 힘이 세지고 부모와의 협력이 쉬워진다.

아이의 자기조절력은 '선택하는 힘'이다. 아이는 자기 안에서 일어나는 감정을 알아차리고 그 감정에 휘둘릴 것인지 잠시 멈출 것인지를 스스로 선택하는 경험이 쌓일 때 점점 자신을 다스릴 줄 아는 사람으로 성장한다. 선택의 힘은 누가 대신 끌고 간다고 해서 생겨나지 않는다. 부모가 "그만해!" "하지 마!" "빨리해!"라고 다그칠수록 아이는 외부 지시에만 반응하게 된다. '지금 뭘 해야 하지?' 보다 '부모가 뭐라고 할까?'를 먼저 떠올리는 아이. 그 아이는 자기 삶을 주도하지 못한다.

자기조절력도 연습으로 길러진다. 아이가 스스로 선택해보고 그 선택의 결과를 느껴보는 과정 안에서 조금씩 단단해진다. 그래서 부모의 말은 '이끌기'보다 '제안'이어야 한다. "네가 결정해도 괜찮아."라고 믿어줄 때 아이는 스스로 자기감정과 욕구를 들여다보게 되고 그 안에서 '어떻게 할까?'를 생각해보게 된다. 바로 그 '고민하는 순간'이 자기조절력의 시작점이다. 아이의 조절력은 부모가 얼마나 끌어주는가가 아니라 얼마나 스스로 해보게 두는가에 달려 있다. '명령'이 아닌 '제안'의 말에서 비롯된다.

자기조절을 돕는 감정, 시간, 스트레스 관리 질문 27가지

감정 관리	요즘 자주 느끼는 기분은 뭐야? 그 기분은 어떤 때 자주 느껴? 화가 날 때 네 몸은 어떤 신호를 보내는 것 같아? 슬플 때 네가 나를 도와줬으면 하는 말이나 행동은 뭘까? 기분이 안 좋을 땐 주로 뭘 하면서 마음을 달래? 네 기분을 색깔로 표현한다면 지금은 어떤 색이야? 감정을 가만히 들여다봤던 적이 있어? 어떤 느낌이었어? 그런 감정을 느끼면 너는 보통 어떻게 행동해? 그 행동은 너에게 어떤 부분에서 도움 될까?" 그렇게 행동하고 나면 그 이후에 감정은 또 어떻게 돼?	아이가 말한 감정에 "그럴 수 있지." "그 기분 진짜 이해돼."라고 반응한다. 감정은 맞는지 틀리는지가 중요한 게 아니고 느끼는 거라 괜찮다고 말한다.
시간 관리	시간이 눈에 보인다면 어떤 모습일까? 그렇게 생각한 이유는 뭐야? 너는 하루 중 어떤 시간이 제일 좋아? 그 시간이 좋은 이유가 궁금해! 너의 일상 중 시간이 휘리릭 지나가는 순간은 언제야? 하루 중 시간을 잘 보내고 있거나 뿌듯한 느낌이 들 때는 언제야? 그 느낌을 더 자주 느끼려면 어떻게 하면 좋을까? 꼭 하고 싶은데 자꾸 미루는 일이 있다면 무얼까? 시간을 잘 사용한다면 너에게 어떤 점이 좋을까? 그렇게 생각한 이유가 궁금해. 시간 계획을 세우고 잘 지킨 적이 있다면, 그 비결은 뭐였을까? 요술램프 지니가 나타나 남들보다 2시간을 더 준다면 어떻게 그 시간을 쓰고 싶어? 미래의 네가 지금의 너에게 시간에 대해 해주고 싶은 말이 있을까?	아이가 한 일보다 그 과정을 칭찬한다. "네가 시간을 스스로 정하고 지키려고 한 게 멋지다." 같은 말이 아이의 자기조절력을 키워준다.

스트레스 관리	오늘 하루 중 가장 힘들었던 순간은 언제였어? 그땐 어떤 기분이었어? 스트레스를 받을 때 네가 좋아하는 장소나 물건이 있어? 머릿속이 복잡할 때 네 마음이 '쉬고 싶어!'라고 말할 때 어떻게 하고 싶어? 스트레스를 날리는 너만의 방법이 있다면 뭘까? 누군가 '괜찮아. 네 마음 이해해.'라고 말해줬던 기억이 있어? 어땠어? 몸이 힘들거나 지칠 때 스스로 어떻게 말해주면 좋을까? 엄마나 아빠가 무엇을 도와주면 너의 결심에 도움이 될까?	아이가 '몰라요.'라고 말하면 기다린다. "생각 안 나도 괜찮아. 나중에 기억나면 말해줘."처럼 여유 있게! 기다림은 안전감이다.

[시간 관리 활동지 1]_시간이란

내가 생각하는 시간이란?

시간은 ☐☐☐☐☐ (이)다.
왜냐하면 ☐☐☐☐☐☐☐☐ 때문이다.

〔활동 방법〕

1. 아이에게 "너에게 시간은 어떤 거니?" "시간을 무엇에 비유할 수 있을까?"라고 물어 아이가 생각을 열 수 있도록 돕는다.

2. 아이는 활동지의 첫 번째 칸에 '시간은 ○○이다.'라는 문장을 완성한다. 자신이 떠오른 이미지나 생각을 자유롭게 적은 후 이유를 설명한다. 자신의 경험이나 감정을 근거로 덧붙이게 한다.

3. 아이가 쓴 문장을 읽고 "네가 시간을 ○○라고 생각한 이유가 이해돼."와 같이 공감의 말을 전한다.

4. "그렇다면 앞으로 네 시간을 어떻게 쓰고 싶니?"라고 물으며 아이가 스스로 시간을 바라보는 태도를 확장할 수 있도록 돕는다.

[시간 관리 활동지 2]_시간 도둑을 잡아라

내 소중한 시간을 훔친 시간 도둑을 잡아라!

시간 도둑아! _____

시간 도둑을 잡는 나만의 방법
1) _____
2) _____

소중한 시간으로 하고 싶은 일
1) _____
2) _____

[활동 방법]

1. 시간 도둑을 찾는다.

부모는 아이에게 "네 시간을 제일 많이 훔쳐 가는 건 뭐라고 생각하니?"라고 질문한다.

아이는 주머니 그림의 외부 칸에 외부 요인을 적고 내부 칸에 내부 요인을 적는다. 시간을 빼앗는 습관이나 활동을 스스로 인식하도록 돕는다. 서로 빨리 쓰기 게임처럼 부모도 함께 참여하면 효과가 크다.

2. 시간 도둑에게 말을 건넨다.

아이는 "시간 도둑아!"라고 시작하며 하고 싶은 말을 자유롭게 적는다.

예: "내 시간을 돌려줘!" "너 때문에 내가 할 일을 못 했어."

3. 시간 도둑을 잡는 방법을 생각한다.

부모는 "네가 직접 시간을 지키려면 어떤 방법이 가장 효과적일까?"라고 묻는다.

아이는 활동지에 자신이 할 수 있는 방법 2가지를 구체적으로 적는다.

예: "숙제를 저녁 먹고 바로 한다." "게임 시간을 1시간 줄인다."

부모는 "필요하면 나에게 도움을 요청해도 돼."라고 안내한다.

4. 소중한 시간을 지켰을 때 하고 싶은 일을 정한다.

아이는 지켜낸 시간으로 하고 싶은 일을 2가지 적는다.

부모는 아이가 쓴 내용을 읽고 "네가 시간을 이렇게 쓰고 싶구나."라고 공감한다.

5. 느낀 점을 함께 나눈다.

부모는 "네가 원하는 대로 시간을 쓰면 어떤 기분일까?"라고 묻는다.

아이와 함께 시간 도둑, 하고 싶은 말, 잡는 방법, 소중한 시간 활용을 이야기하며 일상에서 실천할 수 있도록 돕는다.

[제안하는 대화 시 유의점 2가지]

첫째, 감정을 먼저 챙기지 않으면 제안은 밀쳐진다. 제안은 아이의 감정을 충분히 받아준 다음에야 통한다. 아이 마음속 문이 아직

닫혀 있는데 "지금은 어떻게 할까?"라는 말부터 꺼내면 그 말을 명령처럼 받아들인다. "화났구나." "속상했겠다." 같은 감정 언어가 먼저 나와야 마음이 열린다. 감정을 수용해야 아이는 제안을 선택으로 받아들이고 자기 안의 힘을 꺼내게 된다. 감정으로 문 열고 제안으로 들어간다.

둘째, 제안은 자유가 아니라 자율을 배우는 방식이다. 제안한다고 해서 모든 걸 허용하는 건 아니다. 안 되는 건 분명히 안 된다고 말해야 아이는 경계를 배운다. 위험한 행동이나 거짓말은 단호하게 "안 돼!" 하고 멈춰야 한다.

그다음 감정을 받아주고 제안을 건네야 아이는 마음의 균형을 되찾는다. 여기서 중요한 건 단호하게 말한 뒤 짧게 이유를 설명하는 것이다. "말로 해도 충분해." "거짓말은 서로를 믿지 못하게 만들어." "화난다고 문 쾅 닫는 건 관계에 벽을 만들어."처럼. 아이가 받아들일 수 있는 짧은 설명은 규칙을 '강요'가 아닌 '이해'로 전환한다. 공공장소에서 감정적 행동을 할 땐 짧고 단호하게 "그만! 조용히!"라고 멈추게 하고 계속 반복되면 예고한 후 실제로 '옐로카드'나 '아웃'과 같은 훈육 절차를 따른다. 존중한다고 해서 방임하면 안 된다. 최소한의 규칙은 교통법규처럼 명확해야 한다. 빨간불은 멈춤이다. 언제 멈춰야 하는지 왜 멈춰야 하는지를 알려주는 것이야말로 바로 아이를 보호하는 일이다. 단호함은 아이를 지켜주고 제안은 아이가 스스로 선택하게 만든다. 둘은 함께 갈 때 자기조절력이 자란다.

초등학교 저학년일수록 명확한 경계와 단호함이 필요하고 고학년이 될수록 자율성과 존중을 추가해야 한다. 반대로 하면 관계만 멀어지고 부정적 행동은 늘어난다. 자기조절력은 '말을 잘 듣는 아이'에게서가 아니라 '스스로 선택해본 아이'에게서 자란다. 어릴수록 '멈출 줄 아는 법'을 클수록 '선택하고 책임지는 법'을 배우게 도와주자. 부모가 끌어가기보다 선택하게 도와줄 때 아이는 스스로 이끄는 힘을 키운다. 자기조절력은 선택 연습에서 만들어진다.

– 성장 마인드셋 만들기

[대화법: 과정을 인정하고 축하하기]

실패나 도전 앞에서 아이가 멈추지 않고 다시 일어서는 힘을 기르려면 부모의 말은 '칭찬'보다 '인정'과 '축하'가 더 필요하다. 심리학자 칼 로저스는 "사람은 인정받을 때 변한다."라고 말했다. 칭찬은 결과에 머무르나 인정은 과정과 성장을 비춘다. "시험 잘 봤네!"보다 "꾸준히 노력했구나!"라는 말이 성장 마인드셋을 깨운다. 결과보다 과정, 행동, 변화에 주목하는 언어가 아이를 다시 도전하게 만든다. 칭찬은 누군가의 기준에 맞췄을 때 돌아오는 반응이다. 그래서 쉽게 외부의 평가를 의식하게 된다.

반면 인정은 아이의 내면에서 일어난 변화에 주목한다. 아이는 자신의 노력, 감정, 선택과 행동을 알아주는 말을 들을 때 '나도 괜찮은 사람이야.' '실패해도 괜찮아.'라고 스스로 받아들이게 된다. 여기에 '축하'는 아이를 삶의 주인공으로 세운다. "100점이라서 엄마가 기뻐."는 결과 중심이고 엄마가 주인공인 말이다. 반면 "네가 노력한 결과가 열매를 맺었네! 축하해."라는 말은 아이의 성장과 선택을 인정하고 축하하는 말이다. 축하는 성장을 기념하는 언어이자 아이가 자기 삶을 주도하고 있다는 메시지를 전한다. 이런 말들이 아이를 더 강하고 유연하게 만든다.

예를 들어보자. "역시 똑똑해서 시험 잘 봤네." 대신 "열심히 준비하더니 좋은 결과가 나왔구나. 축하해."라고 말해보자. 칭찬은 성과를 외부로 돌리는데 인정은 그 성과를 온전히 아이 것으로 남겨준다. "시험 잘 봤네."라고 말하면 아이는 '엄마가 좋아하겠지?'를 먼저 생각하게 된다. "축하해."라고 말하면 '내가 해냈구나!'라는 감각이 자란다. 공부는 누굴 위한 일이 아니라 자신을 위한 일임을 자연스럽게 배운다.

성장 마인드셋을 만드는 과정 인정의 대화법

결과 칭찬하기	과정을 인정하고 축하하기
100점! 그거면 된 거지! 잘했어!	꾸준히 준비했구나. 그 노력이 결과로 이어졌네. 축하해!
머리가 좋아서 그런가? 잘하네!	어려웠을 텐데 포기하지 않았구나. 그 과정이 멋지다.
와~ 대단한 결과네!	나는 네가 오래 집중해서 이런 대단한 결과를 얻었다는 생각이 들어. 너는 이 결과에 대해서 어떻게 생각하고 있니?
넌 능력을 타고났어!	매일 스스로 변화하려고 노력하는 모습을 축하해! 스스로 해내고 있네!
누가 널 이기겠어.	(이름) 스스로 해내고 있구나! 성장하고 있네!
역시 우리 딸(아들) 최고야!	그 과정에서 네가 항상 노력하는 걸 내가 알아. 넌 어떻게 생각해?
오늘 시험 잘 봤다며? 엄마가 너무 좋다!	힘들었던 마음도 있었을 텐데 이겨내고 공부한 네가 멋져!
똑똑하니 그런 생각을 했구나! 탁월해!	너의 생각은 어때? 네 결정을 존중해.

[대화 사례: 성장 마인드셋을 키우는 인정]

지성: (학교 가방을 내려놓으며) 나 오늘 수학 시험 90점 맞았어.

부모: 오~ 90점. 기분 어때?

지성: 좋아. 저녁에 맛있는 거 먹자!

부모: 기분 좋구나. 나도 좋네! 어떤 게 제일 기분 좋았어?

지성: 분수 계산이 헷갈렸는데 계속 연습했더니 이번에 안 틀렸거든.

부모: 와, 연습해서 해냈구나! 네가 노력하는 걸 내가 알지. 넌 어떻게 생각해?

지성: 음 연습하면 좀 자신감이 생기는 것 같아.

부모: 자신감! 그게 이번 시험에서 너한테 가장 큰 선물일 수도 있겠다.

지성: 그러니까! 나 열심히 했으니까 오늘 30분만 영상 봐도 돼?

부모: 좋아! 스스로 시간 정했으니 지키기! 영상을 보기 전에 오늘 시험 준비하면서 배운 걸 한 가지만 말해줄래?

지성: 음…… 포기 안 하면 나아진다는 거.

부모: 그걸 네가 직접 느꼈다니 멋지다. 뭐든지 하면 할수록 잘하게 된다는 걸 배웠네.

대화 가이드: 아이가 말한 기분, 경험, 성취를 짚어주고 그 과정에서 어려움을 이겨낸 순간을 축하로 마무리한다. 그러면 점수보다 과정과 성장이 오래 기억된다.

'우리 아이는 인정할 게 별로 없어요.'라고 느끼는 부모님들을 위해 바로 쓸 수 있는 인정 포인트 9가지를 표로 담았다. 과정을 보

인정 포인트 9가지

	과정과 행동		강점		영향과 가치
노력	처음 해본 것. (용기) 처음 시작한 시도. (도전) 끝까지 해낸 경험. (끈기)	태도 강점	예의. 배려. 성실. 책임. 겸손. 정리정돈. 도움. 올곧음. 긍정. 존중. 관대	영향 기여	(주변 사람) 기분을 좋게 함. 도와줌. 의견 제시로 생각 확장 도움. 역할 완수. 공동 목표 달성.
성장	감정 조절. 어제보다 나아진 변화. 실수를 통해 얻은 깨달음.	성격 강점	사랑. 끈기. 공정. 협동. 호기심. 열정. 신중. 감사. 유머. 정직. 친절. 용감	가치	약속 지킴. 정직. 신뢰. 배려. 정의로움. 책임감. 봉사. 전문성. 탐구. 균형. 실용성. 독립성. 명확성.
행동	태도에서 드러나는 표정. 말. 눈빛의 변화. 행동에서 드러나는 믿음직함. 꼼꼼함. 신속함. 사전 준비. 시간 준수. 융통성	학습 강점	계획 세우기. 의사소통. 집중력. 창의력. 문제해결력. 기억력. 논리적 사고. 글쓰기. 말하기. 자기 점검. 경청.	긍정적 의도	도우려는, 약속을 지키려는, 잘하고 싶은 마음. 배려하려는, 피해 주지 않으려는, 안전을 위한 행동.

고 태도를 보고 영향을 나눠보면 생각보다 많은 순간이 인정의 대상이 된다.

[대화 사례: 인정 포인트 활용]

노력: 결과보다 과정에 담긴 마음과 시간을 알아봐준다.

"이번에 틀려도 끝까지 풀어낸 네가 스스로 뿌듯했겠다."

"시간 들여서 정리한 거 보니까 정말 열심히 했구나."

"그림 완성하지 못했어도 집중해서 그린 게 보여."

성장: 어제보다 조금 나아진 것을 눈여겨보고 표현한다.
"전엔 바로 짜증 냈는데 이번엔 한번 참고 말했네."
"지난번엔 모르겠다고 했던 문제인데 이번엔 끝까지 풀었네."
"예전엔 발표 안 했는데 오늘은 손들었네!"

행동: 태도와 에너지의 변화를 눈빛, 자세, 말투를 알아봐준다.
"오늘은 눈빛이 다르네. 뭔가 해보려는 마음이 보여."
"딱 앉는 자세만 봐도 오늘 마음이 단단한데?"
"말투가 차분해졌네. 준비 많이 했구나."

강점: 일상에서 드러나는 태도, 성격, 학습 강점을 인정한다.
"친구 먼저 도와주는 모습이 참 배려 깊었어."
"궁금한 점을 그냥 넘기지 않고 물어보는 게 좋아."
"무서웠을 텐데도 발표한 거 정말 용감했어."
"친구한테 먼저 웃어준 거 친절한 마음이 느껴졌어."
"글쓰기 내용이 점점 풍부해지고 있어."
"오늘은 집중력이 정말 좋았네. 한 번도 딴짓 안 했어."

영향과 기여: 내가 한 행동이 좋은 영향을 준 것을 알려준다.
"네가 먼저 도와줘서 친구가 웃었어."
"네가 의견을 말해줘서 우리 생각이 더 넓어졌어."
"네가 약속 지켜서 우리 팀이 잘 움직였어."

가치: 행동 속에 담긴 의미와 믿음을 짚어준다.
"네가 규칙을 지킨 건 모두를 존중한 거야."
"약속을 꼭 지키는 게 너한텐 중요한 거구나."
"친구가 힘들어할 때 곁에 있어준 게 참 멋지다."

긍정적 의도: 겉모습보다 그 안에 담긴 좋은 마음을 알아봐준다.
"실수했지만 도와주려는 마음이 있었던 거 알아."
"늦지 않으려고 뛰어서 왔구나."
"말이 좀 세게 들렸지만 친구 걱정한 거 맞지?'"

　이런 말들은 단순한 관찰이 아니라 사랑의 언어다. 말은 도구이고 말하는 이는 조각가다. 어떤 말을 하느냐에 따라 아이의 자아는 단단해지기도 하고 흔들리기도 한다. '인정'이란 그 말의 힘을 알고 그것을 따뜻하게 사용하는 부모의 태도이다. 근거 있는 인정은 아이가 성장의 주체로 살아가도록 돕는다. 누군가에게 칭찬받기 위해 애쓰기보다 스스로 자라나고 있다는 감각을 갖게 한다. 아이는 자신 안에 가능성이 있다는 믿음을 키워간다. 자라려는 마음, 시도하려는 의지, 실패해도 괜찮다는 감정. 스스로 믿게 되는 마음의 힘이 크다. 오늘 아이와의 대화에서 결과보다 과정, 비교보다 변화, 평가보다 인정의 말을 선택해보자. 그 말 한 줄이 아이의 내면에 뿌리를 내린다. 말이 씨가 된다. 그리고 아이는 조금씩 자란다. 그러나 확실하게 자라난다.

[성장 마인드셋을 만드는 학습, 변화, 행동 질문 22가지]

1. 학습 관련

"지금 네 머릿속 지도를 그린다면 너만의 길은 어떻게 만들 수 있어?"

"배우면서 네가 더 잘하게 되었다고 느낀 순간은 언제였어?"

"잊기 쉬운 걸 오래 기억하려면 어떻게 하면 뇌가 더 잘 기억할 수 있을까?"

"이걸 배우면 어떤 '힘'이 너한테 생길까?"

"공부가 재미없을 땐 어떤 질문이 공부를 다시 재미있게 해줄까?"

"내가 궁금했던 걸 알아가는 기쁨은 언제 가장 컸어?"

　학습 관련 질문은 결과보다 감정을 먼저 묻는 것이 좋다. 할 수 있다는 감각을 되살리려면 "뭐가 어려웠어?" 대신 "조금이라도 이해된 부분은 뭐였어?"라고 질문하면 스스로 해낸 부분에 주목한다.

2. 성장과 회복탄력성 관련

"'아직'이라는 단어를 쓰면 지금 어려운 게 어떻게 달라 보일까?"

"하나씩 하나씩 알아가는 과정에서 어떤 감정이 들어?"

"이번 경험에서 '내가 조금 더 자란 부분'을 하나 찾아본다면?"

"오늘 실수한 것 중 하나를 성장의 씨앗으로 바꿔볼 수 있을까?"

"'다시 도전 버튼'을 누른다면 어디서부터 눌러볼래?"

"이번에 넘어진 너를 일으켜 세운 내면의 힘은 뭐였을까?"

"힘들었지만 끝까지 해낸 적 있었지? 그때와 지금 뭐가 닮았을까?"
"오늘 하루 중 '내가 스스로 뿌듯했던 순간'은 뭐였을까?"
"작은 차이인데 네 안에선 큰 변화처럼 느껴진 게 있다면?"
"요즘 자주 생각나는 건 네가 자라고 있다는 신호 아닐까?"

　마인드셋을 위해 하루 끝에 '고정이가 한 말'과 '성장이가 한 말'을 나누기 등 매일 나눌 수 있는 루틴을 만드는 것이 가장 좋다.

3. 행동 관련

"지금 한 걸음만 더 간다면 어디쯤까지 갈 수 있을까?"
"'해야지.' 말고 '해봤다.'가 되려면 지금 무엇부터 해볼 수 있을까?"
"성공보다 시도에 박수를 보내준다면 오늘 어디에 손뼉을 칠래?"
"예상되는 어려움은 뭘까? 그 어려움을 만나면 어떻게 해보면 좋을까? 네가 좋아하는 친구라면 어떻게 어려움을 극복할까?"
"지금 네가 움직일 수 있는 한 걸음은 뭐야? 그걸 언제 어디서 어떻게 해볼 수 있을까?"

　5분이라도 계속할 수 있는 일을 함께 정해보면 좋다. 예를 들어 이불 개기, 공부 시작 전 물 마시기 등 작지만 지킬 수 있는 행동을 반복한다. "이건 실패가 아니라 네가 다음 단계를 준비하는 숨 고르기 같아 보여. 이만큼 자란 너를 보는 게 씨앗이 싹 트는 걸 지켜보는 기분이야." 이런 격려의 말도 활용해보자.

[인정 표현 시 유의점 3가지]

　인정하는 말을 할 때도 조심하고 주의해야 할 것들이 있다. 첫째, 근거 없는 말은 아이의 마음에 닿지 않는다. "잘했어!" "멋지다!" 같은 말은 일시적 기쁨은 줄 수 있어도 오래 남지 않는다. 아이의 행동을 구체적으로 짚어주는 말만이 자기를 인식하는 감각을 키운다. "오늘 태권도 끝까지 힘들어도 포기 안 했더라." "친구가 속상할 때 먼저 다가갔지?" 같은 말은 아이가 '내가 뭘 했는지'를 스스로 알아차리게 만든다. 자각이 쌓이면 아이는 외부 칭찬에 의해서가 아니라 내 안의 변화를 즐기는 사람으로 자란다. 감정은 불씨고 구체성은 장작이다. 인정은 이 둘을 연결하는 따뜻한 언어다.

　둘째, 비교하는 말을 피한다. 비교는 자존감을 갉아먹는다. "누구보다 잘했어." "형보다 낫네."처럼 들리는 말은 아이의 마음을 상처 내기 쉽다. 비교는 동기를 줄 수 있어 보이지만 결국 타인의 기준에 의존하는 아이를 만든다. 그보다 "지난번보다 훨씬 집중하더라." "전엔 도중에 그만뒀는데 오늘은 끝까지 해냈어."처럼 어제의 나와 비교하는 말이 자기 인식과 자율성을 키운다. 인정 대화는 '성장'을 말하는 대화지 '승부'를 부추기는 말이 아니다. 비교 대신 변화에 주목하자. 그게 아이를 자기 삶의 주인으로 키운다.

　셋째, 마음이 없는 말은 오히려 상처가 된다. 아이들은 단어보다 에너지를 먼저 느낀다. 대충 건넨 "좋았어." "대단하다."라는 말보다 눈을 바라보며 천천히 건네는 "정말 그 순간 너 스스로 기뻤겠다."라는 말이 마음에 오래 남는다. 진심은 느껴지고 형식은 들릴 뿐이다. 매일 모든 걸 인정할 필요는 없다. 아이가 노력한 순간 도전한 흔적을 부모가 진심으로 알아봐주는 한마디는 그날 하루를 통째로 따뜻하게 만든다. 인정의 말은 많이 건넬 필요 없고 깊게 건네야 한다. 다음은 쉽게 따라 할 수 있는 '성장 마인드셋을 키우는 질문 20가지'다.

성장 스위치 4
―
독서

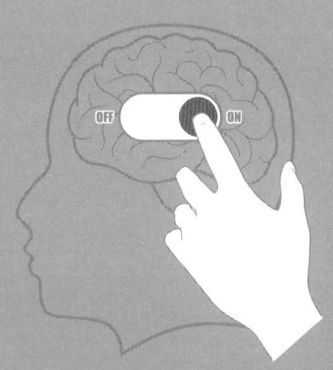

1
독서는 인간 '고유의 역량'을 길러주는 활동이다

정보가 범람하기 때문에 문해력이 더 중요해진다

미래 사회는 인공지능 기술의 발전과 함께 상상하기 어려울 만큼 빠르게 변화하고 있다. 부모들은 이러한 시대의 흐름 속에서 우리 아이들이 어떤 능력을 갖춰야 할지 고민한다. 급변하는 세상에서 미래를 이끌어갈 아이로 성장시키기 위해 가장 중요하게 준비해야 할 것이 무엇일까? 바로 깊이 읽는 힘, 즉 문해력이다. 챗GPT와 같은 인공지능 에이전트가 정보를 쏟아내는 시대에 역설적으로 독서의 중요성이 더욱 강조되는 이유가 여기에 있다. 독서는 단순히 글을 읽는 행위를 넘어서 정보를 이해하고 비판적으로 사고하며 새로운 것을 창조하는 능력의 근간이 된다.

인공지능 에이전트 시대에 독서가 더 중요해졌다

인공지능 에이전트가 정보를 요약하고 분석하며 심지어 글을 직접 쓰는 시대에 왜 여전히 독서, 특히 깊이 있는 독서가 중요하다고 말하는 것일까? 이는 최근 학자들이 발표하는 연구결과들을 통해 명확히 드러나고 있다. 단순히 정보를 검색하고 습득하는 능력은 인공지능이 훨씬 뛰어나지만 인간만이 가질 수 있는 고유한 능력, 즉 비판적 사고, 창의성, 공감 능력, 그리고 복잡한 문제해결 능력은 여전히 독서에서 길러지기 때문이다.

인공지능 연구의 선두 주자인 스탠퍼드대학교 앤드루 응 교수는 "인공지능은 정보를 처리하는 반면 인간은 정보를 이해하고 지혜를 창조한다."라고 강조한다. 그의 말처럼 인공지능은 방대한 데이터를 분석하여 패턴을 찾아내고 예측한다. 하지만 그 데이터 이면에 담긴 의미를 깊이 있게 통찰하고 새로운 관점을 제시하는 능력은 인간에게만 가능하다. 이러한 통찰력은 깊이 있는 독서를 통해 다양한 관점을 접하고 복잡한 서사를 이해하며 숨겨진 메시지를 파악하는 과정에서 길러지게 되는 것이다.

또한 학습과학 분야의 권위자인 캘리포니아대학교 매리언 울프 교수는 저서 『다시, 책으로』에서 디지털 환경이 우리의 뇌 구조와 사고방식에 미치는 영향을 심도 있게 분석한다. 그녀는 스마트폰이나 태블릿의 스크린을 통한 정보 습득이 주로 '훑어보기 Skimming'나 '주사하기 Scanning' 방식에 익숙하게 만들며 깊이 있는 사고와 공감 능력을 저해할 수 있다고 경고한다. 반면 책을 통한 독서는 텍

스트에 몰입하여 내용의 맥락을 파악하고 작가의 의도를 헤아리며 등장인물의 감정에 공감하는 '깊이 읽기'를 가능하게 한다. 이러한 깊이 읽기 과정은 뇌의 다양한 영역을 활성화해 복잡한 사고 회로를 발달시키고 장기적인 집중력을 향상하며 타인의 처지를 이해하는 공감 능력을 키운다. 인공지능이 아무리 발전해도 인간 고유의 이러한 인지적 능력과 정서적 능력은 대체할 수 없으며 독서는 바로 이 핵심 역량들을 배양하는 가장 강력한 도구가 되는 것이다.

게다가 인지 심리학자 대니얼 카너먼의 이중 과정 이론Dual Process Theory은 인간의 사고를 빠르고 직관적인 시스템 1과 느리고 분석적인 시스템 2로 나눈다. 디지털 환경은 주로 시스템 1을 활성화해 즉각적인 정보 소비를 유도하는 반면 독서는 시스템 2를 활성화해 깊이 있는 사고와 분석을 가능하게 한다. 인공지능이 시스템 1의 영역을 상당 부분 대체하더라도 복잡한 문제해결과 의사결정에 필수적인 시스템 2의 역량은 여전히 인간의 몫이다. 이는 독서를 통해 끊임없이 훈련해야 하는 역량임을 보여준다.

인공지능 에이전트 시대의 독서는 더 이상 단순한 지식 습득의 수단이 아니다. 오히려 인공지능이 제공하는 방대한 정보를 비판적으로 선별하고 자신만의 관점으로 재해석하며 새로운 가치를 창출해낼 수 있는 '인간 고유의 역량'을 길러주는 필수적인 활동이다. 아이들에게 독서 습관을 길러주는 것은 미래 사회의 주인공으로 성장할 수 있는 가장 확실한 토대를 마련해 주는 일이다.

독서의 핵심 역할은 미래 역량을 길러주는 데 있다

미래 사회는 빠르게 변화하며 기존의 지식과 기술만으로는 대응하기 어려운 복합적인 문제들이 등장할 것이다. 이러한 시대에 우리 아이들이 갖춰야 할 핵심역량은 단순히 암기식 지식이 아니다. 문제를 해결하고 새로운 가치를 창출하며 타인과 협력하는 능력이다. 독서는 이러한 미래 역량을 키우는 데 결정적인 역할을 한다. 특히 미래 사회에 요구되는 핵심역량은 '창의적 사고' '비판적 사고' '문제해결 능력' '협업 및 소통 능력' 등으로 요약될 수 있는데 독서는 이 모든 영역에 깊이 관여한다고 할 수 있다.

첫째, 창의적 사고력 함양. 독서는 아이들에게 무한한 상상의 나래를 펼치게 한다. 다양한 장르와 주제의 책을 읽으면서 아이들은 새로운 아이디어를 접하고 등장인물들의 독특한 사고방식을 배우며 현실에서는 경험하기 어려운 상황을 간접적으로 체험한다. 이러한 간접 경험은 아이들의 뇌 속에 다양한 지식과 관점의 연결망을 형성하여 기존의 틀을 깨는 새로운 생각을 떠올리게 하는 기반이 된다. 독서는 단순한 지식 습득을 넘어 아이들 스스로 생각의 폭을 넓히고 독창적인 아이디어를 만들어낼 수 있는 창의적 발상의 씨앗을 뿌리는 과정이다. 미래에는 정답을 찾기보다 새로운 질문을 던지는 능력이 중요하다.

둘째, 비판적 사고력 강화. 독서는 글쓴이의 주장을 그대로 받아들이기보다 그 주장의 근거와 논리적 흐름을 파악하고 다른 관점은 없는지 질문하게 만든다. 다양한 정보와 의견이 넘쳐나는 요즘 시대에 아이들은 무분별한 정보에 휩쓸리지 않고 정보의 진위를 판단하며 자신만의 기준으로 옳고 그름을 분별하는 능력을 길러야 한다. 책을 읽으며 내용의 오류를 찾아내고 작가의 의도를 파악하며 숨겨진 의미를 추론하는 과정은 아이들의 비판적 사고력을 체계적으로 훈련한다. 이는 인공지능이 제공하는 정보가 아무리 많아도 결국 그 정보를 분석하고 평가하는 것은 인간의 몫이라는 점에서 매우 중요한 역량이다.

셋째, 복합적 문제해결 능력 증진. 책 속의 주인공들은 다양한 문제 상황에 부딪히고 이를 해결하기 위해 여러 시도를 한다. 아이들은 이러한 이야기를 읽으며 문제의 원인을 분석하고 가능한 해결책을 탐색하며 각 해결책의 결과를 예측하는 연습을 자연스럽게 하게 된다. 특히 소설이나 과학 동화처럼 복잡한 서사를 가진 책들은 아이들에게 다양한 변수와 불확실성 속에서 최적의 해답을 찾아내는 과정을 간접적으로 경험하게 한다. 이는 미래 사회에서 마주하게 될 미지의 복합적인 문제들을 해결하는 데 필요한 논리적 사고력과 문제해결 역량을 길러주는 핵심적인 훈련이 된다.

넷째, 공감 및 소통 능력 배양. 독서는 아이들이 타인의 삶과 감정을 간접적으로 경험하게 하는 가장 강력한 도구이다. 책 속의 등장인물들과 함께 웃고 울며 그들의 생각과 감정을 이해하려고 노력하는 과정에서 아이들은 타인의 입장을 헤아리고 공감하는 능력을 키우게 된다. 또한 다양한 문화와 배경을 가진 인물들의 이야기를 접하면서 세상에 관한 이해의 폭을 넓히고 다름을 인정하는 포용력을 기르게 된다. 이러한 공감 능력은 미래 사회의 필수 역량인 협력과 효과적인 소통의 바탕이 된다. 앞으로는 기술적 역량만큼이나 인간적인 소통과 협력의 중요성이 더욱 커질 것이며 독서는 바로 이 인간 중심적 역량을 키워주는 핵심적인 역할을 한다.

이처럼 독서는 단순히 지식을 쌓는 행위를 넘어 미래 사회가 요구하는 복합적인 사고력과 인간적인 역량을 통합적으로 길러주는 가장 근본적인 교육 활동이다. 우리 아이들이 변화하는 시대를 능동적으로 이끌어가는 주인공이 되기를 바란다면 지금부터라도 깊이 읽는 힘을 길러주는 데 집중해야 할 것이다.

- **오늘부터 한 걸음**

오늘은 아이와 함께 '인공지능과 독서의 차이 느껴보기' 활동을 해보자.

1. 짧은 글 선택
- 아이 나이에 맞는 그림책, 동화, 짧은 기사 중 1편을 선택한다.
- 분량은 5~10분 안에 읽을 수 있는 정도가 좋다.

2. 인공지능에 요약 요청
- 같은 글을 인공지능(챗GPT, 빙, 코파일럿)에 입력해 요약과 감상문을 요청한다. (예: "이 글을 세 문장으로 요약해줘." "이 글을 읽고 느낄

수 있는 교훈을 적어줘.")

3. 직접 읽고 비교
- 아이가 직접 읽은 후 인공지능 요약과 비교하며 '내가 읽어서 느낀 점'과 '인공지능이 말한 점'의 차이를 이야기한다.
- '어느 부분이 인공지능이 잘 잡았고 어디는 빠졌는지'를 체크한다.

4. 느낀 점 기록
- '책을 직접 읽을 때만 느낄 수 있는 것'과 '인공지능이 대신해줄 수 있는 것' 각각 1~2개 기록한다.
- 가족 독서 노트에 붙여둔다.

2
자기 주도적 독서 습관 형성 분위기를 만든다

자기 주도적 독서 습관의 중요성이 강조되고 있다

　자기 주도적 독서 습관의 중요성은 최근 교육학과 심리학 분야에서 더욱 강조되고 있다. 단순히 책을 많이 읽는 것만으로는 미래 사회가 요구하는 역량을 기르기 어렵다는 점에 많은 학자가 주목하고 있다. 자기 주도적 독서란 아이가 스스로 책을 선택하고 자신의 호기심과 필요에 따라 읽으며 읽은 내용을 자기만의 방식으로 해석하고 활용하는 과정을 말한다.

　최근 미국 교육심리학자 사라 프레스턴Sarah Preston은 자기 주도적 독서 습관이 아이의 내적 동기를 자극하고 자기 결정성을 높인다고 주장한다. 그녀의 연구에 따르면 스스로 책을 고르고 읽는 경험이 반복된 아이들은 부모나 교사의 강요로 읽는 아이들보다 독서에 대한 긍정적 태도와 지속적인 독서 습관을 보인다. 또한 하버드대학교 교육대학원의 줄리언 시그먼Julian Sigman 교수는 자기 주도적 독서가 비판적 사고력, 창의성, 문제해결력 같은 미래 사회의 핵심역량의 토대가 된다고 강조한다. 실제로 2023년 국제학업성취도평가PISA에서도 자기 주도적으로 독서하는 학생들이 학업 성취도뿐 아니라 사회적 공감 능력과 자기 주도적 학습 태도에서 더 높은 점수를 기록한 것으로 나타났다.

국내에서도 서울대학교 교육학과 김지현 교수는 "자기 주도적 독서는 아이가 세상과 소통하는 첫걸음이자 미래 사회에서 스스로 길을 찾는 힘의 시작"이라고 말한다. 이처럼 최근 연구와 학자들의 견해는 자기 주도적 독서 습관이 단순한 독서량 증가를 넘어 아이의 자율성, 창의성, 그리고 평생 학습자로서의 성장에 결정적인 역할을 한다는 점을 뒷받침한다.

아이의 성장 단계별 독서 습관을 형성해야 한다

자기 주도적 독서 습관을 키우기 위해서는 아이의 성장 단계에 맞는 접근이 필요하다. 초등학교 저학년, 중학년, 고학년 각각의 발달 특성과 관심사를 고려한 전략이 효과적이다.

저학년은 '책 고르기'의 즐거움에서 시작한다. 초등학교 저학년 아이들은 아직 독서가 생활의 일부로 자리 잡지 않은 경우가 많다. 이 시기에는 무엇보다 '책 고르기' 자체가 재미있는 경험이 되어야 한다. 예를 들어 1학년 아이가 매주 도서관에 가서 직접 책을 고르는 시간을 가지면서 "내가 고른 책이야!"라고 자랑스럽게 말하는 모습을 보인 적이 있다. 이 과정에서 부모는 책을 추천하거나 강요하기보다는 아이가 표지와 그림을 살피며 스스로 선택할 수 있도록 기다려주는 것이 중요하다. 아이가 선택한 책이 만화책이거나 그림책이어도 스스로 고른 책을 읽는 경험이 쌓이면 독서에 대한 거부감이 줄고 점차 다양한 책으로 관심이 확장된다.

중학년은 '관심사와 연결된 독서'로 자기 주도성을 키워야 한다. 중학년이 되면 아이의 관심사와 호기심이 뚜렷해진다. 이 시기에는 아이가 좋아하는 주제(공룡, 우주, 동물, 스포츠 등)와 연결된 책을 스스로 찾아 읽는 경험이 중요하다. 실제로 한 3학년 학생이 공룡에 푹 빠져 여러 종류의 공룡 책을 읽고 읽은 내용을 가족들에게 직접 설명해주는 시간을 가졌던 사례가 있다. 이 과정에서 아이는 단순히 읽는 것을 넘어 정보를 탐색하고 정리하고 다른 사람과 나누는 경험을 하게 된다. 부모는 아이가 관심 있는 분야의 책을 다양하게 접할 수 있도록 도와주고 읽은 뒤에는 "어떤 점이 재미있었니?" "다른 책과 뭐가 달랐니?"와 같은 질문을 통해 대화를 이어가는 것이 좋다.

고학년은 '비판적 독서'와 '토론'으로 독서를 확장해야 한다. 고학년 단계에서는 자기 주도적 독서가 한층 더 깊어질 수 있다. 다양한 장르의 책을 스스로 선택해 읽고 책 속 인물의 행동이나 결말에 대해 자기 생각을 정리해보는 활동이 중요하다. 예를 들어 6학년 학생이 소설을 읽고 등장인물의 선택에 대해 자신의 의견을 글로 써보거나 친구들과 토론하는 경험을 하면서 비판적 사고력과 자기 표현력을 함께 키운 사례가 있다. 이 시기에는 독서 후 감상문 쓰기, 책 속 주제를 두고 가족이나 친구와 토론하기, 책 속 정보를 활용해 작은 프로젝트를 해보는 등 독서 경험을 확장하는 다양한 활동이 효과적이다.

이처럼 자기 주도적 독서 습관 형성은 아이의 성장 단계와 관심사에 맞는 전략을 통해 자연스럽게 이루어진다. 결국 중요한 것은 아이가 "읽기 싫어!"에서 "내가 골랐어요!"로 변화할 수 있도록 부모가 기다려주고 지지하며 함께 독서의 즐거움을 나누는 과정이다.

• 오늘부터 한 걸음

오늘부터 가족이 함께 '독서 시작 의식 만들기'를 해보자.

1. 독서 시간 정하기
- 하루 10~15분 정도 가족 모두 책을 읽는 시간을 한 번 정한다.
- 저녁 식사 후나 잠자기 전 등, 아이가 피곤하지 않은 시간대를 선택한다.

2. 장소와 분위기 준비
- TV나 스마트폰 전원을 끄고 조명을 은은하게 조정한다.

- 아이가 좋아하는 간식이나 따뜻한 음료를 준비해 '책 읽는 시간'이 즐거운 기억이 되게 한다.

3. 책 선택 자유 보장
- 부모가 책을 지정하지 않고 아이가 스스로 읽고 싶은 책을 고르게 한다.
- 만화책이나 그림책, 잡지여도 괜찮다.

4. 짧은 나눔
- 읽기 후 2~3분 동안 '오늘 읽은 것 중 가장 재미있었던 장면' 또는 '궁금해진 점'을 가족과 나눈다.
- 평가나 질문보다는 "그렇구나." "재미있겠다."처럼 반응하며 동기를 높인다.

3
독서 방식과 매체만 달리 해도 좋아하게 된다

읽기를 거부하는 아이들의 속내를 들여다봐야 한다

"책 읽기 싫어요."

초등학교 현장에서 낯설지 않은 말이다. 일부 아이들은 책을 펴기 전부터 시큰둥한 표정을 짓고 독서 시간에는 자리를 벗어나거나 한두 장 넘긴 후 금세 덮어버리기도 한다. 이러한 반응은 단순히 게으르거나 집중력이 부족한 문제가 아니라 좀 더 깊은 원인을 가지고 있는 경우가 많다.

2021년 한국교육개발원의 보고서에 따르면 초등학생의 독서 기피 현상은 '이해 부족에 따른 흥미 저하' '디지털 콘텐츠에 대한 과도한 의존' '성취 중심 독서 문화에 대한 부담감'에서 비롯되는 경우가 많다고 분석됐다. 아이들이 자신이 좋아하는 이야기나 소재를 접하지 못하거나 독서가 오로지 시험이나 과제와 연결되어 있다고 느끼면 독서 자체에 대한 거부감이 생기기 쉽다. 예를 들어 교실에서 만난 한 3학년 남학생은 "책을 읽으면 재미도 없고 시간이 아깝다."라고 말하며 스마트폰 게임을 선택하곤 했다. 그러나 이 아이에게 웹툰 형식의 학습 만화와 QR코드를 통해 연결된 짧은 영상 자료가 있는 책을 제공했을 때 놀랍게도 자발적으로 책을 펼치고 관련된 시리즈를 연달아 읽는 모습을 보였다. 이는 독서의 방식과 매체를 조금만 달리하면 아이의 흥미를 끌 수 있다는 중요한 신호다.

심리학자 다니엘 윌링햄Daniel Willingham은 저서 『왜 학생은 학교를 싫어할까』에서 "아이들은 자신이 이해하고 예측할 수 있는 구조 속에서 즐거움을 느낀다."라고 말한다. 이는 독서 또한 마찬가지이다. 아이가 자신이 이해할 수 있고 흥미를 느낄 수 있는 소재, 접근할 수 있는 수준의 난이도, 선택의 자유가 있는 독서 환경이 마련될 때 독서에 대한 내적 동기 또한 자연스럽게 형성됨을 알게 된다.

또 다른 관점에서 보았을 때 많은 부모는 아이가 단지 게으르거나 집중력이 부족해서 책을 안 읽는다고 생각하지만 실제로는 책을 통해 재미와 의미를 느낀 경험이 부족했기 때문인 경우가 많다. 2024년 경기도교육청의 조사에 따르면 학생들이 독서를 시작하게 되는 가장 큰 이유는 '재미있기 때문'(45.9%)으로 나타났다. 흥미를 느끼지 못하는 책을 억지로 읽게 하기보다는 아이가 즐겁게 몰입할 수 있는 책을 스스로 고르고 읽을 수 있도록 돕는 것이 우선돼야 한다. 특히 학생들은 주로 집에서 책을 읽으며(78.5%) 문학 분야의 책(63.3%)을 가장 많이 선택하는 것으로 나타났다. 이는 가정에서의 독서 환경이 아이들의 독서 습관 형성에 결정적인 역할을 한다는 점을 시사한다.

책을 고르는 방식도 아이에게 중대한 영향을 미친다. 대부분 학생은 서점이나 도서관에서 직접 책을 보고 고르는 방식(63.6%)을 선호하며 읽을 책은 주로 학교 도서관(60.5%)에서 입수하는 경향이 있다. 따라서 책을 싫어하는 아이에게도 '고르는 즐거움'을 느끼게 해주는 것이 중요하다. "이 책 읽어봐."라고 주기보다는 함께 서점에 가서 책을 둘러보며 아이가 끌리는 책을 직접 선택하는 기회를 주는 게 더 효과적이다.

또한 독서에 대한 동기를 부여하는 데 추천의 힘도 무시할 수 없다. 학생의 60.4%는 누군가가 책을 추천해주면 읽고 싶어진다고 답하였다. 특히 '친구가 추천했을 때'가 40.7%로 가장 큰 영향을 받는 것으로 나타났다. 이는 부모나 교사가 아닌 '또래 친구'가 권한 책에 더 귀를 기울이는 발달적 특성과도 연결된다.

이러한 통계는 책을 싫어하는 아이에게 독서를 권할 때 '재미' '선택' '추천'이라는 세 가지 요소가 핵심적인 열쇠가 됨을 말해준다. 책을 억지로 읽히기보다는 아이가 흥미 있는 콘텐츠를 접할 수 있도록 문학, 만화, 이야기 중심 책을 중심으로 도서 환경을 구성하고 또래 추천이나 서점 체험을 통해 아이 스스로 책을 선택하도

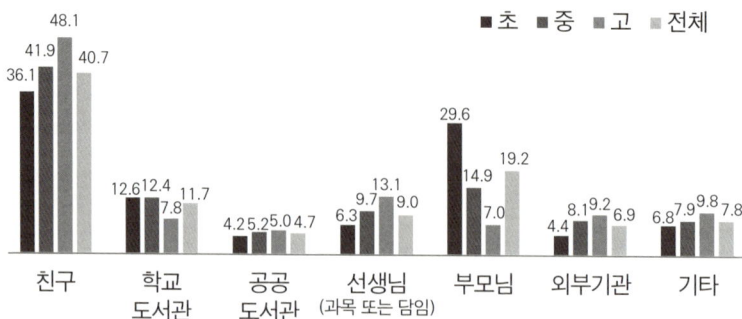

(출처: 2024년 학생 독서실태조사 결과)

록 도와주는 것이 바람직하다. 그렇게 작은 흥미의 불씨를 지펴주는 것만으로도 아이는 어느새 책 속으로 자연스럽게 발을 들이게 될 것이다.

읽기를 거부하는 아이들의 특성과 환경을 고려한다

"책을 싫어해요." "글자만 보면 졸려요."

초등학교 교실과 가정에서 자주 들리는 말이다. 특히 최근 몇 년 사이 책을 읽는 것 자체에 부담을 느끼는 아이들이 눈에 띄게 늘고 있다. 짧고 강렬한 디지털 콘텐츠에 익숙해진 아이들에게 종이책은 낯설고 느린 매체일 수밖에 없다. 하지만 디지털 시대일수록 깊이 있는 사고, 맥락 파악 능력, 자기 주도적 탐구 능력은 더욱 중요해지고 있다. 그 기초가 바로 독서에 있다. 따라서 아이들의 특성과 시대 흐름을 모두 고려한 현실적이고 유연한 독서 전략이 필요하다.

디지털 시대에 독서를 싫어하는 아이가 종이책 읽기 습관을 갖게 하려면 아이의 특성과 환경을 고려한 단계적 접근이 필요하다. 초등학교 현장에서는 독서에 대한 심리적 장벽을 낮추고 책 읽기를 놀이와 소통의 경험으로 전환하는 다양한 활동이 효과를 보고 있다. 예를 들어 한 학교에서는 '한 학기 한 권 읽기' 프로그램을 통해 책 한 권을 천천히 읽으면서 생각 나누기, 독서일지 쓰기, 친구와 책에 관해 대화하기, 독서 토론하기 등 다양한 활동을 결합한다. 이 과정에서 책을 읽는 것이 단순히 글자를 따라가는 행위가 아니라 친구와 감정을 나누고 자기 생각을 표현하는 즐거운 경험이 된다. 또 다른 학교에서는 '선생님이 읽어주는 독서 이야기'나 '짝과 함께 책 읽기' 활동을 운영한다. 교사나 친구와 함께 책을 소리 내서 읽고 각자 느낀 점을 자연스럽게 이야기하는 과정에서 독서에 대한 거부감이 줄고 책에 대한 긍정적 경험이 쌓인다.

가정에서도 부모가 아이와 함께 책을 고르고 소리 내 읽어주거나 읽은 내용을 함께 이야기하는 시간이 중요하다. 부모가 책 읽는 모습을 자연스럽게 보여주고 아이가 선택한 책을 존중해주는 것이 아이의 독서 동기를 높인다. 또한 책을 읽은 뒤에는 간단한 감상이나 생각을 포스트잇에 적어 책장에 붙여보는 활동이나 책 속 장면을 그림으로 그려보는 놀이 등 창의적인 활동을 결합하면 아이가 종이책에 대한 흥미와 애착을 키울 수 있다. 무엇보다 많은 아이가 책을 싫어하는 이유 중 하나는 '읽고 싶은 책이 아니라 읽어야 할 책'만 읽어왔기 때문이다. "왜 이 책을 골랐어?" 대신 "어떤 걸 읽고 싶어?"라고 묻고 서점이나 도서관에서 아이 스스로 책을 고를 수 있는 경험을 자주 제공해줘야 한다. 한 초등학교 2학년 아이는 "내가 고른 책은 읽을 수 있어요. 누가 정해준 건 재미없어요."라고 말한다. 부모는 아이가 고른 책이 만화책이라도 일단 긍정적으로 수용하고 이후 비슷한 주제의 이야기책이나 지식이 담긴 책으로 연결해주는 방식으로 독서의 스펙트럼을 확장할 수 있다.

한 가정의 사례를 통해 책을 읽기 거부하는 아이가 어떻게 독서에 흥미를 느끼게 됐는지 알아보자. "책을 펼치면 시간 낭비 같아요." 초등학교 3학년 태훈이는 독서 시간이 되면 책상에 엎드리거나 친구들 몰래 그림을 그리며 시간을 보내곤 했다. 담임교사는 태훈이가 평소 즐겨보던 유튜브 콘텐츠와 관련된 웹툰과 학습 만화를 도서 전시대에 비치하였고 QR코드로 연결된 짧은 영상이 포함된 책을 추천하였다.

그날 이후 태훈이는 처음으로 "이 책 재밌어요."라는 말을 꺼냈고 해당 시리즈의 책을 스스로 찾아 읽기 시작했다. 며칠 뒤 태훈이는 "이 장면은 왜 이렇게 끝났을까?"라는 질문을 조용히 중얼거렸다.

교사는 그 질문을 바탕으로 다음 날 수업 시간에 '결말을 바꿔보는 독서 활동'을 제안하였고 태훈이는 손을 번쩍 들며 자신이 쓴 새로운 결말을 친구들 앞에서 읽어주었다. 태훈이가 책을 갑자기 좋아하게 된 것은 아니었다. 다만 질문이 생기기 시작했고 바로 그 질문을 품은 순간부터 독서는 태훈이의 무기로 변하기 시작한 것이다.

대안적 독서 방식이 읽기를 확장하는 경험을 만든다

꼭 책만으로 읽기 경험을 할 필요가 없다. 최근에는 다양한 대안적 독서 방식이 읽기를 확장하는 경험을 선사한다. 첫째, 듣는 책과 읽어주는 독서라는 청각 중심의 독서 경험이 있다. 글자를 읽는 것보다 듣는 데 강점을 보이는 아이들이 있다. 주의력결핍 과다행동장애ADHD 경향이 있거나 읽는 속도가 느린 아이들에게 특히 그렇다. 이럴 때 듣는 책은 매우 효과적인 대안이 될 수 있다. 최근 EBS는 '듣는 동화' 콘텐츠를 무료로 제공하고 있다. 일부 학교에서는 아침 자습 시간에 듣는 책을 들려주고 감상을 나누는 활동을 운영하고 있다. 가정에서도 잠자기 전 부모가 아이에게 책을 읽어주는 '잠자리 이야기'는 최고의 독서 교육이다. 특히 책의 내용을 단순히 읽어주는 것에 그치지 않고 "이 장면에서 너라면 어떻게 했을까?"처럼 질문을 던지면 사고를 자극하는 독서가 가능해진다. 읽어주는 독서는 글자 해독 이전에 이야기 이해력을 먼저 길러주는 다리 역할을 한다.

둘째, 디지털 도구를 활용한 비문자적 독서가 있다. 일부 아이들은 글자가 빽빽한 종이책을 보는 것만으로도 부담을 느낀다. 이들에게는 디지털 기반의 이미지 중심 독서가 대안이 될 수 있다. 예를 들어 쌍방향 전자책은 클릭이나 터치로 장면이 바뀌고 소리나 움직임이 함께 제공된다. 이러한 책은 독서에 대한 심리적 장벽을 낮춰주며 이야기의 흐름을 시각적으로 인지하도록 도와준다. 특히 학습장애나 난독증 경향이 있는 아이에게는 눈으로 글을 따라가는 연습보다 먼저 이야기 구조를 익히는 데 효과적이다. 서울의 한 초등학교에서는 '만화책에서 확장된 독서'라는 수업을 진행한다. 『좀비덤』이나 『마법천자문』 같은 인기 있는 만화책을 읽은 후 해당 책의 주제와 관련된 글쓰기나 토론을 연결한다. 이 방식은 만화책만 반복해서 읽는 아이들도 새로운 방식으로 책을 다시 해석할 수 있도록 돕는다.

'책 더 읽기'보다 책과 더 연결되게 하자

아이에게 중요한 것은 책 한 권을 읽었느냐가 아니라 무엇을 느꼈고 무엇을 생각했는가이다. 독서를 싫어하는 아이일수록 책을 읽고 요약하게 하기보다는 '책을 통해 생긴 질문'을 중심으로 대화를 나누는 방식이 더 효과적이다. 예를 들어 '왜 주인공은 그때 그런 선택을 했을까?' '너라면 어떻게 했을 것 같아?' 같은 질문은 아이의 상상력과 감정이입 능력을 키워준다. 이는 디지털 시대에 필요한 고차 사고력의 기반이 된다. 가정에서는 책 한 권을 정해 함께 읽은 뒤 가족 독서 퀴즈를 만들어보거나 독후 감상을 간단한 만화나 그림으로 표현해보는 것도 좋은 방법이다. 아이는 책을 글자로만 읽는 것이 아니라 자기 생각을 담는 매체로 이해하게 된다.

디지털 시대에 책을 읽는 방법은 다양해졌으나 독서의 본질은 여전히 '생각하고 느끼고 연결하는 힘'을 기르는 데 있다. 책을 싫어하는 아이들에게 필요한 것은 '책을 더 읽히는 것'이 아니라 책과 자연스럽게 연결되게 하는 다리이다. 종이책을 중심으로 책과 친해지도록 돕는 방법과 그 과정에서 활용할 수 있는 대안적 독서 전략을 함께 제공하는 것이야말로 오늘날 부모와 교사가 함께 고민해야 할 방향이다.

- **오늘부터 한 걸음**

오늘은 아이의 '읽기 거부 이유 탐색'을 위한 대화를 나누고 작은 해결책을 시도해보자.

1. 이유 묻기
- 아이에게 "책 읽기 싫은 이유가 뭐야?"를 조용히 물어본다.
- 이유는 여러 가지가 있을 수 있다. 글씨가 작아서, 내용이 지루해서, 오래 앉아 있는 게 힘들어서, 재미있는 게 없어서 등 다양하다.
- 답을 들을 때는 평가하거나 설득하지 않고 메모만 한다.

2. 대안 제시하기
- 이유별 맞춤 대안을 하나 선택한다.
- 글씨나 분량이 부담되면 그림책이나 짧은 챕터북을 권한다.
- 아이 관심사(동물, 스포츠, 요리 등)를 소재로 한 책을 권한다.
- 오래 앉아 있기 힘들어한다면 5분 타이머로 짧게 읽는 방식을

활용한다.
- 재미없어하면 오디오북이나 영상과 연계된 책을 활용한다.

3. 오늘 바로 시도
- 아이가 선택한 대안 서적 또는 방법으로 5~10분 읽기 실험을 해 본다.
- 끝나면 "오늘 읽기 전과 후에 기분이 어땠어?"라는 식으로 간단하게 대화한다.

4. 기록 남기기
- 읽은 책 제목, 읽은 시간, 기분 변화 등을 한 줄로 메모한다.
- 다음 읽기 시 어떤 방법을 다시 쓸지 결정한다.

4
독서 질문 카드를 활용해서 체계를 세워주자

질문을 통해 생각하게 만들어 사고력을 키워준다

유대인이나 핀란드 교육이 적은 학습량으로도 성공적인 결과를 얻는 비결은 학습의 효율성 때문이다. 우리는 주로 강의를 듣고 암기하는 방식의 활동을 하는데 유대인이나 핀란드는 토론하고 직접 경험하며 서로 가르치는 방식을 선호한다. 많은 부모가 이러한 교육 철학을 따르려 노력한다. 하지만 막상 집에서 질문을 활용하려 할 때 구체적인 방법을 알기 어렵다. 아이들에게 질문을 만들어보라고 하면 무엇, 누구, 왜, 언제, 어디와 같은 단순한 질문에 그치는 경우가 많다. 우리의 사고 체계에 따른 구체적인 질문 단계와 방법은 없을까?

질문이 살아 있는 하브루타 활동의 효과는 무엇일까? 짝을 이루어 대화하고 토론하는 하브루타는 노벨상 수상자를 배출하고 다양한 분야에서 두각을 나타내는 유대인을 만들었다. 하브루타는 뇌를 활성화해 최고의 뇌로 만들어주는 역할을 한다. 질문과 토론만큼 뇌를 움직이고 생각하게 하는 것은 없기 때문이다. 토론과 논쟁은 뇌를 계발하고 고등 사고력을 기르는 가장 효율적인 방법이다. 뇌를 활성화한다는 것은 곧 생각하게 만든다는 의미이며 질문은 사람이 생각하지 않을 수 없게 만든다.

하브루타는 질문으로 시작해서 질문으로 끝난다. 좋은 질문이 있어야 제대로 된 토론이 가능하며 생각을 날카롭게 할 수 있다. 배움 또한 질문에서 시작된다. 인간은 배우기 위해 질문을 해야 하며 항상 의문을 가지고 질문해야 한다. 의문을 품는 것이 바로 지혜의 출발이다. 알면 알수록 의문이 생기고 질문이 늘어난다. 질문의 체계를 아이들도 이해한다면 훨씬 더 효율적이고 질 높은 독서 나눔 시간을 가질 수 있을 것이다. 엄마가 아이에게 가르쳐줄 수 있는 쉬운 질문 체계와 방법을 알아보자.

8단계 질문 체계로 고차원적 질문까지 연습한다

아이와 함께 집에서 쉽게 활용할 수 있는 질문 체계를 연구하면서 깨달은 점이 있다. 아이 혼자 질문을 만들게 하는 것보다 예시 질문들을 연습하고 응용하는 시간을 주는 것이 더 효과적이다. 책을 읽고 나서 생각을 확장하고 대화를 나누는 효과적인 방법은 질

독서 질문 카드를 활용하는 아이

문을 활용하는 것이다. 단순히 책의 내용을 확인하는 수준을 넘어서 감정이입, 이해, 분석, 창작, 적용 등 다양한 사고를 자극하는 질문을 단계적으로 활용하면 독서가 아이의 삶 속 경험으로 이어지게 된다. 이를 위해 '티키타카 독서 질문 체계'는 벤저민 블룸의 사고 영역을 기반으로 8단계의 질문으로 구성되어 있다.

첫째, '느낌 질문'이다. 이 단계는 책을 읽으면서 어떤 장면이 인상 깊었는지, 어떤 인물이 마음에 들었는지, 또는 책을 통해 어떤 감정을 느꼈는지를 물어보는 질문을 포함한다. 감정과 생각을 바탕으로 공감 능력을 자극하는 질문이 중심이 되며 아이가 자신만의 감정을 자연스럽게 말할 수 있도록 돕는다. 예를 들어 "이 장면에서 어떤 기분이 들었어?" 혹은 "이 인물은 어떤 마음이었을까?" 와 같은 질문이다.

둘째, '뭐였더라 질문'이다. 이 단계는 책의 내용을 얼마나 기억하는지를 점검하는 질문으로 구성된다. 주인공에게 어떤 일이 있었는지 특정 사건이 언제 일어났는지 등을 물어보는 질문이다. 이는 아이가 책의 줄거리를 이해하고 기억하는지를 확인하는 기초적인 독서 활동이 된다.

셋째, '관계 질문'이다. 책 속의 등장인물 간의 관계나 다른 이야기와의 유사점 혹은 차이점을 비교하고 분석하는 질문이다. '이 인물은 누구와 닮았을까?' '이 장면은 전에 읽은 책과 어떤 점이 비슷할까?'와 같은 질문을 통해 아이는 책의 맥락을 더 넓게 바라보게 된다.

넷째, '설명해줘 질문'이다. 아이가 책에서 이해한 내용을 자기 언어로 설명하거나 묘사하도록 유도하는 질문이다. 예를 들어 '이 장면을 유치원 동생에게 설명해준다면 어떻게 이야기할래?'처럼 이해한 내용을 쉽게 풀어 설명함으로써 표현력과 해석력을 키울 수 있다.

다섯째, '왜 질문'이다. 이 단계는 책의 사건이나 인물의 행동에 대해 이유를 물어보는 질문을 중심으로 한다. 어떤 선택이나 감정의 배경에 대해 아이가 생각하고 근거를 들어 설명하도록 유도한다. 때로는 책에 명확히 드러나 있지 않은 내용에 대해서도 상상력을 바탕으로 추론하게 할 수 있다.

여섯째, '만약 질문'이다. 이는 아이가 상황을 가정하고 창의적으로 상상해보는 활동을 포함한다. '네가 주인공이었다면 어떻게 했을까?' '이야기 결말을 바꾼다면 어떻게 될까?'와 같은 질문은 아이의 사고를 확장하고 스스로 선택하며 상상하는 능력을 기를 수 있도록 돕는다.

일곱째 '+-÷ 질문'이다. 이 단계는 내용을 요약하거나 분류하고 다른 이야기와 결합하여 재구성해 보는 질문을 포함한다. 이야기의 흐름을 정리하거나, 등장인물을 기준에 따라 나누거나, 다른 이야기와 합쳐 새로운 이야기를 상상하는 활동이 여기에 해당한다. 이는 통합적 사고력과 구조화 능력을 키우는 데 효과적이다.

여덟째 '그래서 질문'이다. 책을 읽고 난 후의 실천이나 태도의 변화를 끌어내는 질문이 중심이다. 작가가 전달하고자 했던 메시지를 정리하고 자신이 배운 내용을 일상에 어떻게 적용할 수 있을지를 고민하도록 돕는다. 또한 인물이나 사건에 대한 평가를 통해 아이 자신의 가치관과 관점을 세워나갈 수 있다.

이와 같은 8단계의 질문 체계를 활용하면 가정에서 부모와 아이가 함께 책을 읽고 나누는 시간이 단순한 독서 시간을 넘어 깊이 있는 생각과 감정이 흐르는 '소통의 시간'이 될 수 있다. 중요한 것은 질문이 정답을 찾기 위한 수단이 아니라 생각을 열고 서로의 마음을 나누는 과정이라는 점이다. 아이가 질문을 통해 스스로 사고하고 표현하는 힘을 기르는 것이 바로 '톡톡 독서 질문'의 핵심이다.

엄마가 8단계의 질문 체계를 이해했다면 막연히 단계별 질문 영역을 설명하려 하지 말고 아이에게 각 단계에 맞는 예시 질문을 카드로 만들어주거나 시중의 '톡톡 독서 질문 카드'를 구매해서 활용하는 것을 추천한다. 이를 통해 아이의 사고력을 자연스럽게 길러줄 수 있다.

	번호	예시 질문
1단계 (느낌)	1	이 책을 읽고 난 뒤 어떤 느낌이 들어? 예)『토끼와 거북이』를 읽고 난 느낌이 어때?
	2	이 책의 등장인물 중 가장 마음에 드는 인물과 가장 마음에 들지 않는 인물은 누구야? 그 이유는 뭐야? 예)『토끼와 거북이』이야기에서 가장 마음에 드는 인물과 가장 마음에 들지 않는 인물은 누구야? 그 이유는?
	3	이 책에 상을 준다면 어떤 상을 주고 싶어? 예)『토끼와 거북이』책을 읽고 나서 이 책에 상을 준다면 어떤 상을 주고 싶어?
2단계 (뭐였더라)	1	(무엇 질문) 이 책의 주인공인 ㅁㅁ에게 무슨 일이 있었나요? 예) 토끼와 거북이에게는 무슨 일이 있었나요?
	2	(누구 질문) ㅁㅁ을 한 주인공은 누구인가요? 예) 경주에서 우승한 주인공은 누구인가요?
	3	(언제 질문) ㅁㅁ이는 언제 ㅁㅁ을 하였나요? 예) 토끼는 언제 잠에서 깨어났나요?
	4	(예 아니오 질문) ㅁㅁ이는 ㅁㅁ을 하였나요? 예) 토끼는 최선을 다해 경주에 참여했나요?
3단계 (관계)	1	이 책의 인물 중 나(친구, 가족)의 성격과 닮은 인물은? 예)『토끼와 거북이』등장인물 중 나와 성격이 비슷한 인물은?
	2	이 책의 ㅁㅁ이를 동물이나 캐릭터로 비유하면 어떤 동물이나 캐릭터에 가까울까? 예) 이 책의 토끼와 거북이를 캐릭터로 비유하면 어떤 캐릭터에 가까울까? (카카오프렌즈나 만화 영화 등에 나오는 캐릭터 중)

	3	□□이와 □□이는 어떤 관계일까? 예) 토끼와 동물들은 어떤 사이일까요? 예) 숲속 동물들은 누구를 더 많이 응원했을까요? (토끼 vs 거북이)
4단계 (설명해줘)	1	이 책의 내용을 유치원 동생에게 2분 정도의 시간 동안 전해준다면 어떻게 요약해서 말해줄래? 예) 『토끼와 거북이』를 유치원 동생에게 2분 정도 요약해서 말해줄래?
	2	네가 상품안내자가 되어 이 책을 판매한다면 어떤 자막과 어떻게 소개할 수 있을까? 예) 네가 상품안내자가 되어 『토끼와 거북이』 책을 판매한다면 어떻게 소개할 수 있을까?
	3	이 책을 읽으면서 가장 마음이 편안했던 순간은 어느 부분이야? 예) 『토끼와 거북이』 이야기에서 가장 마음이 편안했던 순간은 어느 부분이야?
5단계 (왜)	1	□□은(는) 왜 □□ 했나요? 예) 달리기가 빠른 토끼는 왜 거북이에게 졌나요?
	2	왜 □□은 □□을 좋아할까? 예) 왜 숲속 친구들은 거북이를 응원했을까?
	3	왜 □□이는 □□한 생각을 했을까? 예) 왜 토끼는 당연히 자기가 이겼다고 생각했을까?
6단계 (만약)	1	만약 네가 ( )이라면 어떻게 했을 것 같아? 예) 네가 거북이라면 토끼의 경주 제안을 어떻게 했을 것 같아? 예) 만약 네가 자는 토끼 앞을 지나간다면 어떻게 했을 것 같아? 이유는?
	2	만약에 □□이가 □□하지 않았다면 어떻게 되었을까? 예) 만약 토끼가 잠들지 않았다면 어떻게 되었을까?
	3	만약 내가 이 책의 작가였다면 어떻게 내용을 진행했을까? 예) 만약 내가 이 책을 쓴다면 토끼와 거북이에게 어떤 능력을 더해주고 싶어?
7단계 (+-÷)	1	이 책의 이야기를 요약해 줘 예) 『토끼와 거북이』 이야기를 요약해줘.
	2	이 책의 내용을 5문장으로 요약해 보자. 예) 『토끼와 거북이』 이야기 내용을 5문장으로 요약해보자.

	3	「9시 뉴스」에 이 책의 내용을 소개한다면? 예) 「9시 뉴스」에 『토끼와 거북이』 책의 내용을 소개한다면?
8단계 (그래서)	1	이 책의 핵심 단어를 3개 말한다면? 이 책을 한 줄로 정리한다면? 예) 『토끼와 거북이』의 핵심 단어 3개를 말하자면? 예) 『토끼와 거북이』를 한 줄로 정리한다면?
	2	가장 기억에 남는 인물은 누구야? 예) 『토끼와 거북이』에서 가장 기억에 남는 동물은 누구야? 이유는?
	3	작가님을 직접 만난다면 어떤 말을 하고 싶어?
	4	(숫자 질문) 이 책에 대한 나의 별점을 주면 1~10 중 어떤 점수를 줄래? 그 이유는?

톡톡 독서 질문 카드의 질문 구성

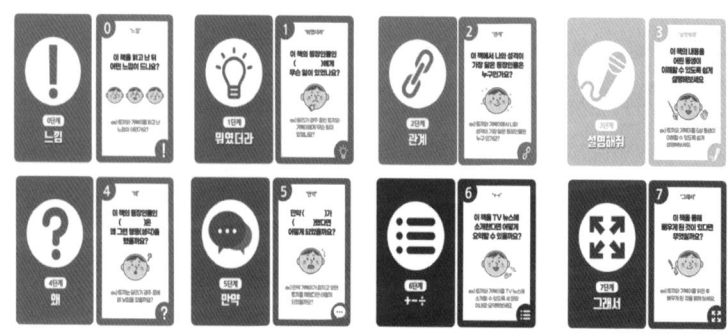

• 오늘부터 한 걸음

오늘은 아이와 함께 '독서 질문 카드 3단계' 활동을 해보자.

1. 짧은 글 또는 책 읽기

- 그림책, 동화, 짧은 기사 등 10분 내 읽을 수 있는 글을 준비한다.

- 부모와 아이가 함께 읽거나 각자 읽은 뒤 모인다.

2. 질문 카드 만들기
- 메모지나 포스트잇에 세 가지 유형의 질문을 쓴다.
    ① 사실 질문: 글 속에 답이 있는 질문 (예: 주인공 이름은?)
    ② 이해 질문: 내용을 해석하고 설명하게 하는 질문 (예: 주인공이 왜 그랬을까?)
    ③ 확장 질문: 내 경험과 다른 지식을 연결하는 질문 (예: 너라면 어떻게 했을까?)

3. 서로 질문 주고받기
- 아이가 만든 질문은 부모에게 부모가 만든 질문은 아이에게 던진다.
- 정답보다 생각 과정을 듣는 데 집중한다.

4. 기록 남기기
- 오늘 나온 '가장 재미있었던 질문' 1~2개를 독서 노트에 적고 날짜를 표시한다.
- 누적하면 나만의 '독서 질문 카드 모음'이 완성된다.

성장 스위치 5

루틴

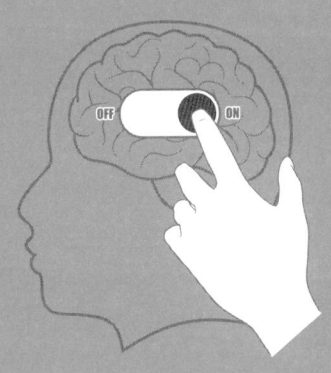

[
1
작은 습관 하나를 함께 정하고
시작해보자
]

제대로 된 습관을 만들면 더 깊고 빨리 나아갈 수 있다

"아이의 잠재력은 생각보다 높습니다. 다만 그것을 끌어올리는 힘은 재능이 아니라 습관입니다."

교육심리학자 윌리엄 제임스가 남긴 말이다. 습관은 마치 아이의 일상을 조용히 이끄는 숨은 조타수와도 같다. 매일 반복되는 작지만 의미 있는 행동이 시간이 지나면 삶의 방향을 바꾸는 커다란 물결이 된다. 초등학교는 그 습관의 씨앗을 심고 뿌리내리는 결정적인 시기이다. 이 시기에 어떤 습관을 들이느냐에 따라 아이의 학습 태도, 자존감, 자기관리 능력은 물론 미래를 대하는 태도까지 달라질 수 있다. 특히 초등학교 6년 동안은 뇌, 성격, 사고방식이

유연하게 자라고 형성되는 시기다. 학년별 특징에 맞춘 습관 형성 전략이 필요하다.

초등학교 저학년(1~2학년)은 '반복과 놀이 속에서 생활 습관의 기초를 다지는 시기'다. 이 시기의 아이들은 마치 스펀지처럼 보고 듣는 것을 빠르게 흡수한다. 하지만 전두엽이 아직 미숙해서 충동 조절이나 장기 계획을 세우는 능력은 부족하다. 정서적으로 부모나 교사의 인정과 관심에 민감하게 반응하며 "잘했다."라는 칭찬 한마디가 행동의 강력한 보상으로 작용한다. 이 시기 습관 형성의 핵심은 '리듬과 반복'이다. 아침에 일어나 양치하고 책 한 권 읽기, 밥 먹고 책가방 정리하기 같은 루틴은 게임처럼 규칙을 만들어 접근하면 훨씬 잘 받아들인다. 어느 엄마는 아이에게 '생활 미션 카드'를 만들어주고 수행할 때마다 별 스티커를 주었다. 몇 주 후 아이는 스스로 일과를 점검하며 "이제 이건 나 혼자 할 수 있어!"라고 말할 수 있게 되었다. 찰스 두히그는 저서 『습관의 힘』에서 "습관은 신호, 행동, 보상의 고리로 작동한다."라고 했다. 저학년 아이들에게는 이 구조를 단순하고 재미있게 만들어주는 것이 관건이다. 예를 들어 '자기 전 책 읽기'라는 습관은 '잠옷 갈아입기(신호) → 책 읽기(행동) → 엄마의 포옹과 칭찬(보상)'의 흐름으로 설계하면 된다.

초등학교 중학년(3~4학년)은 '자기 인식이 시작되고 비교가 늘어나는 시기'이다. 그래서 자율성과 성찰 습관이 필요하다. 3~4학년은 사고력이 발달하고 아이가 스스로 관찰하기 시작하는 시기이다. 친구와의 비교, 선생님의 평가, 형제자매 간의 경쟁이 자아 형성에 직접적인 영향을 준다. 정서적으로는 성공과 실패의 경험을 통해 '나는 어떤 사람인가?'를 고민하기 시작하며 외부 평가에 따라 자존감이 흔들리기도 한다. 이 시기에 중요한 습관은 자기 점검과 계획 세우기이다. 예를 들어 '오늘 하루에서 가장 잘한 일 한 가지와 내일 하고 싶은 일 한 가지 적기' 같은 간단한 루틴은 아이의 자기 인식과 성찰을 키워준다. 아이가 직접 자기 할 일을 정리해보도록 유도하고 부모는 질문으로 돕는 방식이 효과적이다. "오늘 하루 중에 가장 기분 좋았던 순간은 뭐였어?" "내일 어떤 걸 먼저 하고 싶어?"

심리학자 캐롤 드웩은 저서 『마인드셋』에서 노력에 대한 칭찬이 성상형 사고방식을 형성한다고 강조했다. 결과에 집중하지 말고 아이가 계획을 세우고 성실히 실행한 점을 칭찬하는 것이 아이의 자기 주도적 습관을 강화하는 열쇠가 된다. 이 시기부터는 간단한 인공지능 앱을 이용한 계획 도구(예를 들어 챗GPT에 오늘의 할 일 물어보기) 등을 도입해 보는 것도 좋은 시작이 될 수 있다.

초등학교 고학년(5~6학년)은 생각이 깊어지고 스스로 설계할 수 있는 시기이고 복합적 습관을 다듬는 단계다. 고학년은 추상적 사고가 가능해지고 미래에 대한 상상과 현실 계획이 교차하는 시기이다. 친구의 영향력이 매우 커지고 자율성 욕구가 강해진다. 동시에 스마트폰, 유튜브, 게임 등 디지털 매체의 유혹이 가장 큰 시기이기도 하다. 부모의 말보다 또래 친구의 행동을 더 따르려는 경향도 짙어진다. 이 시기의 습관 형성은 '자기 설계 능력'을 키우는 데 초점을 맞춰야 한다. 예를 들어 목표 설정 → 구체적 계획 세우기 → 실행 결과 피드백 받기로 이어지는 학습 루틴을 시도해볼 수 있다.

한 고학년 아이는 매일 아침 인공지능 플래너 앱을 열고 공부할 과목과 시간을 직접 정리한 뒤 엄마에게 그날의 계획을 발표하는 루틴을 만들었다. 몇 주 뒤 아이는 "이건 내가 정한 거니까 더 지키고 싶어."라고 말했다. 행동과학자 B. J. 포그는 "습관은 작게 시작하고 쉽게 이길 수 있도록 설계하라"고 했다. 고학년은 인지적으로 자기 계획을 세울 수 있으므로 습관을 '내가 정한 규칙'으로 만들 수 있도록 해야 한다. 인공지능 시대의 고학년 아이에게는 디지털 활용 습관도 중요하다. 예컨대 유튜브는 '하루 30분, 교육 콘텐츠 먼저 보기' 같은 구체적인 규칙을 두고 이를 지켰을 때 자신을 스스로 칭찬하는 문화도 함께 길러야 한다.

인공지능 시대에 습관은 더욱 중요한 교육의 뿌리가 된다

인공지능은 아이의 학습과 생활을 도와주는 '똑똑한 친구'이자 동시에 잘못 쓰면 쉽게 빠져드는 '유혹'이 될 수도 있다. 기술이 발달할수록 인간 고유의 자기조절력과 반복하는 힘이 더욱 중요해진다. 인공지능이 공부하는 데 도움을 줄 순 있어도 꾸준히 공부하는 습관까지 만들어주진 않는다. 따라서 부모는 아이에게 인공지능이 목표를 위한 도구로 사용될 수 있도록 습관을 잡아주어야 한다.

부모가 꼭 기억해야 할 습관 지도법은 다음과 같다. 첫째, 아이의 발달 단계에 맞춰 습관을 설계하라. 발달에 맞지 않는 습관 요구는 좌절만 키운다. 지금 우리 아이가 가능한 수준에서부터 출발하자. 둘째, 결과보다 '반복'을 더 중요하게 여겨라. 하루 5분이든 10분이든 매일 꾸준히 반복하는 것이 '변화의 뿌리'가 된다. 습관은 속도보다 방향이다. 셋째, 함께하는 습관이 먼저다. 아이 혼자 하게 하지 말고 부모가 함께 시작해주는 습관이 훨씬 오래 간다. 아이는 말보다 행동을 배운다. 넷째, 기술은 통제 대상이 아니라 습관의 파트너가 될 수 있다. 인공지능을 막기보다는 활용법을 가르치고 그 안에서 습관을 함께 만드는 '디지털 코칭'의 자세가 필요하다.

좋은 습관은 아이의 성장을 조용하지만 단단하게 이끄는 마중물이 된다. 오늘 심은 작은 습관 하나가 아이의 미래를 꽃피우는 씨앗이 될 것이다. 부모는 바로 그 씨앗을 뿌리는 첫 번째 농부이며 함께 자라주는 정원사이다.

• 오늘부터 한 걸음

오늘은 아이의 학년 특성에 맞는 '작은 습관 하나'를 함께 정하고 바로 시작해보자.

1. 아이 학년별 핵심 습관 영역 파악

저학년(1~2학년) → 생활 습관(정리 정돈, 아침 준비)

중학년(3~4학년) → 학습 습관(숙제 시간 지키기, 독서 시간 확보)

고학년(5~6학년) → 자기관리 습관(계획 세우기, 스스로 점검하기)

2. 습관 목표 1개 선정

- 아이가 스스로 "이건 해볼래."라고 고른 것을 기록
- 목표는 작고 구체적으로 정한다. (예: 매일 저녁 식사 후 10분 책 읽기)

3. 시작 신호 만들기

- 습관을 시작할 '신호'를 정한다. (예: 알람 소리, 밥 먹거나 설거지 끝난 후, 양치 직후 등)

4. 성공 표시

- 달력과 체크리스트에 성공한 날마다 스티커를 붙인다.
- 1주일 연속 성공 시 작은 칭찬이나 보상을 제공한다.

5. 한 주 피드백

- 일요일 저녁 "이번 주 어땠어?" "다음 주는 어떻게 할까?"라는 식으로 대화한다.
- 조정이 필요하면 목표를 더 쉽게 혹은 조금 높게 변경한다.

2
결과보다 과정을 칭찬하는 하루를 실천해보자

지시된 목표가 아닌 스스로 동기부여하는 게 중요하다

"왜 공부해야 해?" "좋은 대학 가려고?" "그러면 좋은 직장에 갈 수 있지."

이런 식의 대화가 어찌 보면 우리 부모들에게 익숙한 대화 패턴일 것이다. 하지만 이러한 아이 처지에서 보면 부모가 정해놓은 목표를 따라가는 수동적인 동기부여 방식일 수 있다. 그러나 21세기를 넘어 인공지능 에이전트와 함께 살아갈 아이들에게는 '지시된 목표'가 아닌 '스스로 이유를 찾는 능력'이 더 중요하다. 습관은 단순한 반복이 아니라 자신이 왜 그 행동을 해야 하는지를 알고 의미를 느끼며 꾸준히 실천할 때 비로소 내면화된다. 이는 자기 주도적

엄마와 아이의 대화

학습, 자기관리 능력, 회복탄력성과 같은 미래 핵심역량의 기반이 되며 아이의 삶 전체에 영향을 미친다.

　미래 사회를 준비하는 부모의 역할은 단순히 지식을 주입하는 것을 넘어 아이들이 스스로 배우고 성장하며 난관을 헤쳐 나갈 수 있는 단단한 내면의 힘을 길러주는 것이다. 그 핵심에는 바로 긍정적 사고와 올바른 습관이 자리하고 있다. 긍정적인 마음은 어떤 어려움에도 희망을 잃지 않고 도전하게 하는 원동력이 되며 올바른 습관은 그 도전을 꾸준히 이어서 목표에 도달하게 하는 든든한 디딤돌이 된다. 이 장에서는 아이들이 스스로 동기를 부여하고 긍정적인 피드백을 통해 좋은 습관을 형성하며 나아가 미래 사회를 주도하는 인재로 성장하도록 돕는 실질적인 방법에 관해 이야기할 것이다.

긍정 피드백으로 내적 동기를 강화해 습관을 만든다

　우리는 흔히 습관을 '무의식적인 행동의 반복'이라고 생각한다.

하지만 단순한 반복을 넘어 지속가능한 습관을 형성하기 위해서는 내적 동기라는 강력한 엔진이 필요하다. 아이들이 어떤 행동을 자발적으로 하고 싶다는 마음이 들 때 비로소 의미 있는 습관으로 자리 잡을 가능성이 커진다. 미국의 심리학자 에드워드 데시Edward Deci와 리처드 라이언Richard Ryan이 제시한 '자기결정이론Self-Determination Theory'은 인간이 자율성, 유능감, 관계성이라는 기본적인 심리적 욕구를 충족시키려 할 때 내적 동기가 활성화된다고 말한다. 즉 아이들이 스스로 선택하고 잘해낼 수 있다고 느끼며 주변 사람들과 긍정적인 관계 속에서 지지받는다고 생각할 때 비로소 내적으로 움직이는 힘을 얻게 되는 것이다.

여기에 긍정적 피드백은 아이들의 내적 동기를 더욱 강화하고 습관 형성을 빠르게 하는 중요한 요소이다. 행동주의 심리학의 대가인 B. F. 스키너는 긍정적 강화가 행동의 빈도를 높이는 데 효과적이라고 주장했다. 단순히 칭찬을 넘어 아이의 노력과 성장을 구체적으로 인정하고 격려하는 긍정적 피드백은 아이가 자기 행동에 대한 가치를 깨닫고 다음 행동으로 나아갈 용기를 얻게 한다. 특히 미래 사회의 핵심역량으로 꼽히는 자기 주도성, 문제해결 능력, 창의성 등은 단순히 외적인 보상이나 강압적인 지시로 길러지는 것이 아니다. 아이 스스로 동기를 느끼고 시행착오를 통해 배우는 과정에서 발달한다.

최근 인공지능 시대에 접어들면서 습관 형성 및 동기 유발 방식에 대한 논의도 활발하게 이루어지고 있다. 제임스 클리어James Clear

는 저서 『아주 작은 습관의 힘』에서 습관 형성의 네 가지 법칙(분명하게 만들기, 매력적으로 만들기, 쉽게 만들기, 만족스럽게 만들기)을 제시하며 특히 행동을 '만족스럽게 만드는 것'이 습관을 유지하는 핵심 동기라고 강조한다. 인공지능 기술은 개인의 행동 패턴을 분석하여 맞춤형 피드백을 제공하고 게임화 요소를 통해 동기부여를 도울 수 있다.

하지만 중요한 것은 이러한 기술이 아이들의 '내적 동기'를 저해하지 않고 오히려 이를 강화하는 방향으로 활용되어야 한다는 점이다. 아이들이 인공지능의 지시에 맹목적으로 따르기보다는 인공지능의 도움을 받아 스스로 목표를 설정하고 자신의 강점을 발견하며 필요한 습관을 형성해 나가는 주도적인 학습자로 성장해야 한다. 이는 학자들이 주장하는 '인간 중심 인공지능'의 철학과도 맞닿아 있다. 즉 인공지능은 아이의 자율성과 유능감을 높이는 도구로 활용되어야 하며 인위적인 외부 보상에 의존하게 만드는 방식은 지양해야 한다.

긍정적 피드백은 단순한 칭찬을 넘어 아이의 뇌 속에 긍정적인 신경 회로를 형성하고 특정 행동을 반복하고 싶게 만드는 강력한 힘을 가지고 있다. 이는 도파민 분비와도 밀접한 관련이 있다. 우리가 어떤 행동을 통해 긍정적인 결과를 얻거나 칭찬받으면 뇌에서는 쾌감을 느끼게 하는 신경전달물질인 도파민이 분비된다. 이 도파민은 그 행동을 다시 하고 싶게 만드는 학습 효과를 가져온다. 무엇보다도 긍정적 피드백은 아이가 스스로 잘해내고 있다는 유능감을 느끼게 하여 외부의 보상 없이도 자기만족을 통해 행동을 지속할 수 있는 내적 동기를 키운다. 또한 "나는 할 수 있다."라는 자기효능감을 높여주어 아이가 자기 능력과 잠재력을 믿고 새로운 도전에 나설 수 있도록 한다.

실패를 경험했을 때도 긍정적인 피드백은 좌절하지 않고 다시 일어서는 힘, 즉 회복탄력성을 기르는 데 중요한 역할을 한다. 예를 들어 "네가 노력하는 모습이 정말 멋졌어. 다음번에는 더 잘할 수 있을 거야!"와 같은 말은 아이가 실패를 성장의 기회로 받아들이게 만든다. 이런 부모의 긍정적 피드백은 아이가 스스로 긍정적으로 바라보고 자신의 가치를 깨닫는 데 도움을 준다. 이는 건강한 자존감 형성의 기초가 된다. 나아가 부모로부터 인정과 지지를 받는 경험은 아이에게 정서적 안정감을 제공하여 새로운 시도를 할 때 든든한 심리적 기반이 된다.

단순히 "잘했어!"라고 말하는 것보다 "네가 이렇게 정리 정돈을 잘해서 방이 훨씬 깨끗해졌네! 덕분에 필요한 물건도 쉽게 찾을 수 있겠어."와 같이 구체적으로 어떤 행동이 어떤 긍정적인 결과를 가져왔는지 언급해주는 편이 효과적이다. 또한 결과가 좋지 않더라도 "비록 이번에는 성공하지 못했지만 네가 이 문제를 해결하기 위해 끝까지 노력하는 모습이 정말 인상 깊었어. 그 노력이 언젠가 꼭 빛을 발할 거야."와 같이 노력의 과정과 아이의 강점을 칭찬하는 것이 중요하다. 이는 아이가 성장하는 과정에서 마주하는 수많은 난관을 긍정적인 마음으로 헤쳐나갈 수 있는 단단한 내면의 힘을 길러줄 것이다.

발달 단계별 전략을 활용해 습관 형성을 돕는다

초등학생 시기는 신체적, 인지적, 정서적으로 급격한 성장을 경험한다. 이 시기에 형성된 습관은 평생의 삶에 영향을 미친다. 특히 초등학생은 학년에 따라 발달 특징이 다르고 그에 따라 습관 형성 방식과 부모의 개입 방식 또한 달라져야 한다. 아이의 성장 흐름에 맞춰 습관을 형성하고 동기 유발 전략을 세운다면 부모는 아이의 내면을 키워주는 진정한 조력자가 될 수 있다.

초등학교 저학년(1~2학년)은 흥미와 놀이를 통해 습관의 기초를 다져야 하는 시기다. 이 시기의 아이들은 장 피아제의 인지발달 이론에서 말하는 구체적 조작기에 해당하며 눈에 보이고 만질 수 있는 경험에 강하게 반응한다. 세상에 대한 호기심이 크고 감정 표현도 솔직하다. 그러나 아직은 자기조절력이 미숙하고 즉각적인 보상이나 칭찬에 크게 반응하기 때문에 부모의 역할이 특히 중요하다. '해야 한다.'라는 강요보다는 '하고 싶다.'라는 마음이 들도록 유도하고 놀이 요소를 접목하여 생활 속에서 자연스럽게 습관을 만들어가는 접근이 효과적이다.

이를테면 정리 정돈을 가르칠 때 "우리 장난감 친구들이 제자리에 가고 싶어 한대!"라는 식으로 놀이처럼 상황을 설정하고 아이가 정리를 마치면 "블록을 이렇게 멋지게 정리했네! 덕분에 다른 친구들이 놀이 공간을 넓게 쓸 수 있겠어."라고 칭찬하면 아이는 정리의 의미를 감정적으로 받아들이고 즐겁게 반복할 수 있다. 독서 습관 역시 마찬가지이다. 아이와 함께 좋아하는 그림책을 읽고 "어떤 그림이 가장 마음에 들었어?" "왜 이 주인공은 이렇게 행동할까?"와 같은 질문으로 아이의 감정을 이끌어내면 내적 동기를 자극할 수 있다. 여기에 예쁜 스티커를 활용한 독서 기록표는 성취감을 높이는 좋은 도구가 된다. 이처럼 저학년 시기에는 작은 행동에도 크게 반응해주고 행동의 결과보다 과정 자체를 칭찬하는 방식이 효과적이다.

초등학교 중학년(3~4학년)은 규칙과 책임감을 통해 습관이 내면화되는 시기다. 인지적 발달이 진전되면서 아이는 논리적으로 사고할 수 있게 되며 왜 어떤 행동이 필요한지를 이해하려고 한다. 또래 친구와의 관계가 점차 중요해지고 부모의 말보다 또래의 평가를 더 의식하는 변화가 나타난다. 이 시기의 습관 형성은 단순히 부모가 지시한 활동을 따르게 하는 것보다 아이가 스스로 그 습관의 필요성과 목적을 인식하고 계획할 수 있도록 돕는 것이 핵심이다.

예를 들어 학습 습관을 기를 때는 부모가 일방적으로 계획을 정해주는 대신 아이와 함께 주간 계획표를 만들고 "어떤 시간대에 숙제하면 가장 좋을까?"라고 질문하면서 아이의 의견을 반영해야 한다. 계획을 지켰다면 "스스로 계획을 세우고 실천한 네 모습이 멋지다. 덕분에 남은 시간이 더 여유로웠겠구나."라고 구체적으로 칭찬하고 계획을 지키지 못했을 때도 "다음번에는 어떻게 하면 더 잘 지킬 수 있을까?"라는 식으로 문제해결을 위한 대화를 나누는 것이 좋다.

또한 용돈 관리를 지도할 때도 장난감을 사기 위해 얼마를 모아야 하는지를 함께 계산하고 지출을 기록하는 기입장을 작성하게 하면 좋다. 아이는 이 과정을 통해 책임감을 배우고 자기 조절력을 키운다. 충동적으로 물건을 사지 않고 참았을 때는 "정말 대단하다! 사고 싶은 마음을 참았구나. 덕분에 더 소중한 것을 살 수 있게 되었네."라고 격려하면 자기 통제에 대한 긍정적 경험을 쌓을 수 있다. 중학년 시기에는 자율성과 책임감을 키워주기 위해 아이가 스스로 선택하고 판단하는 기회를 주는 것이 무엇보다 중요하다.

초등학교 고학년(5~6학년)은 목표를 스스로 설정하고 자기 주도성을 강화해 나가는 시기다. 추상적 사고가 가능해지며 자신의 흥미와 적성에 대한 탐색이 시작된다. 또래의 영향력이 더 커지고 부모로부터 독립된 자아를 형성하려는 욕구도 강해진다. 이 시기에는 단기적인 과제 수행을 넘어서 장기적인 목표 설정과 연결된 습관 형성이 중요하며 부모의 역할은 지시자가 아니라 조력자로 변화해야 한다.

예를 들어 아이의 진로를 이야기하면서 "네가 되고 싶은 미래의 모습은 어떤 모습일까? 그 꿈을 이루려면 어떤 습관이 필요할까?"라고 질문하며 아이의 사고를 확장할 수 있다. 만약 특정 과목에서 어려움을 겪고 있다면 "어떤 방법으로 해결해보았니? 스스로 해보려는 모습이 정말 멋지다."라고 말하며 과정을 인정해주고 필요한 경우 부모가 자료를 함께 찾거나 도움을 구하는 방법을 안내하면 된다. 이 시기의 아이는 실패를 경험하더라도 그것을 성장의 계기로 받아들일 수 있도록 도와주는 피드백이 중요하다.

생활 습관 역시 아이가 스스로 규칙을 정하고 지킬 수 있도록 유도해야 한다. 스마트폰 사용 시간을 조절하거나 운동 계획을 세울 때 "책을 읽어서 기분이 어땠어? 스스로 절제하는 모습이 정말 멋져. 이런 작은 습관들이 너를 더 지혜롭게 만들 거야."라고 말해주면 자기조절력과 자기효능감을 동시에 키울 수 있다. 자발적으로 운동을 시작했을 때는 "스스로 계획을 세우고 꾸준히 하는 모습이 정말 놀랍다. 덕분에 몸도 튼튼해지고 에너지도 넘칠 거야."라고 격려하면 긍정적인 자기 인식과 성취감을 함께 얻을 수 있다.

결국 초등학생의 습관 형성은 단순한 반복이 아니라 아이의 발달 수준에 맞는 동기 유발과 정서적 피드백이 결합해야 비로소 내면화된다. 부모는 아이의 성장을 돕는 든든한 동반자로서 각 시기의 특성을 이해하고 상황에 맞는 질문과 피드백으로 아이의 일상 속 습관을 지지해야 한다. 이러한 노력이 쌓일 때 아이는 자기 삶의 주인이 되는 첫걸음을 더욱 안정적으로 내디딜 수 있다.

아이가 마음을 열고 스스로 행동하게 해야 한다

아이의 내적 동기를 키우기 위해 부모가 던지는 한마디 말은 생각보다 강력한 힘을 지닌다. 단순히 "공부해."라고 지시하는 대신 아이가 스스로 '왜 해야 하는지' '어떤 점이 좋은지'를 고민하게 만드는 질문은 습관 형성에 큰 도움을 준다. 특히 다음과 같은 다섯 가지 질문은 아이의 마음을 열고 스스로 행동하게 만드는 데 효과적이다.

첫째, "이걸 하고 싶은 이유가 뭘까?"라고 묻자. 이 질문은 아이가 단순히 어떤 행동을 하고 싶다는 표면적인 이유를 넘어서 그 속에 숨겨진 진짜 동기를 탐색하게 만든다. 예를 들어 아이가 축구를 배우고 싶다고 할 때 "재미있어 보여서?" 혹은 "친구들이랑 뛰는 게 좋아서?"라는 식으로 구체적인 질문을 던지면 단지 축구를 잘하고 싶다는 바람보다 친구들과의 관계나 활동 자체에서 얻는 즐거움이 더 중요한 이유였다는 걸 아이 스스로 발견할 수 있다. 이는 습관을 지속할 수 있는 내면의 동기를 만들어주는 계기가 된다.

둘째, "이걸 잘해내면 어떤 점이 가장 좋을까?"라고 묻자. 아이가 어떤 행동을 했을 때 느낄 수 있는 심리적인 만족감, 즉 내적인 보상을 미리 상상하게 하는 질문이다. 예를 들어 숙제를 미루고 놀고 싶어 할 때 "숙제를 다 끝내면 어떤 기분일까? 뿌듯하지 않을까? 그러면 남은 시간엔 더 신나게 놀 수 있지 않을까?"라고 말해주면 아이는 숙제해야 할 이유를 스스로 이해하고 행동에 나설 가능성을 높일 수 있다.

셋째, "만약 어렵거나 포기하고 싶을 때는 어떻게 하면 좋을까?"라고 묻자. 습관을 형성하는 과정에서 어려움이나 실패는 당연히 찾아온다. 이 질문은 아이가 그런 상황을 미리 상상해보고 대처 방법을 스스로 고민하게 한다. 예를 들어 아침에 일어나는 것을 힘들어하는 아이에게 "내일도 일어나기 싫을 수 있는데 그럴 땐 어떻게 할까? 알람을 멀리 둘까? 아니면 엄마가 조용히 깨워줄까?"라고 물어보면 아이는 스스로 대안을 생각하고 실행할 준비를 하게 된다. 동시에 부모가 도와줄 준비가 되어 있다는 점을 인식하면서 정서적인 안정감도 얻는다.

넷째, "이걸 잘해내기 위해 엄마 아빠가 어떻게 도와주면 좋을까?"라고 묻지. 이 질문은 부모가 지시자가 아니라 조력자로서 옆에 있다는 것을 보여주는 말이다. 아이는 이 질문을 통해 스스로 도움을 요청하는 법을 배우고 필요한 지지를 말로 표현할 수 있게 된다. 예를 들어 피아노 연습을 어려워하는 아이에게 "어떤 부분이 힘들어? 같이 악보를 볼까? 아니면 네가 좋아하는 곡을 함께 찾아볼까?"라고 말하면 아이는 자신의 어려움을 털어놓고 부모와 함께 문제를 해결하는 경험을 하게 된다.

다섯째, "오늘 노력한 것 중에 가장 자랑스러운 점은 뭐야?"라고 묻자. 하루를 마무리하며 이런 질문을 받는다면 아이는 스스로 노력을 돌아보게 되고 비록 결과가 기대에 못 미쳤다고 하더라도 그 과정을 긍정적으로 받아들이게 된다. 시험을 본 날이라면 "시험 준비하면서 어떤 점이 가장 자랑스러웠어? 어제 계획을 잘 지킨 거? 아니면 어려운 문제를 끝까지 풀어보려 했던 거?"라는 질문을 통해 아이는 자신이 해낸 과정을 다시 떠올리고 스스로 인정하게 된다. 이는 다음 도전으로 이어지는 중요한 심리적 기반이 된다.

이처럼 부모가 던지는 다섯 가지 질문은 단순한 대화가 아니라 아이의 내면에 숨어 있는 동기를 끌어올리는 열쇠가 된다. 이러한 질문을 통해 아이는 '왜'라는 물음을 스스로 던지며 자기 삶의 방향을 설정해 나가는 힘을 기르게 된다. 결국 습관 형성은 단순히 행동을 반복하게 만드는 것이 아니라 아이가 자신의 삶을 주도적으로 살아갈 수 있도록 돕는 중요한 과정이며 부모는 그 시작점을 함께 걸어주는 든든한 동반자가 되어야 한다.

• 오늘부터 한 걸음

오늘은 아이에게 '결과가 아닌 과정'을 칭찬하는 하루를 실천해보자.

1. 관찰 포인트 정하기
- 오늘 하루 아이가 노력하고 집중하고 성실하게 시도한 순간을 3번 이상 찾아본다. (예: 숙제를 제시간에 시작함, 정리 정돈을 스스로 함, 포기하지 않고 끝까지 시도한다.)

2. 구체적 피드백 주기
- "잘했어." 대신 "네가 스스로 시간 지켜서 시작한 게 멋지다."라고 말해준다.
- "어려워도 끝까지 해낸 모습이 인상적이야."와 같이 행동과 태도를 구체적으로 칭찬한다.

3. 아이 반응 듣기
- "네가 해낸 걸 스스로 어떻게 느껴?" 한 마디 물어본다.
- 아이가 말한 기분을 존중하며 "그 마음이 계속 이어지면 좋겠다."로 마무리한다.

4 기록 남기기
- 오늘의 긍정 피드백 1~2개를 짧게 메모한다.
- 주말에 모아보며 "이런 모습이 점점 늘고 있네."라고 함께 확인한다.

[
3

좋은 습관을 길러주는 것이 가장 확실한 미래 투자다
]

어려운 상황을 극복할 수 있는 내면의 힘을 키운다

미래 사회를 살아갈 아이들을 위한 부모의 역할은 단지 지식을 전달하는 데 그치지 않는다. 진정한 부모의 역할은 아이가 스스로 배우고 성장하며 어려운 상황 속에서도 흔들리지 않고 나아갈 내면의 힘을 키워주는 데 있다. 그 중심에는 긍정적인 마음가짐과 올바른 습관이 자리한다. 긍정적인 사고는 어떤 어려움이 닥쳐도 희망을 잃지 않게 해주며 꾸준히 실천되는 습관은 그 희망을 현실로 만들어주는 든든한 디딤돌이 된다. 이 장에서는 아이가 스스로 동기를 찾고 부모의 긍정적인 피드백을 통해 좋은 습관을 형성해 나가며 궁극적으로 변화의 시대를 이끌어갈 수 있는 아이로 성장할

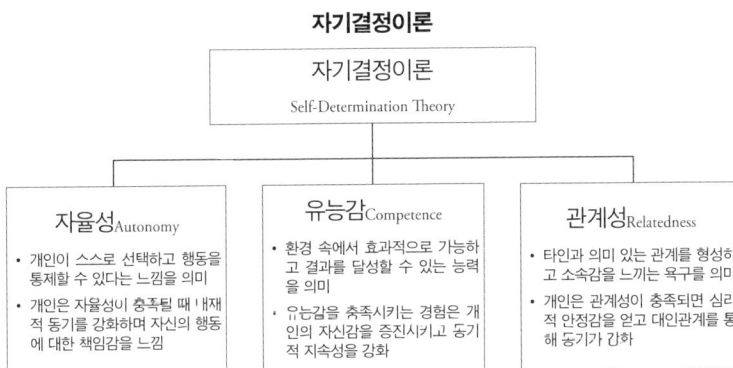

　수 있도록 도와주는 실질적인 방법을 살펴보고자 한다.

　아이에게 좋은 습관을 길러주는 일은 가장 확실한 미래 투자의 한 형태라 할 수 있다. "이거 해!" "왜 안 했어?"와 같은 잔소리보다 과학적으로 입증된 습관 형성 원리를 활용해보자. 아이는 스스로 즐겁게 습관을 만들어갈 수 있다. 다음에 소개할 네 가지 방법은 심리학과 행동과학 분야의 대표적인 연구자들이 제시한 이론으로 초등학생의 일상에 효과적으로 적용할 수 있다.

　첫째, 동기를 끌어내는 방법이다. 에드워드 데시와 리처드 라이언은 인간은 자율성, 유능감, 관계성이라는 세 가지 기본 심리 욕구가 충족될 때 스스로 동기를 느낀다고 설명한다. 이를 '자기결정성 이론'이라고 부른다. 아이가 어떤 행동을 단지 '시키니까.'가 아니라 '내가 하고 싶어서.' '이게 나에게 도움이 되니까.'라는 이유로 시작하도록 돕는 것이 중요하다. 예를 들어 아이가 하루 10분씩 책을 읽기로 했을 때 그 이유를 부모가 정해주는 것이 아니라 아이가 '책을 읽으면 이야기 속에 빠져드는 게 좋아.'라고 느끼고 말할 수

스마트폰 잠금장치

있도록 질문과 대화를 통해 유도해 주는 것이다. 아이 스스로 목표를 정하고 그 목표의 의미를 이해하게 도와주는 부모의 역할은 습관 형성의 출발선이다.

둘째, 환경을 설계하는 방법이다. B. J. 포그B. J. Fogg는 좋은 습관을 만들기 위해서는 환경을 바꾸는 것이 중요하다고 강조한다. 그는 동기, 능력, 자극이 동시에 작용해야 행동이 일어난다고 했다. 특히 그중에서도 아이가 자연스럽게 좋은 습관을 실천할 수 있도록 환경을 정리하고 구조화하는 것이 중요하다고 본다. 예를 들어 숙제를 바로 할 수 있게 책상 위를 깔끔하게 정리하고 디지털 기기 사용을 최소화하는 환경을 만들어주는 것이다. 반대로 아이가 자주 빠지는 유혹이 있다. 예를 들면 스마트폰, TV 리모컨 같은 것들은 눈에 보이지 않는 곳에 두어 접근 자체를 어렵게 만들면 습관 형성이 쉬워진다. 습관은 의지력보다 환경이 좌우하는 경우가 많다는 것을 부모가 이해해야 한다.

작은 습관을 만드는 법

	작게 만들 습관	스타터 단계	행동의 축소
1	매일 책 읽기	책 꺼내기	한 단락 읽기
2	물 마시기	가방에 물병 넣기	물 한 모금 마시기
3	매일 비타민 복용	작은 병에 비타민 옮기기	비타민 한 알 먹기
4	글씨 잘 쓰기	감사노트 펴기	딱 한 줄 정성껏 쓰기
5	핸드폰 절제	핸드폰을 눈에 안 보이게 치우기	-
6	준비물 챙기기	알람 보기(냉장고·신발장)	준비물을 가방에 넣어 신발장 앞에 놓기

셋째, 작게 시작하는 방법이다. 제임스 클리어는 저서 『아주 작은 습관의 힘』에서 모든 큰 변화는 아주 작은 행동의 반복에서 시작된다고 말한다. 아이에게 처음부터 '30분 책 읽기' 같은 부담스러운 목표를 주는 대신 '3분만 책 보기'부터 시작하면 부담이 줄고 시도하기 쉬워진다. 중요한 건 습관이 무리 없이 일상에 스며들 수 있도록 '쉽게 만들기'다. 행동이 쉬워지면 자연스럽게 반복되고 반복되면 스스로 의미를 느끼게 된다. 그러면 아이는 더 이상 누가 시키지 않아도 그 습관을 지속하게 된다. '성공 경험'이 습관을 이어가는 가장 강력한 원동력이 되는 것이다.

넷째, 기존 습관에 새로운 습관을 연결하는 방법이다. 찰스 두히그는 습관은 '신호, 행동, 보상'이라는 고리로 형성된다고 보았다. 그는 이미 익숙한 습관에 새로운 습관을 덧붙이는 '습관 쌓기' 전략을 소개한다. 예를 들어 '양치질을 한 다음 5분 동안 책을 읽는다.'라는 식으로 매일 반복되는 일상 루틴에 새로운 습관을 연결하

기존 습관에 새로운 습관을 연결하는 방법
매일 하고 있는 일 사이에 넣기

> 나는 (아침에 침대에 앉은) 후에 (할 일을 적을) 것이다.
> 나는 (양치질) 후에 (팔굽혀펴기를 2회) 할 것이다.
> 나는 (샤워를 한) 후에 (일기를 펼칠) 것이다.
> 나는 (저녁 식사) 후에 (알림을 확인하고 준비물을 준비할) 것이다.

면 훨씬 쉽게 정착된다. 익숙한 행동은 그 자체로 강력한 '신호'가 되며 새로운 습관이 그 뒤에 자연스럽게 따라붙게 된다. 아이는 따로 기억하려 하지 않아도 흐름 속에서 새로운 습관을 이어가게 되는 것이다.

이처럼 동기를 끌어내고 환경을 바꾸며 작게 시작하고 기존 습관에 연결하는 네 가지 방법은 아이가 스스로 습관을 형성하고 유지할 수 있도록 도와주는 가장 확실한 길잡이이다. 중요한 것은 부모가 이 모든 과정에서 '이끌어가는 사람'이 아니라 '함께 걷는 동반자'가 되어주는 것이다. 그렇게 할 때 아이는 자신의 삶을 스스로 설계하는 법을 배우고 미래 사회 속에서도 흔들림 없이 성장해 나갈 수 있게 된다.

초등학생에게 습관을 길러주는 일은 그저 "해야 해."라고 말하는 것만으로는 부족하다. 아이의 나이와 발달 단계에 따라 효과적인 접근법이 달라진다. 따라서 부모는 아이의 성장 수준에 맞춘 실천 전략을 이해하고 적용해야 한다. 아이가 자신의 생활 속에서 스스로 습관을 익혀갈 수 있도록 학자들이 제시하는 방법을 적용한 시기별 구체적인 사례를 살펴보자.

초등학교 저학년(1~2학년)은 흥미와 놀이를 통해 습관을 익혀야 한다. 1~2학년 아이들은 구체적 조작기에 해당하며 아직 자기 조절 능력이 충분히 발달하지 않아 부모의 말과 환경에 큰 영향을 받는다. 동시에 호기심이 매우 풍부하고 즉각적인 보상에 민감하게 반응한다. 이런 특성을 고려하여 아이가 즐겁고 자연스럽게 습관을 형성할 수 있도록 도와주는 것이 중요하다.

예를 들어 책 읽기를 싫어하는 아이라면 먼저 아이 스스로 어떤 책을 읽고 싶은지 고를 수 있도록 도와주는 것이 좋다. "어떤 책이 가장 읽고 싶어? 네가 고른 책을 같이 읽어줄게."라고 말하면 아이는 자신의 선택이 존중받는다는 느낌과 함께 자율성을 경험하게 된다. 책을 다 읽은 후에는 "이 책을 읽고 나니 어떤 기분이 들어?"와 같은 질문을 통해 아이의 감정을 묻고 생각을 나누는 것도 내적 동기를 자극하는 데 도움이 된다.

아이의 생활 공간 역시 습관 형성을 위해 중요한 역할을 한다. 책꽂이, 정리함, 옷걸이 등을 아이 키에 맞춰 배치하면 스스로 정리하고 사용하는 습관이 쉽게 만들어진다. 아이가 좋아하는 캐릭터가 그려진 물건을 활용하면 그 공간에 대한 애착도 높아진다.

습관은 작게 시작할수록 성공 가능성이 크다. '매일 10분 책 읽기' 대신 '잠자기 전에 좋아하는 그림책 한 권 보기'처럼 접근하면 아이는 부담 없이 시도할 수 있다. 이 작은 성공 경험은 점차 더 큰 습관으로 이어질 수 있는 발판이 된다. 또한 이미 아이가 매일 하는 일상 속 행동에 새로운 습관을 자연스럽게 연결해주는 것도 좋은 방법이다. 예를 들어 '저녁 먹고 양치질한 뒤에 가족과 5분 동안 그림책 보기'처럼 익숙한 루틴 뒤에 새로운 활동을 붙이면 습관 형성이 쉬워진다.

규칙과 책임감이 형성되는 중학년(3~4학년) 아이들은 논리적 사고가 발달하고 또래 친구와의 관계를 점점 더 중요하게 여기기 시작한다. 이 시기에는 단순히 부모의 지시에 따르기보다 스스로 계획을 세우고 지키며 자율성을 키우는 경험이 습관 형성에 핵심적인 역할을 한다. 예를 들어 용돈을 관리하는 습관을 기르고 싶다면 "네가 사고 싶은 게 있다면 그걸 사기 위해 어떻게 용돈을 모으면 좋을까?"처럼 질문을 던지며 아이 스스로 계획을 세우게 하면 좋다. 이 과정은 단순히 돈을 아끼는 습관을 넘어서 자신의 선택과 행동에 책임감을 느끼도록 도와준다.

학습 공간은 집중을 방해하는 요소들을 정리하고 필요한 학용품은 쉽게 사용할 수 있도록 배치해두는 것이 좋다. 특히 디지털 기기 사용이 늘어나는 시기인 만큼 스마트폰이나 게임기 등은 함께 사용 규칙을 정하고 일정 시간에만 사용할 수 있도록 제한하는 게 효과적이다. 학습 습관을 들이기 위해서도 무리한 목표보다는 쉽게 시작할 수 있는 활동으로 접근해야 한다. '매일 수학 문제 1시간 풀기'는 부담이 되지만 '하루에 수학 문제 5개만 풀기' 또는 '오답 노트 한 문제 다시 써보기'처럼 작고 명확한 목표는 아이에게 부담 없이 도전할 기회를 준다. 이 작은 성공들이 쌓이면 점차 더 큰 목표도 스스로 실천할 수 있게 된다. 이미 하는 행동에 학습 활동을 연결하는 '습관 쌓기' 전략도 중학년 아이들에게 잘 맞는다. 예를 들어 '학교에서 돌아와 손을 씻고 나면 바로 오늘 배운 내용 복습하기' 혹은 'TV 보기 전에 책 10분 읽기'처럼 자연스러운 흐름 속에서 습관을 만들어가도록 돕는 것이다.

자율성과 자기 주도성이 강화되는 고학년(5~6학년)이 되면 아이들은 추상적인 사고가 가능해지고 자신만의 진로나 흥미에 대해 조금씩 고민을 시작한다. 또래 친구들의 영향력도 커지고 부모와의 관계에서도 독립적인 의견을 주장하려는 경향이 뚜렷해진다. 이 시기에는 단순한 생활 습관보다는 아이 스스로 목표를 설정하고 이를 이루는 방법을 고민할 수 있도록 도와주는 것이 필요하다. 예를 들어 "앞으로 되고 싶은 모습이 어떤 모습일까?"라고 묻고 그 꿈을 이루기 위해 지금부터 어떤 습관이 필요한지 함께 이야기하는 것이 좋다. 아이가 자기 꿈과 직접 연결된 습관을 계획하고 실천하게 되면 그 습관은 단순한 반복이 아니라 미래를 향한 발걸음으로 의미 있게 다가올 수 있다.

학습 공간은 더 이상 부모가 정해주는 공간이 아니라 아이 스스로 원하는 방식으로 꾸며볼 수 있도록 해보자. "너만의 공부 공간을 한번 만들어볼까?"라는 말로 자율성을 주면 아이는 자기만의 공간에 대한 주인의식을 갖게 된다. 때로는 독서실이나 카페 등 외부 공간을 활용해보는 것도 하나의 방법이 될 수 있다.

이 시기에도 습관은 여전히 '작게 시작하는 것'이 중요하다. '하루에 영어 단어 100개 외우기'보다는 '하루에 새로운 단어 5개만 외우기' 또는 '짧은 영어 영상 5분만 보기'처럼 작고 구체적인 목표부터 시작해야 한다. 꾸준함이 습관을 만드는 힘이기 때문에 목표의 양보다는 지속가능성이 더 중요하다. 또한 아이가 좋아하는 활동과 연결된 습관을 만들어보는 것도 좋다. 예를 들어 '숙제를 다 끝낸 뒤 좋아하는 음악을 들으면서 영어 듣기 연습하기'와 같이 학습 활동을 선호 활동과 연결하면 아이는 더 즐겁고 자연스럽게 습관을 형성할 수 있다.

아이의 발달 단계를 이해하고 그에 맞는 방식으로 습관 형성 전략을 적용하는 건 아이의 성장에 매우 중대한 영향을 미친다. 부모는 지시하는 사람이 아니라 아이가 스스로 성장해갈 수 있도록 옆에서 길을 밝혀주는 동반자가 되어야 한다. 작은 성공을 응원하고 스스로 선택한 행동을 존중해주는 부모의 태도가 아이에게는 무엇보다 큰 힘이 된다.

가정에서 활용할 수 있는 도구 5가지를 활용하자

아이들이 좋은 습관을 형성할 수 있도록 도와주는 도구들은 생각보다 다양하고 아주 실용적이다. 다음은 실제 가정에서 활용할 수 있는 다섯 가지 대표적인 도구다.

첫째, 습관 달력이나 스티커 차트다. 아이가 어떤 습관을 실천할 때마다 달력에 표시하거나 스티커를 하나씩 붙이는 방식이다. 예를 들어 매일 아침 일찍 일어나기나 책 10분 읽기 같은 목표를 정해놓고 이를 실천할 때마다 스티커를 붙이게 하면 아이는 눈으로 자신이 얼마나 해냈는지를 확인할 수 있다. 이 시각적인 성취감은 특히 저학년 아이들에게 매우 효과적이다. 매일매일 스티커가 늘어날수록 뿌듯함도 함께 자라난다.

둘째, 타이머나 모래시계다. "이제 10분 동안만 집중해보자!"라고 말하며 타이머를 켜면 아이는 시간의 흐름을 눈으로 확인하면서 그 시간 동안 집중할 수 있게 된다. 특히 집중력이 짧은 아이들에게는 정해진 짧은 시간 동안만 무언가를 하도록 유도하는 게 훨씬 부담이 적고 실천 가능성이 크다. 귀엽게 생긴 모래시계나 알람이 울리는 주방 타이머 등을 활용하면 아이들도 재미있게 받아들인다.

셋째, 플래너나 다이어리다. 중학년 이상이 되면 스스로 계획을 세우고 실천한 내용을 기록하는 습관이 점점 중요해진다. 주간이나 월간으로 목표를 정하고 어떤 날 무엇을 했는지를 적어보는 연습은 자기 주도 학습의 기초가 된다. 예쁘게 꾸며진 플래너에 스스로 계획을 적고 한 일이 끝났을 때 체크하는 것만으로도 큰 성취감을 느낄 수 있다. 습관을 단순한 실천이 아닌 '계획하고 실현하는 일'로 받아들이게 도와주는 도구이다.

넷째, 보상 상자나 칭찬 카드다. 아이가 정해진 습관을 정해진 기간에 잘 지켰을 때 작은 보상을 주는 방식이다. 꼭 물건일 필요는 없다. 아이가 좋아하는 활동이나 가족과 함께하는 시간을 보상으로 제시해도 충분하다. 예를 들어 '책 10권 읽으면 주말에 영화 보기' 혹은 '일주일 동안 자기 전에 스스로 정리하면 공원 소풍 가기' 처럼 아이에게 동기부여가 되는 활동을 보상으로 정하는 것이다. 보상은 아이가 성취를 구체적으로 느끼게 하는 방법이며 다음 습관으로 이어지게 만드는 힘이 된다.

다섯째, 습관 형성 앱이다. 요즘 아이들은 스마트폰이나 태블릿에 익숙하다 보니 이런 디지털 도구를 통해서도 습관을 관리할 수 있다. 예를 들어 '해비티카Habitica'처럼 게임처럼 즐기면서 습관을 추적할 수 있는 앱은 아이들의 흥미를 자극한다. 앱에서는 알림을 보내주기도 하고 습관을 실천할 때마다 점수를 올리거나 캐릭터가 성장하는 방식으로 꾸준함을 재미있게 이어갈 수 있도록 돕는다.

습관 형성에 도움이 되는 앱

앱 이름	주요 기능	특징 및 장점	추천 대상
해비티카 Habitica	습관, 일일 과제, 할 일 관리 + RPG 캐릭터 성장	게임화된 인터페이스로 재미 요소 강하며 보상(골드나 경험치) 시스템 존재	게임을 좋아하는 초등 고학년과 자기주도 학습이 필요한 아이
루티너리 Routinery	루틴 생성 및 타이머 기반 습관 실행	자동순서, 타이머, 템플릿, ADHD 경향에도 유용	구조적인 루틴이 필요한 초등 저학년에서 중학년, 정서적 지원이 필요한 아이
해비티파이 Habitify	루틴 관리, 삶 영역별 습관 그룹화, 크로스 플랫폼	습관을 영역별로 구분해 정리할 수 있고 다양한 플랫폼에서 연동 가능	게임을 좋아하는 초등 고학년과 자기주도 학습이 필요한 아이
모드앤루틴스 Modes and Routines	맞춤 모드(스터디나 휴식 등), 카테고리화된 습관 트래킹	시각적으로 깔끔하고, 주간·일일 체크 기능, 알림 및 분류 기능 제공	초등 고학년, 부모와 함께 루틴을 쉽게 구성하고 싶은 가족

이처럼 습관 형성을 위한 도구들은 어렵거나 복잡하지 않다. 아이의 눈높이에 맞고 재미와 성취감을 동시에 줄 수 있다면 그 자체로 좋은 시작이다. 부모는 이런 도구들을 함께 활용하며 아이의 습관 형성을 지켜봐주고 응원해주는 동반자가 되어줄 수 있다. 무엇보다 중요한 것은 도구 자체보다 아이가 '나는 할 수 있어.'라고 믿고 꾸준히 실천할 수 있도록 도와주는 부모의 따뜻한 관심과 격려라는 사실을 잊지 말아야 한다.

• 오늘부터 한 걸음

오늘은 아이와 함께 '습관 만들기 3단계 실험'을 해보자.

1. 만들고 싶은 습관 1개 선정
- 매일 10분 독서, 아침 스트레칭, 숙제 끝나면 책상 정리 등 습관을 1가지 정한다.
- 아이가 스스로 '이건 꼭 하고 싶다.'라고 느끼는 것을 고르게 한다.

2. 3단계 습관 공식 적용
① 신호: 습관 시작을 알리는 고정된 신호를 만든다. (예: 알람이나 식사 직후)
② 행동: 정해진 습관 행동을 수행한다. (예: 알람이 울리면 바로 책 읽기 시작)

③ 보상: 성공 직후 기분 좋은 피드백 또는 작은 즐거움을 제공한다. (예: 칭찬, 스티커, 짧은 놀이)

3. 오늘 바로 실행
- 최소 3번 '신호-행동-보상' 사이클을 돌려보고 어려웠던 점을 메모한다.

4. 성공 가시화
- 달력과 차트에 오늘의 성공을 표시한다.
- 아이와 함께 "이 습관이 쌓이면 어떤 점이 좋아질까?"라고 물어보는 이야기를 나눈다.

4
뇌의 자기 조절 체계와 습관 형성은 서로 연결돼 있다

습관이 잘 잡히지 않는 데는 특별한 이유가 있다

모든 아이가 같은 방식으로 습관을 형성하는 것은 아니다. 어떤 아이는 일정한 규칙에 잘 적응하며 점진적으로 좋은 습관을 형성해 나간다. 또 어떤 아이는 아무리 반복해도 쉽게 길들이지 못하고 자꾸만 실수를 반복하거나 처음 의도했던 행동을 중도에 포기하기도 한다. 이러한 차이는 단순히 '노력 부족'이나 '의지의 문제'로만 설명되지 않는다.

최근 심리학자들은 이러한 아이들의 특성에 대해 다양한 발달적 원인과 인지적 요인을 제시하고 있다. 예를 들어 러셀 바클리Russell Barkley는 실행 기능executive function 부족을 주요 원인으로 지목한다.

실행 기능이란 목표를 설정하고 계획을 세우며 그것을 지속해서 실천하는 뇌의 자기 조절 체계로 습관 형성과 밀접하게 연결되어 있다. 바클리는 주의력결핍 과잉행동장애ADHD 아동의 습관 형성 실패가 단순한 산만함 때문이 아니라 이러한 실행 기능의 미성숙 때문이라고 주장하였다.

또한 캐롤 드웩은 아이가 스스로 자기 능력을 고정된 것으로 믿을 때(고정 마인드셋) 실수나 실패에 취약해지고 반복적인 학습과 훈련을 회피하게 된다고 설명한다. 습관은 본질적으로 반복이 필요해서 실패를 두려워하는 아이는 일정한 행동을 꾸준히 이어가는 데 어려움을 겪게 되는 것이다.

습관 형성의 어려움과 실패는 교실에서도 관찰된다

초등학교 교실에서 아이들의 습관 형성 문제는 교사들에게 매우 익숙한 장면으로 반복된다. 수업이 시작되기 전 아이들이 가방에서 교과서를 꺼내 책상을 정리하는 기본적인 루틴에서도 여러 차례 문제가 발생한다. 늘 책가방이 뒤죽박죽인 아이는 필요한 준비물이 빠져 있거나 수업 중에 연필을 꺼내느라 계속 주의를 분산시킨다. 이처럼 정리 습관이 자리 잡지 않은 아이는 수업 시작부터 흐름을 따라가기 어려워지고 교사는 반복적으로 같은 아이에게 같은 지시를 하게 된다.

또한 스스로 과제를 시작하지 못하고 언제나 선생님의 지시를 기다리는 아이도 있다. 자신이 무엇을 해야 하는지 알고 있음에도 단 한 번의 '시작'이 이루어지지 않으면 수업 시간 내내 아무것도 하지 못한 채 머뭇거리기만 한다. 이는 단순히 느린 성격이나 산만함 때문이라기보다, '해야 할 일을 행동으로 옮기는 힘', 즉 습관화된 실행 능력이 아직 자라지 않았기 때문일 수 있다.

특히 학습 습관 형성에서도 이런 문제는 두드러진다. 예를 들어 '매일 일기 쓰기'를 약속한 아이가 처음에는 의욕적으로 시작하지만 3일을 채 넘기지 못하고 포기하는 일이 흔하다. 글을 쓰는 시간이 지루하게 느껴지거나 쓰고 싶은 내용이 떠오르지 않는 순간 "몰라요. 내일 쓸래요."라는 말로 미루게 된다. 이처럼 아이는 목표를 세웠다가 중도에 포기하는 경험이 반복되면 점점 "나는 원래 못해요."라는 무력감에 빠지고 새로운 시도 자체를 꺼리게 된다.

또 하나 자주 보이는 모습은 도전적 과제를 앞두고 "저는 못 해요."라고 선을 그어버리는 아이다. 스스로 가능성을 믿지 못하고 시도조차 하지 않으려는 태도는 실제 능력의 문제라기보다 실패 경험에 대한 두려움에서 비롯된 경우가 많다. '못해도 괜찮다.' '해보는 과정이 중요하다.'라는 분위기가 부족하면 아이는 도전을 습관화하기보다 회피를 습관화하게 된다.

이러한 문제들은 교사들에게 단지 수업 진행의 어려움을 주는 것을 넘어 아이가 자기를 관리하는 힘을 기르는 데 필요한 중요한 시기를 놓칠 수 있다는 점에서 더 깊은 고민을 불러온다. 교사는 한 아이에게 반복적으로 같은 생활 지도하느라 에너지를 소모하고 다른 아이들과의 균형 있는 상호작용에도 어려움을 겪게 된다. 또 습관 형성이 되지 않는 아이일수록 '지적을 받는 경험'이 많아지기 때문에 자존감이 떨어지고 정서적 거리감까지 생기는 경우도 많다.

결국 교사들은 이런 상황에서 단순히 행동을 바로잡기보다는 그 아이가 왜 반복적으로 같은 어려움을 겪는지 어떤 부분에서 지원이 필요한지를 살펴보게 된다. 단순한 훈육이 아니라 발달적 이해와 정서적 지지가 필요한 영역이라는 점을 현장에서 직접 체감하게 되는 것이다. 습관은 그저 반복의 결과물이 아니라 아이의 내면, 환경, 관계 속에서 길러지는 힘이라는 사실을 교사들은 매일의 수업 속에서 경험하고 있다.

오늘날 아이들이 습관을 기르기 어려운 이유를 알자

요즘 아이들은 이전 세대보다 훨씬 많은 자극 속에서 살아가고 있다. 스마트폰만 켜면 재미있는 영상, 빠르게 바뀌는 화면, 흥미를 끄는 게임이 넘쳐난다. 유튜브, 숏폼 영상, 모바일 게임은 대부분 몇 초에서 몇 분 안에 강한 자극을 주고 즉각적인 재미와 보상을 제공한다. 이런 자극에 자주 노출된 아이들은 천천히 집중해서 무언가를 익히거나 반복하며 실천하는 일을 힘들어하는 경우가 많다. 예를 들어 책 한 권을 끝까지 읽거나 매일 조금씩 계획을 실천하는 일처럼 시간이 걸리고 꾸준함이 필요한 활동은 지루하게 느껴진다. 금방 포기하고 싶어지기 쉽다.

또 한 가지 이유는 우리 사회 전반에 깔린 '빨리빨리' 문화다. 한국은 빠른 결과를 중요하게 여기는 경향이 크다. 공부든 운동이든 무언가를 시작하면 곧바로 성과가 나타나야 한다는 생각이 많다. 이런 분위기 속에서 부모가 실천과 반복을 통해 서서히 습관을 만들어가는 과정을 충분히 기다려주지 않으면 아이는 조급함을 느끼게 되고 금세 포기하게 된다. 부모나 교사 역시 아이의 습관이 금방 자리 잡기를 바라니 결과에만 집중하게 되는 경우가 많다. 예를 들어 "왜 아직도 아침에 혼자 못 일어나니?" "몇 번을 말해도 왜 정리를 안 하니?"처럼 자꾸 지적받게 되면 아이는 습관을 만들어가는 과정이 자신에게는 어렵고 귀찮은 일로 느껴진다. 그러면 자연스럽게 반복을 피하고 습관을 들이는 일 자체를 포기하게 되는 것이다.

결국 지금 아이들은 외부 자극은 너무 강하고 기다려주는 어른의 여유는 부족한 환경 속에서 살아가고 있다. 이런 시대적 흐름 속에서 아이가 습관을 기르기 위해서는 부모와 교사가 더 많이 기다려주고 느리더라도 꾸준한 실천을 칭찬하는 자세가 필요하다. 습관은 한 번에 완성되는 것이 아니다. 습관은 시간을 두고 다져진다는 사실을 어른이 먼저 이해하는 것이 출발점이다.

습관 형성 어려움 점검 체크리스트

번호	점검 항목	체크
1	새로운 규칙이나 행동을 설명해도 스스로 반복하려 하지 않는다.	
2	어떤 행동을 하겠다고는 하지만 실제로 시작하지 않거나 금방 그만둔다.	
3	정해진 루틴(예: 정리, 숙제, 독서 등)을 자주 잊거나 건너뛴다.	
4	지시가 없으면 스스로 행동에 나서지 못한다.	

| 5 | 작은 실패에도 쉽게 낙담하거나 포기하려는 경향이 있다. | |
| 6 | 시도는 하지만 마무리 짓는 데 어려움을 겪는다. | |

앞 문항 중 3개 이상 해당하면 아이는 습관 형성 과정에서 지원이 필요한 상태일 수 있다. 아이의 어려움이 단순한 게으름이나 태만이 아니라 특정 발달 기능의 미성숙과 관련되어 있는지 살펴보아야 한다.

1번, 2번, 3번이 해당하면 아이는 계획한 행동을 실제로 실천에 옮기고 반복하는 데 어려움을 겪고 있을 가능성이 크다. 이는 '실행 기능'이 아직 충분히 발달하지 않은 상태로 볼 수 있다. 실행 기능은 목표를 향한 계획, 행동 조절, 기억 유지 등의 능력을 포함하며 학습이나 생활 습관 형성에 매우 중요한 역할을 한다.

4번이 해당하면 아이가 스스로 움직이기보다는 외부의 지시에 의존하는 경향이 강한 경우다. 이는 '자기 주도성' 부족으로 해석할 수 있다. 자기 주도성은 아이가 스스로 필요를 인식하고 그에 따라 행동하는 능력으로 습관의 내면화와 밀접한 관련이 있다.

5번과 6번이 해당하면 정서적인 요인으로 인해 습관 형성이 방해받을 수 있다. 특히 '정서 조절력 부족' 또는 '실패 회피 성향'이 나타나기 쉽다. 실패를 성장의 기회로 보지 못하고 두려워하거나 도전을 꺼리는 성향이 습관의 지속을 어렵게 만든다.

발달 단계별 실천 전략을 통해 어려움을 극복한다

아이들의 발달 단계에 따라 습관 형성의 어려움이 나타나는 양상과 이에 대한 대처법은 분명히 다르다. 따라서 학년별 특징을 이해하고 아이의 눈높이에 맞춘 전략을 적용하는 것이 매우 중요하다.

초등학교 저학년 아이들은 아직 자기조절력이 미숙하고 주의 집중 시간이 짧아 외부 자극에 쉽게 반응한다. 장기적인 보상보다는 즉각적인 보상에 더 민감하며 '해야 한다.'라는 강요보다는 스스로 흥미를 느끼고 즐거워할 수 있는 활동에서 더 큰 몰입을 보인다. 예를 들어 정리 정돈을 힘들어하는 아이는 물건을 제자리에 두는 것을 자주 잊거나 너무 많은 물건에 압도되어 무엇부터 시작해야 할지 몰라 방치하는 경우가 많다. 이럴 때는 정리할 물건의 양을 줄이고 수납공간을 명확하게 만들어주는 것이 좋다. 장난감은 종류별로 큰 바구니에 나눠 담고 옷은 그림 라벨이 붙은 서랍에 정리하는 방식으로 단순화한다. "방 좀 치워."라는 지시 대신 "블록은 저기 파란 바구니에 넣고 인형은 침대 위에 가지런히 놓자."처럼 구체적으로 지시하고 부모가 직접 시범을 보이며 함께 정리하는 것도 도움이 된다. 놀이처럼 접근하거나 노래를 함께 부르며 정리하는 것도 효과적이며 정리 후에는 바로 긍정적인 피드백을 주어 아이가 성취감을 느끼게 해주는 것이 중요하다.

또한 숙제를 싫어하고 미루는 아이들에게는 숙제 시간 루틴을 만드는 것이 유익하다. 예를 들어 학교에서 돌아오면 손을 씻고 간식을 먹은 후 책상에 앉아 숙제를 시작하는 일과를 반복함으로써 습관화를 유도한다. 숙제 양은 '수학 문제집 한 권 풀기'보다는 '수학 문제 5개만 풀기'처럼 작게 쪼개 부담을 줄이고 선택권을 줘서 자율성을 높인다. "수학 숙제를 먼저 할까? 받아쓰기를 먼저 할까?"처럼 선택지를 주면 아이는 자신의 결정을 더 잘 따르게 된다. 이때 숙제의 결과보다 숙제를 시작하고 앉은 것 자체를 칭찬하며 노력 과정을 인정해주는 것이 중요하다.

중학년이 되면 아이들은 논리적 사고가 발달하고 규칙의 필요성을 점차 이해하기 시작한다. 또래 관계의 영향이 커지고 스스로 결정하려는 욕구도 강해진다. 하지만 학습 계획을 세우는 데 서툴고 세운 계획을 잘 지키지 못해 어려움을 겪는 경우가 많다. 시간 개념이 아직 미숙하거나 과제의 양을 정확히 예측하지 못하기 때문이다. 이런 경우 아이와 함께 주간 학습 계획을 세워보고 아이의 의견을 반영해 실현할 수 있는 목표를 설정하도록 돕는 것이 좋다. 시간 블록을 활용해 과목별 공부 시간을 정하고 타이머를 사용해 집중력을 높이는 것도 효과적이다. 계획의 실천 여부는 아이가 스스로 점검하게 하여 자율성과 책임감을 동시에 기를 수 있도록 유도해야 한다.

물건을 자주 잃어버리는 아이들은 주의력이 산만하거나 물건의 중요성을 잘 인지하지 못하는 경우가 많다. 이런 경우 체크리스트를 그림이나 글로 제작해 현관문 근처에 붙여두고 매일 아침 직접 체크하게 한다. 자주 사용하는 물건은 항상 같은 자리에 두도록 하고 그 중요성과 잃어버렸을 때의 불편함에 관해 이야기하며 책임감을 키워야 한다. 준비물을 잘 챙겼을 때는 구체적으로 칭찬하며 성취감을 느낄 수 있도록 도와야 한다.

고학년에 이르면 아이들은 추상적 사고가 가능해지고 자신만의 흥미와 진로에 대한 고민을 시작한다. 하지만 장기적인 목표 의식이 부족하거나 자기효능감이 낮을 때는 공부할 필요성을 느끼지 못하고 수동적인 태도를 보이기도 한다. 이럴 때는 아이의 꿈과 목표를 함께 이야기하며 동기를 부여하고 그 꿈을 이루기 위한 현재의 습관이 어떤 의미인지 함께 생각해보는 시간이 필요하다. 작은 성공 경험을 자주 제공하여 자신감을 회복시키고 자기 주도적으로 계획을 세워 실행하도록 도와야 한다. 부모는 이 과정에서 조언자는 될 수 있어도 조종자가 되어서는 안 된다.

스마트폰이나 디지털 기기 사용 통제가 어려운 경우도 많다. 즉각적인 자극에 중독되어 자기 통제력을 잃는 사례가 빈번하다. 이럴 때는 스마트폰 사용 시간과 규칙을 명확하게 정해 아이와 함께 약속하고 지켜야 할 이유를 설득해야 한다. 사용 시간과 금지 시간 등을 문서로 만들어 눈에 보이는 곳에 붙여두고 규칙을 어겼을 때의 책임은 아이가 지도록 한다. 이와 함께 스마트폰 대신 즐길 수 있는 대체 활동을 제안하고 가족 활동을 늘려 아이의 관심을 다양한 방향으로 분산시키는 것이 좋다. 절제 행동을 보였을 때는 긍정적인 변화를 구체적으로 칭찬하며 자기 통제력을 강화하는 것이 중요하다.

결국 습관 형성에 어려움을 겪는 아이들에게는 그 나이에 맞는 적절한 방식의 접근과 따뜻한 격려가 필요하다. 아이의 발달 단계와 특성을 존중하고 인내심과 일관성 있는 지지를 통해 긍정적인 습관을 길러나갈 수 있도록 도와주는 것이 부모와 교사의 중요한 역할이다.

• 오늘부터 한 걸음

아이가 습관을 지키지 못했을 때를 기회로 삼아 대화를 나누자.

1. 실패 상황 관찰
- 오늘 하루 아이가 하기로 한 습관(독서, 정리 정돈, 숙제 시간 지키기) 중 하지 못한 순간을 기록한다.
- "왜 안 했어?" 대신 "오늘은 어떻게 됐어?"라고 부드럽게 물어본다.

2. 장애 요인 찾기
- 아이가 답한 이유를 메모한다. 까먹음, 하기 싫음, 너무 어려움, 시간 부족 등 여러 이유가 있을 수 있다.
- 이유를 듣는 동안 부모는 해석과 판단 없이 "그럴 수 있겠다."라고 공감해준다.

3. 장애물 줄이는 방법 함께 찾기
- 알람 설정, 시작하는 시간 앞당기기, 단계 쪼개기, 더 재미있는 방식으로 바꾸기

- 아이가 직접 선택하게 한다.

4. 다음 시도 약속
- 오늘 실패한 습관을 내일은 50% 수준으로 줄여서 시도한다.
- 성공하면 "네가 방법을 찾았구나!"라고 구체적으로 인정해준다.

성장 스위치 6

AI 리터러시

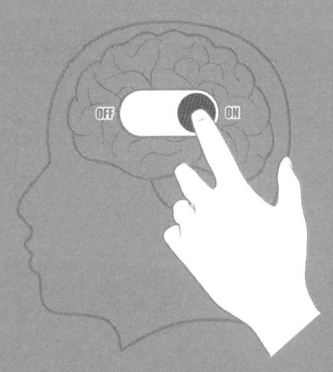

1
인공지능 에이전트 시대를 준비해야 한다

이제는 인공지능이 비서가 되고 동료가 됐다

예전엔 인공지능이라 하면 마치 '기계가 말을 알아듣는구나!'라고 하며 신기해했다. 아이들이 "챗GPT야, 내 숙제 좀 도와줘."라고 말할 때 부모들은 속으로 걱정한다. '인공지능이 아이를 망치는 건 아닐까?' 하지만 이제는 그 시선을 바꿔야 할 때이다. 이제 인공지능은 단순한 도구가 아닌 아이의 친구, 선생님, 그리고 조용한 학습 파트너가 되었기 때문이다. 예전의 인공지능은 '커피 자판기' 같았다. 버튼을 누르면 정해진 메뉴만 나오는 기계와 같은 개념이었다. 하지만 이제는 인공지능이 '우리 집 가정교사 겸 일정 비서'가 되어 "오늘 아이가 좀 지쳐 보여요. 10분 쉬고 공부하게 해볼까요?"라고 말하는 시대가 오게 된 것이다. 단순히 명령을 따라 하는 기계가 아니라 우리 아이의 생활을 관찰하고 기억하며 스스로 판단하여 행동하는 똑똑한 인공지능이 등장했다. 바로 '인공지능 에이전트AI Agent'라고 일컫는 시대가 온 것이다.

인공지능 에이전트라는 용어는 1990년대 초부터 학계에서 사용되기 시작했다. 인공지능 기술이 컴퓨터 과학의 주요 분야로 부상하던 시기에 인간의 명령 없이도 자율적으로 판단하고 행동하는 존재를 설명하기 위해 '에이전트agent'라는 개념이 등장한 것이다. 초기에는 단순한 소프트웨어 프로그램을 가리키는 말이었다. 하지만 이후 발전을 거듭하면서 인공지능 에이전트는 상황을 인식하고 목표를 설정하며 스스로 문제를 해결하는 존재로 진화했다.

인공지능 에이전트란 간단히 말해 사용자의 요구를 이해하고 스스로 판단하여 실행하는 인공지능 도우미이다. 스마트폰 속 음성비서 시리, 빅스비, 스마트 스피커 속 클로바처럼 사용자의 음성을 듣고 알맞은 정보를 제공하거나 작업을 수행하는 시스템이 대표적인 인공지능 에이전트이다. 그러나 최근의 인공지능 에이전트는 여기서 더 나아가 개인의 취향과 습관을 학습한다. 그 결과 선제적으로 도움을 주는 형태로 발전하고 있다. 예컨대 한 초등학생이 인공지능 학습 플랫폼에 자주 접속해 과학 분야의 콘텐츠를 자주 본다고 가정하자. 인공지능 에이전트는 이를 학습해서 과학 관련 도서를 추천하거나 시험이 다가오면 복습 콘텐츠를 먼저 띄워주는 식으로 학습을 돕는다. 단순한 도구를 넘어 학습의 동반자로 기능하는 셈이다.

　예전의 인공지능은 일종의 자동판매기와 같았다. 버튼을 누르면 정해진 기능만 수행했고 명령받지 않으면 아무것도 하지 않았다. 그러나 인공지능 에이전트 시대는 다르다. 더 이상 단순 명령 수행 기계가 아니라 상황을 파악하고 스스로 판단하여 움직이는 존재이다. 이제 인공지능은 개인 비서와 친구와 선생님을 합쳐놓은 새로운 형태의 동반자라고 할 수 있다.

　인공지능 에이전트 시대는 더 이상 먼 미래의 이야기가 아니다. 매년 1월 미국 라스베이거스에서 열리는 세계 최대 규모의 가전 전시회인 국제가전박람회CES에서 2024년과 2025년에 발표된 기술들은 이제 가정, 학교, 그리고 초등학생들의 일상 속으로 빠르게 들어오고 있다. 국제가전박람회에서 발표되는 기술은 이후 1~2년 안에 실제 시장에 출시되는 경우가 많아서 업계 전문가뿐 아니라 교육자, 정부 관계자, 투자자들도 주목한다. 초등학교 교육 관점에서도 국제가전박람회를 살펴보면 향후 가정과 교실에 어떤 기술이 도입될지 예측하고 대비할 수 있다는 점에서 큰 의미가 있다.

　국제가전박람회 2024에서는 LG의 Q9 인공지능 에이전트와 삼성의 발리처럼 단순한 음성 응답을 넘어 감정을 이해하고 생활을 돕는 로봇들이 등장했다. 이러한 기기는 아이들의 숙제를 도와주거나 반려동물의 상태를 알려주는 등 마치 가족 구성원처럼 함께 생활하는 모습으로 주목을 받았다. 또한 래빗 R1과 같은 휴대형 인공지능 비서는 언제 어디서든 음성으로 정보를 찾고 계획을 관리해주는 새로운 형태의 '주머니 속 조력자'로 소개됐다.

국제가전박람회 2025에서는 이러한 흐름이 한층 진화하여 엔비디아의 코스모스 플랫폼을 기반으로 한 '피지컬 인공지능'을 선보였다. 이는 자율주행차, 서비스 로봇, 가정 내 기기들이 스스로 상황을 판단하고 행동하는 기술로 아이들이 인공지능을 단순한 소프트웨어가 아닌 실제 세계 속 파트너로 경험하게 한다. 삼성은 '홈 AI' 비전을 발표하며 집 안의 TV가 가족의 생활 방식을 학습하고 조명을 제어하며 심지어 반려동물의 상태까지 알려주는 모습을 제시했다. LG는 한 걸음 더 나아가 기기들이 사람의 감정을 감지하고 반응하는 '공감지능Affectionate Intelligence'으로서 인공지능AI 개념을 제안하였다.

이러한 변화는 단순히 기술 발전의 사례에 그치지 않는다. 이는 곧 초등학생들이 생활 속에서 인공지능을 '공부 친구'이자 '게임 파트너' 그리고 '안전 지킴이'로 맞이하게 될 미래의 예고편이다. 기술은 더 이상 아이들이 멀리서 배우고 관찰하는 대상이 아니라 함께 상호작용하고 경험하며 성장하는 존재가 되고 있다. 따라서 인공지능 에이전트 시대를 이해하고 준비하는 것은 아이들이 미래 사회에서 주체적으로 살아갈 힘을 기르는 중요한 발판이 된다.

초등학생에게 '인공지능 에이전트 시대'가 중요한 이유는 명확하다. 지금 자라나는 아이들은 태어날 때부터 인공지능과 함께 살아가는 세대이기 때문이다. 인공지능은 아이의 학습을 넘어 감정 관리, 시간 계획, 진로 탐색까지 삶 전반에 영향을 주는 존재가 되고 있다. 즉 우리 아이가 매일 '인공지능 친구'와 함께 성장하는 시대가 도래했다.

인공지능 에이전트는 맞춤형 코칭이 가능하다

교육은 더 이상 지식 전달만으로 끝나지 않는다. 어떤 아이는 빠르게 이해하고 어떤 아이는 반복 학습이 필요하다. 이처럼 개별화된 학습 요구를 만족시키기 위해 인공지능 에이전트는 매우 유용한 도구가 된다. 예를 들어 에듀테크 기업들은 인공지능 에이전트를 기반으로 한 맞춤형 학습 시스템을 개발하고 있다. 이 시스템은 아이의 학습 데이터를 분석해 어려워하는 단원을 반복해서 학습시키거나 잘하는 부분은 한 단계 더 높은 수준으로 연결한다. 그 결과 학습에 대한 자신감을 키우고 학습 소외를 줄이는 데 이바지할 수 있다.

더 나아가 인공지능 에이전트는 교사나 부모가 미처 파악하지 못한 아이의 학습 경향이나 감정 상태까지 분석해 알려주는 역할도 한다. 가령 온라인 수업 중 집중도가 떨어지는 시간이 반복된다면 에이전트는 이를 교사에게 알려 적절한 개입이 가능하도록 돕는다.

아이가 인공지능 에이전트 시대 역량을 갖춰야 한다

인공지능 에이전트 시대가 본격화되면서 우리 아이들이 살아갈 세상은 '지식이 많기만 한 사람'보다 기계와 협업하고 스스로 사고하는 사람이 더 큰 가치를 인정받게 되었다. 따라서 단순히 인공지능을 잘 사용하는 능력을 넘어서 인공지능과 함께 성장할 수 있는 인간적인 역량을 길러주는 것이 중요하다. 이런 시대에 필요한 핵심역량은 무엇이 있을까?

첫째, 자기주도력이다. 인공지능이 아무리 똑똑하더라도 결국 선택하고 실행하는 것은 사람의 몫이다. 인공지능은 학습 계획을 제안하고 문제를 제시하고 피드백까지 줄 수 있다. 하지만 그것을 할지 말지나 어떻게 적용할지를 결정하는 힘은 아이에게 있어야 한다. 따라서 아이 스스로 학습 목표를 세우고 매일 일과를 계획하고 마무리하는 훈련이 필요하다. 부모는 "오늘은 어떤 걸 먼저 해볼까?" "어제보다 나아진 점은 뭐였어?" 같은 질문으로 아이의 자기주도력을 키워줄 수 있다.

둘째, 비판적 사고력이다. 인공지능은 빠르고 정확해 보이지만 늘 정답을 주는 것은 아니다. 오히려 인공지능은 불완전한 데이터에 기반해 판단하기 때문에 오류를 포함할 수 있다. 아이들이 인공지능의 답변을 무조건 신뢰하거나 그대로 받아들이기보다는 '이 답이 맞나?' '다른 관점은 없을까?'를 스스로 묻는 습관이 필요하다. 예를 들어 챗GPT가 제시한 정보를 함께 검토하면서 "어떤 부분이 이상하다고 생각해?"라고 물으면 자연스럽게 비판적 사고가 자라난다.

셋째, 감정조절력과 공감 능력이다. 인공지능은 사용자의 감정을 분석하고 목소리 톤이나 표정으로 상태를 파악할 수 있다. 그러나 공감하거나 위로하는 것은 결국 사람이 할 수 있는 일이다. 인공지능과 대화하는 시간이 많아질수록 아이는 '사람 사이의 따뜻한 정서 교류'를 경험하기 어려워질 수 있다. 따라서 가정에서는 감정 표현 훈련이 필수이다. 감정 일기를 쓰거나 "오늘은 어떤 일이 짜증 났어?" 같은 질문을 통해 아이가 자신의 감정을 말로 풀어낼 수 있도록 도와주는 것이 중요하다.

넷째, 창의성이다. 인공지능은 이미지를 만들고 이야기를 짓고 음악도 작곡한다. 하지만 그것들은 대부분 과거의 데이터를 조합한 결과물이다. 진짜 창의성은 새로운 맥락에서 새롭게 생각하는 인간의 고유한 능력이다. 아이에게 창의성을 키워주려면 인공지능이 만들어낸 것을 비판 없이 소비하는 것에 그치지 말고 "이 결말을 바꿔볼까?" "다른 방식으로 표현해보자." 같은 도전을 던져야 한다. 예를 들어 인공지능과 함께 동화를 만들되 결말은 아이가 직접 상상해서 쓰는 활동이 효과적이다.

다섯째, 인공지능 리터러시다. 또 인공지능에 대한 이해와 활용 능력이다. 인공지능을 무조건 두려워하거나 거부하는 태도도 좋지 않고 반대로 맹신하는 태도도 위험하다. 아이 스스로 인공지능이 무엇인지, 어떻게 작동하는지, 한계는 무엇인지 이해하고 도구로 적절히 사용할 수 있는 판단력을 길러야 한다. 부모는 함께 인공지능 도구를 사용하며 경험을 공유하는 것이 좋다. 예를 들어 챗GPT를 이용해 "함께 문제를 풀어보자." "이 답은 왜 이렇게 나왔을까?" 라고 하는 대화를 나누는 것이 좋은 시작이다.

많은 부모가 "인공지능은 어렵다." "우리 아이는 아직 이른 것 같다."라고 말한다. 하지만 지금 아이들이 살아갈 세상은 인공지능과 함께 일하고 배우고 살아가는 시대이다. 인공지능 에이전트는 아이들보다 오히려 부모가 먼저 이해하고 준비해야 할 교육 도구이다. 우리가 과거 연필, 공책, 교과서로 배웠던 시절이 있었다면 지금의 아이들은 태블릿, 디지털 교과서, 그리고 인공지능 에이전트와 함께 배운다. 기술의 진보는 선택이 아닌 흐름이다. 흐름을 거슬러 멀어지는 대신 흐름 속에서 길을 찾는 것이 부모의 역할이다.

• 오늘부터 한 걸음

오늘 저녁 아이와 함께 '인공지능 에이전트는 무엇을 할 수 있고 무엇을 못 하는지'를 주제로 10분 대화를 나눠보자.

1. 인공지능이 잘하는 일(정보 검색, 글쓰기 보조, 번역, 이미지 만들기) 3가지, 인공지능이 못하는 일(깊은 공감, 윤리적 판단, 창의성의 원천 발휘) 3가지를 적는다.
2. 그중에서 가정에서 바로 활용해 보고 싶은 인공지능 기능 1가지를 고른다.
3. 선택한 기능을 함께 직접 실행해 보고 결과물에 대해 서로 피드백한다.
4. 마지막으로 "이 기능이 우리 가족에게 어떤 도움을 줄까?"를 이야기하며 활용 아이디어 1개를 적어둔다.

2
아이의 성장에 인공지능의 도움을 받을 수 있다

인공지능을 똑똑한 조력자로 만드는 법이 있다

　미래 사회의 주역이 될 우리 아이에게 필요한 역량은 단순히 지식을 암기하는 것을 넘어선다. 스스로 문제를 발견하고 창의적으로 해결하고 다른 사람과 소통하고 협력하는 능력이 더욱 중요해지고 있다. 이러한 역량을 키우는 데 인공지능은 부모와 아이 모두에게 아주 훌륭한 조력자가 될 수 있다.

　인공지능을 무조건 금지하거나 알아서 쓰도록 방치하는 대신 부모가 먼저 인공지능의 특징을 이해하고 긍정적인 활용법을 활용해보자. 인공지능은 아이에게 '세상에 단 하나뿐인 맞춤형 선생님'이 되어줄 수 있다. 이 장에서는 현재 가장 대중적으로 사용되는 무료

생성형 인공지능 서비스를 중심으로 초등학생 자녀의 학습, 창의력, 정서, 생활 각 영역에서 인공지능을 어떻게 활용할 수 있는지 구체적인 방법과 예시를 소개한다.

서울 노원구에 사는 한 학부모는 어느 날 초등학교 2학년 아들과 함께 '하늘을 나는 코끼리가 솜사탕을 먹는 이야기'라는 주제로 이야기를 만들어보았다. 아이는 "노란 코끼리가 구름을 날다가 솜사탕을 먹으면 어떨까?"라고 말했다. 그 아이디어를 챗GPT에 입력해 보았다. 인공지능은 상상력이 가득한 동화를 구성해 주었다. 아이는 그 이야기를 읽고 나서 "그러면 뒷이야기는 내가 쓸래."라며 직접 그림을 그리고 줄거리도 새롭게 바꾸었다.

이어서 캔바Canva를 활용해 이야기 속 장면에 어울리는 이미지를 함께 만들어보았다. 배경으로는 푸른 하늘을 나는 노란 코끼리가 등장하고 솜사탕 구름을 한입에 베어 무는 장면이 표현되었다. 우리는 그 그림과 이야기를 출력하여 작은 동화책처럼 꾸미고 저녁에는 가족 앞에서 '작가 낭독회'를 열었다.

"이건 제가 만든 이야기예요."

아이의 말에는 자신감과 성취감이 가득 담겨 있었다. 부모가 조금만 아이의 상상력에 인공지능이라는 날개를 달아주면 아이는 그 날개를 타고 훨씬 더 멀리 날아오를 수 있다. 인공지능은 아이를 대신할 수는 없지만 아이의 상상을 구체화하는 데 매우 훌륭한 조력자가 된다는 사실을 실감할 수 있는 경험이었다.

"인공지능이 우리 아이의 상상을 진짜 그림과 이야기로 보여주

인공지능을 이용해서 그린 코끼리 그림

니까 아이가 '내가 작가가 된 것 같다.'라며 너무 좋아했어요." 그 아이의 학부모는 나중에 이렇게 말했다.

자녀와 함께 활용해볼 만한 대표적인 생성형 인공지능 서비스와 그 특징을 알아두는 것이 좋다. 대부분 무료로 기본적인 기능을 사용할 수 있어 부담 없이 탐색을 시작할 수 있다. 또 생성형 인공지능은 아이의 발달 단계에 맞춰 무궁무진하게 활용될 수 있다. 여기서 핵심은 인공지능을 정답 알려주는 '정답 자판기'가 아니라 아이의 생각을 확장하고 탐구 과정을 돕는 '질문 파트너'로 자리매김하게 하는 부모의 역할에 있다.

예를 들어 서울의 한 초등학교에서는 5학년 과학 수업 시간에 '지구를 위한 에너지'를 주제로 탐구 발표 수업을 진행했다. 수업은 아이들이 각자 떠오르는 궁금증을 나누는 활동으로 시작되었고 학

생성형 인공지능 종류와 특징

유형	대표 앱 (무료 중심)	주요 특징 및 강점	추천 활용 영역
대화형 인공지능 (챗봇)	챗GPT(오픈AI) 제미나이(구글) 퍼플렉시티 뤼튼(한국) 클로드(앤트로픽)	- 질문에 대한 답변, 정보 검색, 요약, 번역 - 다양한 종류의 글쓰기(동화와 시 등) - 아이디어 구상 및 논리 구조화 - 외국어 학습 및 기초 코딩 교육 - 답변의 출처(웹사이트 등)를 함께 제시하여 정보의 신뢰도 확인 가능(퍼플렉시티의 특징) - 창의적이고 긴 글 생성과 논리적 대화에 특화(챗GPT와 클로드의 특징) - 구글 생태계 연동 및 실시간 정보 반영에 유리(제미나이의 특징)	학습 글쓰기 아이디어 발상 외국어 공부 진로 탐색
이미지 생성 인공지능	코파일럿 (마이크로소프트) 캔바	- 텍스트 설명(프롬프트)을 통해 이미지 생성 - 상상 속 장면, 캐릭터, 사물 시각화 - 동화 삽화, 발표 자료 이미지 제작	미술, 창의력, 시각적 사고력 향상, 학습 자료 제작
음악 생성 인공지능	수노	- 장르, 분위기, 가사를 입력해 음악 생성 - 아이가 쓴 시나 이야기에 멜로디 작곡 - 세상에 없는 고유한 노래 만들기	음악, 창의력, 작문 능력과 음악적 감수성 융합

생들은 조사한 자료를 제미나이를 활용해서 정리하고 핵심 내용을 스스로 추출했다.

한 조는 '태양광과 풍력 중 어느 것이 더 친환경적인가?'라는 질문을 중심으로 탐구를 이어갔다. 학생들은 인공지능을 통해 얻은 정보를 분류하여 표로 정리하고 발표 원고를 작성했다. 발표 자료에는 코파일럿을 이용해 직접 생성한 '태양광 패널이 설치된 집과 풍력 발전기 옆에서 가족이 웃고 있는 장면'을 삽입하여 발표의 시각적 효과를 더하였다. 발표가 끝난 뒤에는 클로드를 통해 예상 질문을 생성하고 그에 대한 답변을 미리 준비하는 시간을 가졌다.

담임교사는 "인공지능이 발표 준비를 도와주면서 아이들이 자신의 주제를 더 깊이 있게 이해하게 되었고 친구들 앞에서 자신 있게 설명하는 모습이 인상 깊었다."라고 소감을 전했다. 이 수업은 단순히 기술을 도입한 학습을 넘어 아이들이 스스로 탐구하고 말하고 성찰하는 자기주도 학습의 과정을 경험하게 한 소중한 사례이다.

"인공지능 덕분에 발표 준비가 체계적으로 되었고 아이들이 자기 발표에 더 자부심을 느끼게 되었어요." 수업을 담당한 교사의 말이다.

나만의 1 대 1 학습 튜터

학년	활용 상황과 방법	실전 프롬프트 예시 (앱)
저학년	추상적인 개념(받아올림 덧셈이나 시계 보기 등)을 이야기나 역할극으로 설명 요청	"초등학교 1학년 아이가 받아올림이 있는 덧셈을 어려워해. 과일 가게 주인이 된 내가 과일을 더 많이 담아주는 재미있는 이야기 형식으로 받아올림 개념을 쉽게 설명해줘. 주인공 이름은 슬기로 해줘." (챗GPT, 제미나이, 퍼플렉시티)
중학년	조사 과제에서 인공지능을 인터뷰 상대로 설정, 복잡한 정보 요약, 구조화 요청	"초등학교 4학년 수준으로 세종대왕의 주요 업적 3가지를 설명해줘. 그리고 지금부터 내가 기자가 되어서 질문할 테니 너는 세종대왕이 되어서 대답해줘. 첫 질문은 '백성을 위해 한글을 만드신 가장 큰 이유는 무엇인가요?'라는 질문이야." (뤼튼, 챗GPT, 퍼플렉시티)
고학년	탐구 보고서 개요 작성, 예상 질문과 답변 생성, 발표 이미지 제작 등 학습 전 과정을 인공지능과 설계	"초등학교 6학년 과학 탐구 보고서로 '지구 온난화를 막기 위한 신재생에너지'에 대해 쓸 거야. 보고서의 개요를 서론, 본론(태양광과 풍력 에너지의 원리와 장단점), 결론(우리가 실천할 수 있는 일)으로 나눠서 짜임새 있게 작성해 줘." (제미나이, 퍼플렉시티) "태양광 패널이 설치된 집과 풍력 발전기가 있는 푸른 언덕에서 가족이 행복하게 웃고 있는 밝고 희망적인 느낌의 그림. 초등학생 발표 자료에 어울리는 귀여운 스타일로 그려줘." (코파일럿)

창의력을 키워주는 나만의 파트너

학년	활용 상황과 방법	실전 프롬프트 예시 (앱)
저학년	아이가 만든 문장에 인공지능이 이어서 이야기를 완성, 장면을 이미지로 생성	"초등학교 2학년 아이와 함께 이야기를 만들고 싶어. 내가 먼저 한 문장을 말하면 네가 다음 문장을 이어서 말해줘. 자, 시작할게. '하늘을 나는 노란 코끼리가 솜사탕 구름을 발견했어요.'" (클로드) "분홍색 솜사탕 구름을 먹는 귀여운 노란 코끼리가 하늘을 날아다니는 모습을 어린이 동화책 스타일로 그려줘." (캔바)
중학년	'만약에' 게임 등으로 상상력과 비판적 사고 확장	"만약 공룡이 멸종하지 않고 지금까지 살아 있다면 인간의 세상은 무엇이 달라졌을까? 긍정적인 면과 부정적인 면을 나눠서 5가지씩 알려줘." (챗GPT, 퍼플렉시티, 제미나이)
고학년	찬반 토론 주제에 대한 논리적 근거 정리, 예상 반론, 재반박 논리 구성	"'초등학생의 스마트폰 사용을 허용해야 한다.'라는 주제로 토론을 준비하고 있어. 찬성 측의 주장과 근거 3가지와 반대 측의 주장과 근거 3가지를 각각 구체적인 예시를 들어서 표로 정리해줘." (뤼튼, 제미나이)

정서와 사회성을 키워주는 나만의 상담가

학년	활용 상황과 방법	실전 프롬프트 예시 (앱)
저학년	갈등 상황 역할극, 감정 표현 연습	"지금부터 너는 내 친구 민준이야. 내가 아까 놀이터에서 너를 밀어서 네가 넘어져서 속상했지? 내가 너에게 진심으로 사과하는 연습을 하고 싶어. 내가 '민준아 아까 미안했어.'라고 말하면 네가 속상했던 마음을 이야기해줘." (클로드, 챗GPT, 퍼플렉시티)
중학년	친구 관계에서 각 인물의 입장과 감정 설명 요청	"A, B, C 세 명의 친구가 모둠 과제를 하고 있어. A는 열심히 하는데 B는 자꾸 딴짓해서 A가 화를 냈어. C는 옆에서 아무 말도 못 했어. 이 상황에서 A, B, C 각자의 마음은 어땠을지 왜 그런 행동을 했을지 초등학생이 이해하기 쉽게 설명해 줘." (제미나이)
고학년	단체 활동이나 친구 관계 등 복잡한 고민에 관한 해결 방법과 실제 대화 예시 요청	"내가 학급 회장인데 몇몇 친구들이 회의 시간에 자꾸 떠들어서 힘들어. 무섭게 화를 내지 않으면서도 회의에 잘 참여하게 할 수 있는 지혜로운 방법 3가지를 알려줘. 내가 실제로 친구들에게 할 수 있는 말 예시도 포함해서." (클로드)

생활 및 진로를 탐색해서 미래를 그려주는 나침반

학년	활용 상황과 방법	실전 프롬프트 예시 (앱)
저학년	직업 동화와 노래 만들기, 관련 이미지 생성	"용감한 소방관이 하는 일을 알려주는 신나는 동요를 만들어줘. '애앵애앵' 같은 사이렌 소리도 가사에 넣어줘." (수노) "웃고 있는 친절한 여자 소방관이 소방차 앞에서 아이들에게 손을 흔들어주는 따뜻한 느낌의 그림." (코파일럿)
중학년	관심사와 직업 연결, 직업별 역할 설명	"나는 그림 그리기도 좋아하고 강아지나 고양이 같은 동물을 돌보는 것도 좋아해. 내 관심사와 관련된 직업에는 어떤 것들이 있을까? 5가지만 알려주고, 각각 어떤 일을 하는지 초등학교 4학년이 이해하기 쉽게 간단히 설명해 줘." (뤼튼, 제미나이, 퍼플렉시티)
고학년	미래 직업 시뮬레이션, 준비 방법 구체적으로 질문	"내가 만약 인공지능 전문가가 된다면 어떤 하루를 보내게 될까? 아침에 일어나서 잠들 때까지의 일과를 가상으로 재미있게 묘사해 줘. 그리고 나는 지금 초등학생인데 내가 지금부터 인공지능 전문가의 꿈을 이루기 위해 수학, 과학, 영어 공부를 어떻게 하면 좋을지 구체적인 팁을 알려줘." (챗GPT, 퍼플렉시티)

인공지능이 못 하는 일은 부모의 지혜로 메워줘야 한다

생성형 인공지능은 분명 아이들의 성장을 도울 강력한 도구이다. 하지만 인공지능은 아이의 마음을 헤아리거나 따뜻하게 안아줄 수 없다. 인공지능이 아무리 훌륭한 맞춤형 학습 자료를 만들어낸다 해도 아이의 작은 성취에 함께 기뻐하고 어려움을 겪을 때 격려하는 부모의 역할과는 비교할 수 없는 것이다.

인공지능을 활용하는 과정에서 아이와 더 많이 대화하고 아이의 생각과 상상력에 귀기울이는 부모의 태도가 중요하다. 인공지능을 '정답을 찾는 도구'가 아닌 '생각의 폭을 넓히는 파트너'로 활용하도록 지도해야 한다. 부모의 지혜로운 안내와 따뜻한 관심이 더해질 때 인공지능은 비로소 우리 아이가 미래 사회의 주인공으로 성장하는 데 가장 훌륭한 조력자가 될 것이다.

• 오늘부터 한 걸음

오늘 저녁 아이와 함께 '인공지능이 우리 가족을 어떻게 도와줄 수 있을까?'를 주제로 15분 대화를 나눠보자.

1. 도움받을 수 있는 영역 3가지를 함께 정한다.
예: 공부(영어 회화 연습, 수학 풀이 설명), 취미(그림 그리기, 작곡), 생활(일정 관리, 여행 계획)

2. 선택한 영역 중 한 가지를 오늘 바로 체험한다.
예: 챗GPT에 오늘 읽은 책 줄거리 요약 부탁하기, 이미지 생성 인공지능으로 상상 속 캐릭터 그려보기

3. 체험 후 아이에게 세 가지 질문을 던진다.
"인공지능이 있어서 무엇이 더 쉬워졌니?"
"인공지능이 대신할 수 없는 건 뭐라고 생각해?"
"다음에는 어떤 도움을 받아보고 싶어?"

4. 가족 인공지능 활용 노트에 기록해둔다.
활용 분야, 사용 방법, 느낀 점, 다음 시도 아이디어를 적는다.

3
인공지능을 활용해서 자기주도 학습 지원 전략을 짠다

생성형 인공지능을 활용해서 자기주도 학습을 하자

　미래 사회는 지시를 따르는 사람이 아닌 스스로 문제를 정의하고 해결책을 찾아나가는 사람을 필요로 한다. 자기주도 학습은 더 이상 선택이 아니라 생존을 위한 필수 역량이 됐다. 과거에는 자기주도 학습을 '스스로 공부하는 아이'로만 단순하게 이해했으나 이제는 목표를 설정하고 계획을 세우며 피드백을 받아 성장을 설계할 수 있는 복합적 역량으로 이해해야 한다. 이러한 능력을 키우는 데 생성형 인공지능은 아주 효과적인 동반자가 될 수 있으며 부모는 이 여정의 가장 중요한 가이드가 되어야 한다.

부모는 인공지능과 아이 사이를 연결하는 다리다

인공지능이 아무리 정교하더라도 아직 아이의 눈빛을 읽거나 감정을 알아차릴 수는 없다. 특히 초등학생의 경우 인공지능을 자기주도 학습 도구로 사용하기 위해서는 부모의 중재적 역할이 절대적으로 필요하다. 부모는 단순히 인공지능 사용을 허락하거나 금지하는 사람이 아니다. 아이와 인공지능 사이의 대화가 제대로 이루어지도록 방향을 잡아주는 사람이어야 한다.

부모는 먼저 인공지능 앱을 스스로 사용해보며 기능과 한계를 파악해야 한다. 그 후 아이의 수준과 성향에 맞춰 어떤 질문을 던지면 좋을지 어떤 방식으로 결과를 활용하면 도움이 되는지를 함께 고민해야 한다. 또한 인공지능의 답변을 생각 없이 받아들이지 않도록 '왜 그런 생각이 나왔을까?' '이 내용은 우리 생각과 무엇이 다르지?' 같은 질문을 던져 아이가 스스로 사고할 수 있도록 유도해야 한다. 인공지능은 도구일 뿐이며 도구의 가치는 그것을 어떻게 쓰느냐에 따라 달라진다. 그 도구 사용법을 알려주는 사람이 바로 부모이다.

자기주도를 위한 학년별 실천법으로 함께 성장한다

초등학교 1~2학년에 해당하는 저학년은 자기주도학습을 놀이처럼 시작하는 게 좋다. 초등학교 저학년은 아직 학습을 스스로 기획하거나 목표를 세우는 단계에는 이르지 못했으나 인공지능을 통해 '자기표현'을 즐기는 경험을 누적시킬 수 있다. 예를 들어 챗

GPT에 일과를 이야기하며 감정 일기를 만들어보는 활동은 자신을 돌아보는 습관을 길러준다. 또는 좋아하는 주제로 인공지능과 짧은 대화를 주고받으며 "무엇을 알고 싶고 무엇을 알아가는가?"를 체험할 수 있다.

실제 예를 들면 아이가 "고양이가 왜 낮에 잘까?"라는 질문을 하면 인공지능이 그 이유를 재미있는 이야기 형식으로 설명해준다. 부모는 그 대화 후 "다음엔 어떤 동물의 하루를 알고 싶어?"라는 질문을 던지며 자연스럽게 학습 목표 설정의 초기 감각을 심어줄 수 있다. 이처럼 학습의 출발점을 아이의 '호기심'에 두고 그 호기심을 인공지능이 구체화해주는 과정을 통해 저학년도 자기주도학습의 뿌리를 내릴 수 있다.

초등학교 3~4학년에 해당하는 중학년은 질문을 중심으로 확장하는 자기주도학습을 시작해야 한다. 중학년 시기부터는 자신이 궁금한 주제를 더 깊이 조사하고 정보를 구조화할 수 있는 능력이 생기기 시작한다. 이때 생성형 인공지능은 '학습 파트너'로서의 역할을 톡톡히 한다. 예를 들어 과학 탐구 활동에서 "물을 얼리면 부피가 늘어나는 이유를 초등학생이 이해할 수 있게 설명해줘."라고 인공지능에 요청하게 한다. 아이는 인공지능의 설명을 읽고 나름의 요약문을 작성해 본다.

부모는 아이가 만든 요약문을 함께 읽어보며 "이 중에서 가장 흥미로운 내용은 뭐야?" "비슷한 주제를 하나 더 찾아볼까?"와 같이 탐구를 이어가는 질문을 던진다. 또한 인공지능에 발표용 대본을 만들어보게 하고 그것을 바탕으로 집에서 가족 앞 발표를 해보는 식으로 자기주도학습을 생활 속에서 실현할 수 있다. 중학년은 '자기표현'에서 '자기탐구'로 넘어가는 단계이기에 인공지능은 스스로 사고하는 훈련의 든든한 지원군이 되어준다.

초등학교 5~6학년에 해당하는 고학년은 계획하고 완성하는 자기주도학습을 시작할 수 있다. 고학년은 학습 목표를 설정하고 계획을 세우는 데 익숙해지는 시기이다. 이 시기에 인공지능은 학습 코치이자 멘토의 역할을 한다. 예를 들어 "과학 발표 수업이 있는데 주제는 '기후 변화'야. 발표 자료, 예상 질문, 발표 원고를 만들어 줘."라고 요청하면 인공지능은 체계적으로 자료를 구성한다. 아이는 그 자료를 수정하고, 발표를 연습하고 실전에서 발표한 뒤 친구들의 반응을 바탕으로 다시 피드백을 인공지능에 요청할 수 있다.

이처럼 목표 설정, 자료수집, 실행, 평가, 재설계의 전체 자기주도학습 사이클을 인공지능과 함께 경험하는 것이다. 부모는 이 과정에서 단순히 결과를 확인하는 것이 아니라 아이가 어떤 부분에서 어려움을 겪었는지 어떤 방식으로 인공지능을 활용했는지를 함께 돌아보는 시간을 반드시 가져야 한다. 고학년일수록 인공지능과의 상호작용을 '혼자 하기'보다 '되돌아보기'와 결합하는 것이 더욱 중요하다.

인공지능 기반 자기주도학습을 할 때 주의할 점이 있다

인공지능과 연결된 학습을 가정에서 지도할 때 어떤 점들에 유의해야 할까? 인공지능의 답변을 진리로 받아들이지 않도록 지도해야 한다. 인공지능은 오류를 범할 수 있으며 특히 초등학생은 인공지능의 논리를 비판적으로 바라보는 능력이 아직 충분히 발달하지 않았기 때문이다. 부모는 '정답이 아니어도 괜찮아. 중요한 건 스스로 생각해보는 거야.'라는 메시지를 꾸준히 전달해야 한다. 그리고 인공지능 사용 시간이 곧 학습 시간이 아님을 분명히 해야 한다. 화면 앞에 오래 앉아 있다고 해서 모두 의미 있는 학습이 이루어지는 것은 아니다.

인공지능을 활용한 학습이 끝난 후에는 직접 종이에 써보기, 발표해보기, 친구에게 설명해보기 등 다양한 활동으로 이어져야 한다. 무엇보다도 인공지능 사용의 목적을 '과정'에 두는 관점이 필요하다. 인공지능이 만들어준 결과물을 그대로 제출하는 것은 아이의 성장을 돕지 못한다. 부모는 "이 답변에서 너는 어떤 점이 가장 좋았어?" "네 생각과 다른 점은 뭐였어?"처럼 결과물보다 사고의 흐름에 초점을 맞춰야 한다. 마지막으로 인공지능과의 상호작용이 감정을 대체하지 않도록 주의해야 한다. 아이는 학습 중 좌절할 수도 있고 인공지능이 말하는 방식에서 상처받을 수도 있다. 이럴 때 부모는 항상 '인공지능은 도구이고 엄마 아빠는 네 마음을 이해하는 사람이야.'라는 태도를 아이에게 인식시켜야 한다. 기술보다 중요한 것은 결국 관계이기 때문이다.

생성형 인공지능은 자기주도 학습을 위한 새로운 가능성의 문을 열어준다. 그러나 그 문을 여는 열쇠는 여전히 부모의 손에 있다.

아이의 흥미를 끌어내고 그 흥미가 탐구로 이어지게 해야 한다. 그리고 탐구가 표현으로 이어지도록 도와주는 일이야말로 바로 부모가 할 수 있는 가장 강력한 자기주도 학습 지원 전략이다. 인공지능은 훌륭한 조력자지만 그 조력자를 아이 곁에 가장 따뜻하게 앉힐 수 있는 사람은 결국 부모뿐이다.

• 오늘부터 한 걸음

오늘은 아이와 함께 '인공지능을 나만의 공부 코치로 만들기'를 주제로 20분 실습을 해보자.

1. 공부 목표 1개 선정
예: 다음 주 사회 시험 대비, 영어 말하기 연습, 수학 분수 계산 익히기

2. 인공지능에 '학습 계획' 요청
챗GPT, 빙, 클로드 등 인공지능에 부탁한다.

> 나는 초등학교 5학년이고 이번 주에 분수 계산을 잘하고 싶어. 하루 30분씩 공부할 수 있어. 나를 위한 학습 계획을 세워줘.

챗GPT 답변:

이번 주 분수 계산 마스터 7일 계획 (하루 30분)

Day 1 – 분수 기본 개념 다지기 (30분)
분수의 뜻 복습 (전체와 부분, 분자와 분모 의미)
진분수, 가분수, 대분수 구분하기
가분수를 대분수로 대분수를 가분수로 바꾸기 연습 (10문제)
Day 2 – 분수의 크기 비교 (30분)
분모가 같은 분수 비교
분모가 다른 분수 → 통분해서 비교
그림(원, 막대)으로 비교해 보기
간단한 비교 문제 10문제 풀기
Day 3 – 분수의 덧셈 (30분)
분모가 같은 분수 더하기
분모가 다른 분수 → 통분 후 더하기
대분수끼리 더하기 연습
실생활 문제(피자 조각, 초콜릿 나누기)로 5문제 풀기
Day 4 – 분수의 뺄셈 (30분)
분모가 같은 분수 빼기
분모가 다른 분수 → 통분 후 빼기
대분수에서 대분수 빼기(빌려주기) 연습
간단한 응용 문제 5문제
Day 5 – 분수 × 분수, 분수 × 자연수 (30분)
분수 × 분수 → 분자끼리, 분모끼리 곱하기
자연수 × 분수 → 자연수를 분수로 바꿔 곱하기
실생활 문제(케이크 조각, 운동 시간 등) 5문제
Day 6 – 분수 ÷ 분수, 분수 ÷ 자연수 (30분)
분수 ÷ 분수 → 두 번째 분수를 뒤집어 곱하기
분수 ÷ 자연수 → 자연수를 분수로 바꾼 뒤 나누기
실생활 문제(길이 나누기, 과자 나누기) 5문제
Day 7 – 종합 복습 & 작은 시험 (30분)
이번 주 배운 모든 유형에서 10문제 랜덤 풀기
틀린 문제 표시하고, 왜 틀렸는지 다시 풀기
잘한 점 2가지, 아쉬운 점 1가지 기록하기

> 공부 팁
> 매일 문제를 풀기 전에 5분 복습을 꼭 하세요.
> 계산 실수를 줄이기 위해 식 쓰는 습관을 들이세요.
> 문제를 다 풀면 왜 이렇게 계산하는지 스스로 말로 설명해 보세요.

3. 계획 검토 및 수정

- 아이와 함께 계획을 읽고 시간, 활동, 난이도가 맞는지 조정한다.
- 꼭 필요한 자료, 교재, 연습 방법을 추가한다.

4. 오늘 바로 실행할 학습 1회 진행

- 계획 첫날 분량을 인공지능의 도움을 받아 수행한다.
- 모르는 개념은 즉시 인공지능에 질문한다.

5. 학습 후 피드백 작성

'오늘 배운 것' '인공지능의 도움받은 점' '다음에 개선할 점'을 간단히 기록한다.

가족 '인공지능 학습 노트'에 저장한다.

4
디지털 과몰입을 예방하고 자율성을 존중하자

인공지능에 대한 우려가 통제로 이어지지 않게 한다

요즘 아이들은 생성형 인공지능을 활용해 글을 쓰고 그림을 그리고 음악을 작곡하기도 한다. 이러한 기술은 아이의 학습과 창의 활동을 돕는 데 큰 도움을 줄 수 있는 유용한 도구임이 분명하다. 하지만 동시에 이러한 기술은 아이를 너무 오래 화면 앞에 붙잡아 두는 원인이 되기도 한다. 특히 초등학생은 아직 자기조절력이 충분히 발달하지 않았기에 인공지능을 사용하는 과정에서 자기도 모르게 화면에 몰입하거나 의존하는 일이 많아질 수 있다. 그래서 디지털 과몰입에 대한 우려가 점점 커지고 있다.

많은 부모가 '인공지능을 쓰게 하면 너무 빠져버리는 건 아닐까?' '공부하는 척하면서 사실은 재미만 추구하는 건 아닐까?' 하는 걱정을 한다. 이러한 우려는 매우 타당하다. 실제로 부모로서 주의 깊게 살펴보아야 할 부분이다. 그러나 인공지능을 아예 사용하지 못하게 하거나 사용을 강하게 통제하는 방식은 오히려 아이의 흥미를 왜곡시키고 스스로 인공지능을 배우고 활용하는 기회를 줄이게 될 수 있다. 오히려 부모가 먼저 인공지능을 이해하고 아이와 함께 사용하는 방식으로 도와주는 것이 더 효과적이며 바람직한 접근이 된다.

얼마나 사용했는지보다 어떻게 사용했는지가 중요하다

무엇보다 중요한 시작은 부모가 인공지능을 직접 경험해보는 일이다. 예를 들어 챗GPT 같은 앱에 '고양이에 대해 동화처럼 설명해줘.'라고 입력하며 인공지능이 어떻게 반응하는지 직접 체험해보는 것이다. 그렇게 해보면 인공지능이 완벽하지 않다는 점과 때로는 엉뚱한 답을 줄 수도 있다는 사실을 자연스럽게 알 수 있다. 이런 경험은 아이에게도 그대로 설명해줄 수 있다. "엄마도 써봤는데 이런 점은 재미있고 이런 점은 조심해야겠더라."라는 말은 아이가 인공지능을 단순한 장난감이 아닌 함께 배우는 도구로 인식하게 하는 데 도움이 된다. 부모가 먼저 경험하고 솔직하게 나누는 태도는 아이의 사용 태도를 형성하는 데 가장 좋은 출발점이 된다.

많은 부모가 인공지능 사용에서 걱정하는 것은 '사용 시간'이다. 하지만 실제로는 사용 시간이 얼마나 길었는가보다 그 시간을 어떻게 썼는지가 더 중요하다. 같은 30분을 사용해도 인공지능과 주고받은 내용을 바탕으로 아이가 직접 시를 써보고 그 시에 어울리는 그림을 그리는 활동으로 이어진다면 이 시간은 매우 가치 있는 학습 시간이 된다. 반대로 10분만 사용했더라도 아무 생각 없이 인공지능의 결과물을 보고 넘기기만 한다면 그 시간은 거의 아무런 교육적 의미를 남기지 못한다.

이러한 맥락은 교육심리학의 '자기결정성 이론Self-Determination Theory'과도 맞닿아 있다. 이 이론에 따르면 아이가 스스로 동기를 갖고 의미 있게 학습하기 위해서는 세 가지 심리적 조건이 충족되어야 한다. 바로 자율성(내가 스스로 선택하고 있다는 느낌), 유능감(내가 잘하고 있다는 느낌), 관계성(누군가와 함께 연결되어 있다는 느낌)이다. 인공지능을 혼자 조용히 사용하는 활동은 유능감을 키우는 데는 도움이 될 수 있지만 자율성과 관계성의 측면에서는 오히려 부족해지기 쉽다. 그러나 부모가 함께 참여하고 질문을 만들고 결과를 이야기하며 나눈다면 이 세 가지 조건을 모두 만족시킬 수 있다. 그렇게 되면 아이는 인공지능을 통해 단순한 정보 소비가 아니라 사고력과 표현력까지 확장하는 진짜 배움을 얻게 된다.

인공지능은 어디까지나 디지털 속의 세계에 존재한다. 반면 아이의 성장은 손으로, 눈으로, 몸으로, 말로 이루어진다. 그래서 인공지능을 사용한 이후에는 반드시 현실 활동으로 이어져야 한다. 이것이 바로 '디지털과 아날로그의 균형'을 이야기하는 '미디어 균형 이론Media Balance Theory'의 핵심이다. 예를 들어 아이가 인공지능과 함께 동화를 만들었다면 그 동화를 손으로 써보고 직접 삽화를 그려보게 하거나 가족 앞에서 발표해보게 하는 활동이 필요하다. 인공지능이 만든 결과물이 곧 끝이 아니라 시작이 되도록 연결해주는 것이 중요하다.

중학년 이상 아이가 인공지능으로 조사한 내용을 발표하는 활동을 할 경우에도 마찬가지이다. 그 결과를 그냥 저장하는 것이 아니라 슬라이드를 만들어보거나 발표 연습을 통해 부모에게 설명해 보는 식으로 이어질 수 있다. 이처럼 디지털 사용이 현실 활동으로 확장되는 구조를 만들면 아이는 인공지능을 단순히 재미있는 도구로 소비하는 것이 아니라 자신의 배움을 설계하고 표현하는 수단으로 활용할 수 있게 된다.

아이가 열린 태도를 가질 수 있게 도와야 한다

인공지능을 둘러싼 가장 큰 전환점은 부모의 태도에 달려 있다. 부모가 인공지능 사용을 감독하고 감시하는 존재로만 남는다면 아이는 인공지능을 숨기거나 몰래 사용하려는 방식으로 접근하게 될 가능성이 크다. 그러나 부모가 함께 사용하며 스스로 배우는 자세를 보인다면 아이는 인공지능을 열린 도구로 받아들이게 된다. "엄마도 이건 잘 모르겠는데 같이 해볼까?" "아빠는 이렇게 물어봤더니 이런 대답이 나왔어." 같은 말은 아이에게 인공지능에 대한 자연스러운 호기심과 탐색의 기회를 만들어준다. 부모가 인공지능과의 상호작용에 참여하는 순간 아이는 그 활동을 의미 있는 관계 속의 학습 경험으로 받아들이게 된다. 이처럼 부모가 '감독자'가 아니라 '동행자'가 되는 것이야말로 디지털 과몰입을 예방하는 가장 근본적인 방법이다.

 생성형 인공지능은 아이의 배움과 성장을 도울 수 있는 훌륭한 도구이다. 그러나 이 도구가 아이를 오히려 외롭게 만들고 스스로 조절하지 못하는 상황으로 몰아간다면 그것은 아이의 미래를 막는 걸림돌이 될 수도 있다. 아이가 인공지능과 함께 배우고 자라기 위해서는 그 곁에 항상 따뜻한 부모의 시선이 함께 있어야 한다. 인공지능은 혼자 쓰면 단순한 기계일 수 있지만 부모와 함께 쓰면 아이의 배움에 날개를 달아주는 지혜로운 조력자가 된다. 부모의 역할은 그 조력자가 아이 곁에 올바르게 앉을 수 있도록 자리를 마련해주는 일이다. 그리고 그 자리는 아이의 마음, 아이의 질문, 아이의 성장을 중심으로 차분히 마련되어야 한다. 인공지능과 공존하며 살아갈 우리 아이에게 필요한 건 디지털 기기를 잘 다룰 줄 아는 손보다 디지털을 이해하는 마음이다.

• 오늘부터 한 걸음

오늘 저녁 아이와 '디지털 사용 균형 잡기' 대화를 나누고 작은 약속을 정해보자.

1. 하루 디지털 사용 현황 파악
- 아이와 함께 오늘 하루 스마트폰, 태블릿, 게임기 사용 시간을 추정해 보고 메모지에 적는다.
- 학습, 취미, 단순하게 시간 보내기 등 활동별 사용 목적을 표시한다.

2. 함께 규칙 설계
- 학습, 창작, 취미 시간과 단순 소비 시간을 구분한다.
- 하루 또는 주간 사용 총량과 마감 시간을 함께 정한다.
- 평일에는 게임을 30분 하고 주말에는 1시간 하고 밤 9시 이후 디지털 기기 사용을 금지하는 등 규칙을 정한다.

3. 대안 활동 리스트 작성
- 디지털 대신 할 수 있는 활동 5가지를 적는다. (예: 산책, 보드게임, 그림 그리기, 책 읽기, 가족 요리 시간)
- 아이가 스스로 선택할 수 있게 한다.

4. 1일 체험 후 피드백
- 하루를 마치고 "오늘은 어땠어?" "디지털 말고 한 활동 중 가장 좋았던 건?"과 같은 식으로 질문한다.
- 아이 의견을 다음 날 규칙 조정에 반영한다.

미주

1. 서울대학교 관악 캠퍼스 학위수여식 축사, 한국경제신문, 2023.02.25., 17면 조간 인용
2. EBS에서 소개된 「우리 아이의 정서지능」에 나오는 내용이다.
3. SQ3R은 조사Survey(S), 질문Question(Q), 독해Read(R), 요약Recite(R), 복습Review(R)으로 이뤄진다. 조사는 단원명, 소단원 명, 그림, 도표 등 빠르게 훑어서 전체 내용을 파악하는 단계다. 이 과정에서 구조를 이해한다. 질문은 소단원 명을 보며 무슨 내용일지 예상하며 질문 만드는 단계다. 집중하게 하는 효과가 있다. 독해는 질문에 답할 수 있게 해석하면서 세부 내용을 파악하며 읽는 단계다. 요약은 자기 말로 요약하는 단계다. 복습은 중요한 부분을 반복해서 읽으며 전체적인 내용을 복습하는 단계다.
4. '뇌에서 어떻게 일어나는가?'를 연구한 학습과학에서 인출 연습, 이중 부호, 정보 구조화는 장기기억에 핵심 요소로 뽑힌다. 이중 부호화 언어와 시각 정보를 함께 제공하면 인지 부하를 줄이고 기억과 이해가 향상된다.

아이의 성장 스위치를 켜라
스스로 배우고 성장하고 싶게 만든다!

초판 1쇄 인쇄 2025년 10월 20일
초판 1쇄 발행 2025년 10월 27일

지은이 최윤희 김대권
펴낸이 안현주

기획 류재운 **편집** 안선영 **브랜드마케팅** 이민규 **영업** 안현영
디자인 표지 정태성 본문 장덕종

펴낸 곳 클라우드나인 　**출판등록** 2013년 12월 12일(제2013-101호)
주소 우) 03993 서울시 마포구 월드컵북로 4길 82(동교동) 신흥빌딩 3층
전화 02-332-8939　**팩스** 02-6008-8938
이메일 c9book@naver.com

값 20,000원
ISBN 979-11-94534-44-0　03590

* 잘못 만들어진 책은 구입하신 곳에서 교환해드립니다.
* 이 책의 전부 또는 일부 내용을 재사용하려면 사전에 저작권자와 클라우드나인의 동의를 받아야 합니다.

* 클라우드나인에서는 독자 여러분의 원고를 기다리고 있습니다.
　출간을 원하시는 분은 원고를 bookmuseum@naver.com으로 보내주세요.

* 클라우드나인은 구름 중 가장 높은 구름인 9번 구름을 뜻합니다. 새들이 깃털로 하늘을 나는 것처럼 인간은 깃펜으로 쓴 글자에 의해 천상에 오를 것입니다.